出境旅游领队培训与考试用书

PRACTICE IN
OUTBOUND TOUR
LEADING

出境旅游领队实务

（第6版）

王健民 ◎ 著

北京·旅游教育出版社

策　　划：丁海秀　李荣强
责任编辑：李荣强

图书在版编目(CIP)数据

出境旅游领队实务／王健民著． - 北京：旅游教育出版社, 2005.4(2019.2)

出境旅游领队培训与考试用书

ISBN 978-7-5637-1268-7

Ⅰ.出… Ⅱ.王… Ⅲ.出入境—旅游服务—基本知识　Ⅳ.F590.63

中国版本图书馆 CIP 数据核字(2005)第 024253 号

出境旅游领队培训与考试用书

出境旅游领队实务
(第6版)

王健民　著

出版单位	旅游教育出版社
地　　址	北京市朝阳区定福庄南里1号
邮　　编	100024
发行电话	(010)65778403 65728372 65767462(传真)
本社网址	www.tepcb.com
E-mail	tepfx@163.com
排版单位	北京旅教文化传播有限公司
印刷单位	北京柏力行彩印有限公司
经销单位	新华书店
开　　本	710毫米×1000毫米　1/16
印　　张	20.25
字　　数	311千字
版　　次	2019年2月第6版
印　　次	2019年2月第1次印刷
定　　价	45.00元

(图书如有装订差错请与发行部联系)

第6版修订说明

近年来,随着人民生活水平的提高和改革开放进程的加快,公民出境旅游人数在迅速增长,国家批准的出境旅游目的地国家(地区)也在不断增多。同时,也对出境旅游领队人员的知识结构、业务素质提出了更高的要求。为了进一步提高出境旅游领队人员的综合素质,满足出境旅游领队培训与考试的需要,我们出版了这套"出境旅游领队培训与考试用书"。本丛书自出版以来,受到广大出境旅游领队和业内人士的普遍欢迎,成为业内影响最广,备受欢迎的专业化培训教材。

然而,由于出境旅游领队知识和实践的不断丰富,丛书的某些内容日显陈旧。因此,我们组织了原书作者对本套丛书进行了第五次修订。修订后的丛书仍保留了原来的特点,内容丰富,可操作性强。丛书包括《出境旅游领队实务》《旅游目的地概述》《领队英语》《出境旅游领队工作案例解析》四种,主要介绍了出境旅游领队的工作流程及业务规范、与出境旅游相关的法律法规、旅游目的地国家(地区)概述、领队英语等方面的知识。

修订后的丛书主要有以下特点:

第一,权威性。本丛书作者既有在各大旅游院校从事相关教学工作的经验,又拥有丰富的领队实际工作和培训经验,保证了丛书内容的准确性和权威性。

第二,规范性。《出境旅游领队实务》《领队英语》均按出境旅游领队的基本工作流程安排章节;《旅游目的地概述》按目的地国家(地区)基本知识进行介绍,读者可以按"文"索骥、随用随查;《出境旅游领队工作案例解析》则精选了领队实际工作中的典型案例,从法律法规、行为规范、应急能力等层面进行了分析。

第三,实用性强。本丛书介绍了领队实际工作中的基本知识、流程与规范,以及紧急情况的处理技巧,具有很强的实用性。同时,本丛书内容基本上是要点性的介绍与讲解,易于培训教学。

《出境旅游领队实务》由资深旅游专家王健民先生编写。王先生既有多年旅行社业从业经历,又有长期从事出境旅游领队培训工作的经验,对出境旅游领队工作有较深入的研究。本书系统介绍了出境旅游领队需要掌握的相关业务知识、领队工作流程以及领队服务技巧、领队与导游关系处理、领队与游客关系处理、领队工作禁忌等对领队工作的开展非常实用的知识,资料丰富、内容翔实,对提高旅行社出境旅游领队的业务能力大有裨益。应广大出境旅游领队人员的要求,修订后的教材除修改过时的内容外,还着重增加了法律法规(包括《中华人民共和国旅游法》《旅行社条例》)、旅游安全等方面的内容,以及出入境卡等各类表格。

　　本丛书既可用于出境旅游领队人员培训和考试,也可作为广大出境旅游者了解出入境及目的地国家(地区)概况的工具书。丛书在编写过程中得到了原北京市旅游局人教处、上海市旅委人教处、浙江省旅游局人教处、吉林省旅游局培训中心、陕西省旅游局人教处、陕西省西安旅游培训学院、湖北省旅游局人教处、天津市旅游培训中心等有关部门的指导,在此深表谢意。真诚地希望读者在使用中能够及时反馈不足,我们定会虚心采纳,使本丛书不断提高与完善。

旅游教育出版社

目 录

第一篇 领队基础理论 / 1

第一章 出境旅游领队概述 / 3
　　一、出境旅游领队职业的社会坐标 / 4
　　二、出境旅游领队在我国旅游业中的发展 / 8
　　三、领队队伍的发展 / 16

第二章 国家对出境旅游领队的有关政策规定 / 20
　　一、出境旅游团队派领队是现阶段国家法规的明确要求 / 21
　　二、出境旅游领队的从业资格及素质要求 / 28
　　三、领队资格证的获取 / 31
　　四、领队培训 / 32

第三章 领队在出境旅游整体环节中的作用 / 35
　　一、领队是完成旅行社出境旅游团队运作的重要环节 / 36
　　二、领队是游客在整个旅程中的不可缺少的心理依赖 / 39
　　三、领队在旅行社业务拓展中的特殊作用 / 41

第二篇 领队工作程序 / 45

第四章 领队出团前的工作准备 / 47
　　一、接受带团任务 / 48
　　二、开好行前说明会 / 53

第五章 领队出团前的行装准备 / 58
　　一、出团所需的证件、机票及业务资料 / 59
　　二、开展工作的辅助物品 / 67
　　三、个人的生活必需品 / 71

第六章　中国出境与他国(地区)入境　/ 75
　　一、中国出境　/ 76
　　二、飞行途中　/ 95
　　三、他国(地区)入境　/ 100

第七章　领队在境外带团期间的主要工作　/ 118
　　一、领队与导游的工作配合　/ 119
　　二、下榻饭店及用餐　/ 122
　　三、购物及观看演出　/ 125
　　四、领队在游览当中的主要工作　/ 127
　　五、其他工作　/ 128

第八章　他国(地区)离境及中国入境　/ 131
　　一、办理他国(地区)离境　/ 131
　　二、带团归国入境　/ 137

第九章　领队带队归来后的交接工作　/ 146
　　一、与组团社OP进行工作交接　/ 147
　　二、做好所带团队的账务处理　/ 149
　　三、保持与游客的联系　/ 149

第三篇　领队职业修养　/ 151

第十章　领队的各项知识储备　/ 153
　　一、学习掌握目的地国家(地区)的相关知识　/ 154
　　二、了解目的地国家(地区)海关规定及注意事项　/ 160
　　三、旅行社责任险及保险相关知识　/ 170
　　四、急救知识　/ 175
　　五、对旅行团若干特殊问题的处理　/ 184
　　六、护照、签证与国际机票相关知识　/ 187
　　七、熟悉《中国公民出境旅游突发事件应急预案》　/ 194

第十一章　领队服务的准则与技巧　/ 196
　　一、恪守时间与遵从计划,旅游团的所有行程环环相扣　/ 196
　　二、认真解答与悉心照料　/ 201
　　三、礼貌为先与善意行为　/ 204

四、从善如流与见机行事 / 208

第十二章　领队与导游的工作关联 / 213
一、了解导游工作程序对领队工作实施十分有益 / 214
二、领队与境外导游的密切合作是保证团队顺利的必要条件 / 217
三、领队与导游发生分歧的处理 / 220

第十三章　领队与游客的关系处理 / 223
一、了解游客的权利和义务 / 224
二、领队对游客的提醒及照顾 / 230
三、了解游客的心理变化 / 240
四、与游客发生冲突的处理 / 242

第十四章　领队行为之忌 / 246
一、个人日常行为粗陋之忌 / 247
二、个人情感充分外露之忌 / 248
三、品行不端惹是生非之忌 / 250
四、工作马虎敷衍塞责之忌 / 251
五、与导游沆瀣一气欺骗游客之忌 / 252
六、组织游客参与明令禁止的活动之忌 / 254
七、瞒报游客滞留不归之忌 / 256
八、带团不佩戴领队证之忌 / 257

附录 / 260
中华人民共和国旅游法 / 260
中国公民出国旅游管理办法 / 272
出境旅游领队人员管理办法 / 275
旅行社出境旅游服务质量 / 277
旅行社投保旅行社责任保险规定 / 281
中华人民共和国护照法 / 284
中华人民共和国海关对中国籍旅客进出境行李物品的管理规定 / 287
中华人民共和国公民出境入境管理法实施细则 / 289
中华人民共和国出境入境边防检查条例 / 292
《中国公民出境旅游突发事件应急预案》简本 / 297
国际机票中的各国城市三字代码 / 300

第一篇

领队基础理论

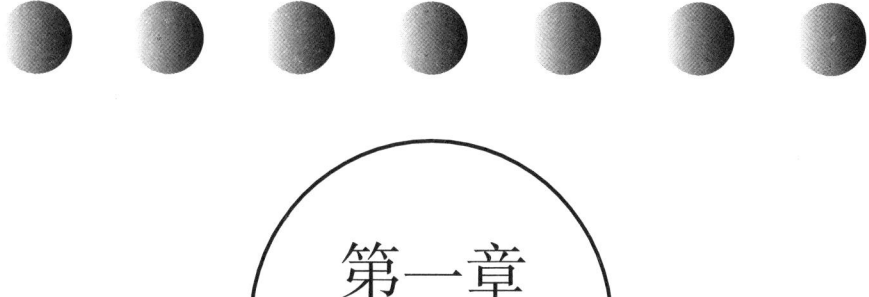

第一章

出境旅游领队概述

**本章要点**

出境旅游的发展使出境旅游领队越来越多地受到人们的关注。确认出境旅游领队职业的社会属性可以为领队作出较为明晰的社会评判：不同行业的领队之间存在着区别，但出境旅游领队由于其职业的特殊性，其发展前景十分诱人。

中国公民出境旅游近年来得到飞速发展，以往带有神秘色彩、价格高昂、与普通百姓无缘的出境旅游活动，逐渐向大众化、普及化的旅游活动转移，吸引了越来越多的中国普通百姓的参与。成千上万的中国游客在经营出境旅游业务的旅行社的组织下，出现在世界上不同的热点旅游区域。中国游客受到了世界上许多国家的重视和欢迎，许多国家纷纷把中国定位为入境旅游拓展的新的客源目标。2005年中国公民出境总人数达到了3102.63万人次，2006年达到了3400多万人次，2007年为4097万人次，2008年为4584.44万人次，2009年为4765.63万人次，2010年为5739万人次，2011年为7025万人次，2012年为8200万人次，2013年为9819万人次，2014年中国出境旅游人数更是首次过亿达到1.07亿人次。2015年达到1.17亿人次，2016年达到1.22亿人次，2017年达到1.3亿人次。出境旅游的迅猛增长，使中国成为近年来全球出境旅游市场中增幅最大、影响力最为广泛的国家之一。

中国公民目前参加的出境旅游，无论是在国家的政策要求中还是在旅行社的实际操作上，仍以团队旅游形式为主要的操作形式。虽然个人自助旅游近年来发展迅猛，但出境旅游中的团队旅游，因出境旅游所涉环节较多，市场需求旺盛等因素仍将长久存在。

出境旅游人数的增长，标志着出境旅游团队不可缺少的出境旅游领队的数量也将会不断增加。过去一些年的出境旅游发展实践已经印证，出境旅游领队的数量确与出境旅游整体一并得到了较高增长。按照世界旅游组织（UNWTO）的预测，2020年中国将成为世界上最大的旅游客源输出国。届时，中国出境旅游的总人数将会达到两亿人次。可以预料的是，伴随着中国出境旅游游客数量的飞速增长，出境旅游领队队伍的发展也一定会与之相应，呈快速发展之势。一支影响广泛、人数众多且具有专业素质职业规模的出境旅游领队大军，将在中国旅游业界出现，为一年四季接连不断地到全世界各地游览观光的一支支中国旅游团队提供专业化的服务。

一、出境旅游领队职业的社会坐标

随着中国普通百姓出国旅游的飞速增长，从属于有组织中国公民出境旅游经营资格的国际旅行社的出境旅游领队，成为社会中许多人们关注的热点。领队作为一项热门职业，在逐渐被社会认知后，又渐渐成为当今职场中许多人的热切期望。

（一）领队称谓在社会不同职业中的存在

1. 许多行业中都有"领队"一职

"领队"一词，人们在社会生活中常常见到。在互联网中搜索，可以看到许多与"领队"相关的新闻，但是，这些"领队"多数与旅行社的出境旅游领队并无关联。"领队"在《现代汉语词典》中解释为："率领队伍的人。"凡一个文化、体育或其他组织要与人交流，或一个集体要去参加一项活动时，多会设置领队的位置及头衔。无论是乒乓球队还是足球队，各种体育运动代表队都设有领队；凤凰卫视与中央电视台去非洲实地采访也指定有领队；中国南极科学考察队会任命领队；旅游俱乐部出行时，也会派出领队；印度洋海啸中国派出的国际救援队也有领队率队担责。由此可见，"领队"一词在社会生活中经常可见，人们对其并不陌生。

但是，真正使"领队"一词让普通大众了解，使"领队"一词与普通大众游客发生联系，还是我国的出境旅游飞速发展之后。许多大众游客在参加了由旅行社、旅游公司组织的出境旅游团队，亲身体验了出境旅游的整个过程之后，才对

"领队"一词真正有了切肤体验并对这一职业概念有所了解。

2. 旅行社行业中的领队与其他行业领队有所区别

旅行社的出境旅游领队与社会其他所有行业中的领队均有所不同。

(1) 领队资格取得方式不同

担任出境旅游领队需要考取或申领任职资格,而其他行业的领队多会是任命或指派。如国家体育代表队的领队,多数会是由上级领导指派机关行政人员或政府官员来担任。

(2) 所担负的任务不同

出境旅游领队的工作主要是团队服务、团队协调,其主旨是服务;而其他行业的领队则更多地倾向于是团队的管理者及领导。以往的出境旅游团队中,曾有游客把出境旅游领队喊作"团长",就是这类认识使然。

(3) 带团的数量不同

出境旅游领队每年可能频繁带领不同的旅游团出游,而其他行业的领队通常在率团频度上远不能与出境领队相比。

(4) 出境旅游领队是一项职业,而其他行业领队可能仅是一次临时工作或是兼职

出境旅游领队是国家旅游法规中明确的旅行社中的一个职业岗位,在此岗位工作的人需要以带团为工作常态;而其他行业的领队却不然,如电视节目"凤凰号下西洋"活动的领队,仅会在这样的一次特殊活动中出现。

(5) 出境旅游领队拥有的人数最多

出境旅游的领队,在社会各行业中的各类领队中的人数最多。截至 2018 年,中国组织出境旅游经营业务的旅行社已经有 4445 家,取得领队资格的出境旅游领队及赴台湾旅游领队总数近 10 万人,因而出境旅游领队已然广为社会认知。

与旅行社的出境旅游领队工作相仿的领队,出现在一些旅游俱乐部、户外运动俱乐部当中。这些专业俱乐部派出的领队,是真正意义上的具有专一专业技能的领队。他们具有专业知识,负责带领俱乐部会员完成整个野营、探险、驾车等各项专项活动。在团队中,他们负责游客的安全,指导游客正确参与。这些领队,与出境旅游领队所从事的工作十分贴近。但相比之下,出境旅游领队所需要担负的各种杂务工作更多、工作环境也更趋复杂,对外语及国外不同国家的知识的了解也更加深入和多样化。

(二) 出境旅游的发展使得领队成为社会中的一项重要职业

1. 旅行社行业本身对"领队"的认识始于入境旅游

"领队"一词,最早为中国的旅行社当中从事入境旅游岗位的工作人员所熟

悉,它是伴随着20世纪80年代初期中国的入境旅游的开展而出现的。1995年制定并颁布的《中华人民共和国国家标准》中编号为GB/T 15971—1995的《导游服务质量》(Quality of Tour-guide Service),将领队的定义确定为:

>受海外旅行社委派,全权代表该旅行社带领旅游团从事旅游活动的工作人员。

显然,当时所确定的这个"领队"定义是基于旅行社对外国旅游团组织到中国旅游、派出的领队的认识而确定的。20世纪80年代,随着我国入境旅游的开展,中国的各家国际旅行社业务中使用的"领队"的概念,均是指由国外组团旅行社派出、到中国旅游的入境旅游团的团队协调人员。地陪、全陪、领队等,是经营入境旅游的旅行社业务工作中经常使用的不可缺少的几个专业概念。因为许多外国领队会代表外国游客提出各种要求,会与中国的导游、司机发生工作接触,故中国的旅行社对从事入境游接待工作的导游培训当中,会将导游、司机要"配合领队的工作",作为一项重要的工作要求。

2. 出境旅游的开展,赋予"领队"以更多一层含义

中国旅游业界对"领队"一词的知晓及应用,是从入境旅游开始的。20世纪90年代中国的出境旅游业务出现并发展后,中国的旅行社仿照国外旅行社的出境旅游业务开展形式在中国公民出境旅游团中派出负责出境旅游团队协调工作的领队人员,"领队"一词才由"从属外国的旅行社"完成了"从属中国的旅行社"的概念延伸。中国的旅行社与国际上的全功能旅行社一样,开始在旅行社内部,设置了"领队"的工作岗位;在发往世界各地的旅游团中,都派出了"领队"作为旅行社的业务代表。

随着出境旅游规模在社会中的日益扩大,领队作为国际旅行社行业的入境旅游、国内旅游、出境旅游三大块业务中的"出境旅游"业务的组成部分,社会知晓度日渐提高。目前,在公众认识以及媒体的使用中,旅行社行业的"领队"一词,在多数情况下,已经成为"出境旅游领队"的特指。

3. "领队"职业岗位的正规化

目前,我国经营出境旅游业务的旅行社有近4500家,每年组织大批的旅游团队到境外旅游,因而形成了对出境旅游领队的大量需求。随着中国旅行社出境旅游的发展,领队作为旅游行业中的一项职业岗位,正在逐步走向规范化、专业化。

领队在国外发达国家已经是一个较为成熟的职业岗位,在一些国家的领队人员中,具有较高文化程度的大学本科生、研究生乃至大学教授占有相当的比

例,使领队职业人员的构成具有更高的层次。我国香港、台湾地区的旅行社当中,因出境旅游发展得较为成熟,出境旅游领队也已经具备了相当的实力,领队有自己的维权组织领队协会;作为领队交流的基地,领队网站也很活跃。在对领队的约束管理及对领队业务的专业探讨方面,积累了许多宝贵的经验。

我国自20世纪80年代出境旅游领队开始出现以来,领队的队伍日益壮大。许多领队在平凡的岗位上,为我国出境旅游的开拓和健康发展,做出了突出的贡献。2004年年末在泰国普吉岛受到印度洋海啸波及的中国旅游团,其领队表现出来的沉着果敢和认真负责的精神,就博得了社会各界对出境旅游领队的多方喝彩。

随着出境旅游领队的出现,国家有关出境旅游领队的法规也不断出台。2002年,我国正式出台了《出境旅游领队人员管理办法》,这使得出境旅游领队的发展步入正轨,成为社会中的一项重要职业。2013年,国家颁布实施的《中华人民共和国旅游法》,对"领队"职业更从国家法律层面进行了规范。

(三)旅行社出境旅游领队的职业优势及劣势

旅行社出境旅游领队的工作岗位,以它明显的职业优势,吸引了社会上许多人的目光。随着中国开放的目的地国家(地区)越来越多,尤其是2004年9月欧洲游全面开放后市场上引起的欧洲游的热潮,使得更多的人期盼加入到领队的行列中来。许多地方的一些"海归"留学人员,也看好领队的职业,将此作为自己的职业选择。

但是,出境旅游领队并非是一项十全十美的工作。许多人在期望踏入这个行业的时候,只看到了它光鲜的一面,没有看到它辛劳的一面。因而,在实际工作岗位上,经受不了困难和挫折。2004年,印度洋海啸发生时,中国的一名领队带的团恰好遭遇海啸,在直面死亡和恐怖天灾之后,便对领队的职业产生了厌倦。这就是一个典型的在择业时过于盲目、对出境旅游领队的职业的危险性评估不足的例子。因而,每个人在选择要做出境旅游领队这项工作时,都需要在保持工作的勇气和热情的同时,也一定不能忽视对领队工作的职业劣势进行充分的评估。

1. 领队的职业优势

(1)领队工作较为体面

领队总是带领一干游客游东走西环游世界,乘坐飞机、下榻豪华酒店、品尝各国美食,可以得到许多普通人无法得到的乐趣,因而显得较为体面,为人羡慕。

(2)领队有较丰厚的经济收入

与社会许多行业相比,领队是一项收入相对较高的职业。即使与旅行社的其他岗位相比,领队的收入也是处在较高的水平。

(3)可以实现"不花钱即可游走世界"的梦想

这是领队职业令人羡慕的重要原因。每个人都会心存游走世界的梦想,而担任领队尤其是职业领队,就可以"利用工作之便",不花钱实现这个梦。女性担任领队,更可以将"满世界购物"的理想迅速转化为现实。

(4)做领队能够满足"当领导"的潜在心理欲求

领队是一个旅游团中的小"官",管理一个旅游团同样会体验当领导管人的乐趣。领队的一种英文称谓即为"Tour Leader"(旅行领导),因而很容易让人产生当领队即是"当官"的联想。

(5)接触人多,经历事多,易于成熟

领队带不同的团,走不同的路线,去不同的国家,可以使自己很快成熟起来,养成遇事不慌的沉稳心理和掌控局面、有条不紊的管理才能。尤其是可以养成擅长与各形各类、不同职业、不同修养、不同收入的人士打交道的本领。

2. 领队的职业劣势

(1)领队是危险性较高的一项职业

领队因工作关系常年在世界各地飞来飞去,许多恶性事故,如交通事故、治安事故、自然灾害等防不胜防。在旅行社的诸项工作岗位中,出境旅游领队的岗位可以说风险最大,遭遇各类天灾人祸的概率最高。

(2)个人私生活无法保证

领队带团时,无论是生病、身体不适等绝大多数情况下都不能弃团而去。常年在外出差,个人家中日常生活无法得到照料。

(3)最容易受夹板气、当替罪羊

在出现矛盾时,领队最容易成为游客和供职的旅行社双重责备的对象。游客对导游、游程的不满,火气也很容易转向领队发泄。

(4)家人与亲友会常常挂念担心

领队带团在外每有空难、地震、局部战争等天灾人祸发生,领队的家人及亲友总会挂念担心。

二、出境旅游领队在我国旅游业中的发展

(一)出境旅游领队伴随着出境旅游发展一同生长

20世纪80年代以前,在中国旅行社的行业岗位之中,并没有领队的称谓。领队的出现及发展,是与中国公民出境旅游的发展历史紧密联系在一起的。

出境,指的是通过国境口岸。中华人民共和国在国际通航的港口、机场以

及陆地边境和国界江河的口岸都设立有边防检查站,出境即以通过这些检查站为客观标志,通过中国的边防检查站到境外国家或地区旅游,则为出境旅游的客观含义。目前我国的出境旅游,包含有港澳旅游、边境旅游和出国旅游三项内容。

1. 1983年出现的港澳游领队是中国的旅行社行业中最早的出境旅游领队

1983年,中国的旅行社开始经营内地居民赴港澳探亲旅游业务。初始时按照旅游车的座位数确定的48人的团队人数中,就包含了一到两名带团领队。港澳探亲游的正式开展,使得领队以出境旅游团的带团人的身份,出现在中国的旅游业界,成为当时获准经营港澳探亲旅游的中国旅行社内部的一项工作岗位名称。

2. 1990年出境旅游领队开始率团到国外旅游

1990年,原国家旅游局发布实施了《关于组织我国公民赴东南亚三国旅游的暂行管理办法》,9家有出境旅游经营资格的旅行社派出领队人员,开始率团到东南亚旅游,揭开了领队带团到国外旅游历史的崭新一页。

3. 1997年原国家旅游局发出第一批领队证

1997年7月1日,国务院批准的《中国公民自费出国旅游管理暂行办法》发布生效后,使中国出境旅游的管理走上了规范化的道路。同年具有出境旅游特许经营资格的128家旅行社的领队,经过考试,获得了中国第一批出境旅游领队资格证。各边检口岸在放行出境旅游团时,在进行中国公民旅游团队出入境查验时也开始查验率团的出境游领队的领队证。

4. 伴随着出境旅游目的地数量的增加,领队数量也在不断增加

从1983年中国政府批准旅行社经办内地游客赴港澳探亲旅游以来,历经近30年时间,出境旅游有了飞跃式的增长。中国公民可以到的国家及地区遍及世界主要大洲。无论是亚洲的东南亚、韩国、日本,还是欧洲的包括法国、德国、意大利等大部分国家,抑或是美洲的巴西、古巴,大洋洲的澳大利亚、新西兰,几乎世界上所有的热点旅游地区,都成了中国公民可以抵达的旅游目的地。近年来,随着英国、加拿大、墨西哥、秘鲁、巴巴多斯、巴哈马、圭亚那、圣卢西亚、多米尼加、苏里南、牙买加、格林纳达、蒙古、汤加、以色列、朝鲜等国家(地区)相继与我国签署旅游目的地意向书,经国务院批准的中国公民出境旅游目的地国家及地区,总数逾百,截至2018年8月,中华人民共和国文化和旅游部公布的目的地国家(地区)接待社名单予以实施操作的达到130个。

已经进入实施的国家及地区按启动时间排序如下表:

序　号	国家/地区	启动时间
1	中国香港	1983 年
2	中国澳门	1983 年
3	泰国	1988 年
4	新加坡	1990 年
5	马来西亚	1990 年
6	菲律宾	1992 年
7	韩国	1998 年
8	澳大利亚	1999 年
9	新西兰	1999 年
10	日本	2000 年
11	越南	2000 年
12	柬埔寨	2000 年
13	缅甸	2000 年
14	文莱	2000 年
15	尼泊尔	2002 年
16	印度尼西亚	2002 年
17	马耳他	2002 年
18	土耳其	2002 年
19	埃及	2002 年
20	德国	2003 年
21	印度	2003 年
22	马尔代夫	2003 年
23	斯里兰卡	2003 年
24	南非	2003 年
25	克罗地亚	2003 年
26	匈牙利	2003 年

续表

序 号	国家/地区	启动时间
27	巴基斯坦	2003年
28	古巴	2003年
29	希腊	2004年9月
30	法国	2004年9月
31	荷兰	2004年9月
32	比利时	2004年9月
33	卢森堡	2004年9月
34	葡萄牙	2004年9月
35	西班牙	2004年9月
36	意大利	2004年9月
37	奥地利	2004年9月
38	芬兰	2004年9月
39	瑞典	2004年9月
40	捷克	2004年9月
41	爱沙尼亚	2004年9月
42	拉脱维亚	2004年9月
43	立陶宛	2004年9月
44	波兰	2004年9月
45	斯洛文尼亚	2004年9月
46	斯洛伐克	2004年9月
47	塞浦路斯	2004年9月
48	丹麦	2004年9月
49	冰岛	2004年9月
50	爱尔兰	2004年9月

续表

序　号	国家/地区	启动时间
51	挪威	2004年9月
52	罗马尼亚	2004年9月
53	瑞士	2004年9月
54	列支敦士登	2004年9月
55	埃塞俄比亚	2004年12月
56	津巴布韦	2004年12月
57	坦桑尼亚	2004年12月
58	毛里求斯	2004年12月
59	突尼斯	2004年12月
60	塞舌尔	2004年12月
61	肯尼亚	2004年12月
62	赞比亚	2004年12月
63	约旦	2004年12月
64	北马里亚纳群岛自由联邦	2005年4月1日
65	斐济	2005年5月1日
66	瓦努阿图	2005年5月1日
67	英国	2005年7月15日
68	智利	2005年7月15日
69	牙买加	2005年7月15日
70	俄罗斯	2005年8月25日
71	巴西	2005年9月15日
72	墨西哥	2005年9月15日
73	秘鲁	2005年9月15日
74	安提瓜和巴布达	2005年9月15日

续表

序　号	国家/地区	启动时间
75	巴巴多斯	2005年9月15日
76	老挝	2005年9月15日
77	蒙古	2006年3月1日
78	汤加	2006年3月1日
79	格林纳达	2006年3月1日
80	巴哈马	2006年3月1日
81	圣卢西亚	2006年3月1日
82	委内瑞拉	2007年1月1日
83	乌干达	2007年1月1日
84	孟加拉国	2007年1月1日
85	安道尔	2007年1月1日
86	保加利亚	2007年10月15日
87	摩洛哥	2007年10月15日
88	摩纳哥	2007年10月15日
89	叙利亚	2007年10月15日
90	阿曼	2007年10月15日
91	纳米比亚	2007年10月15日
92	美国	2008年6月17日
93	中国台湾	2008年7月18日
94	法属波利尼西亚	2008年9月15日
95	以色列	2008年9月15日
96	佛得角共和国	2009年9月15日
97	圭亚那	2009年9月15日
98	黑山共和国	2009年9月15日

续表

序　号	国家/地区	启动时间
99	加纳共和国	2009年9月15日
100	厄瓜多尔	2009年9月15日
101	多米尼克	2009年9月15日
102	阿拉伯联合酋长国	2009年9月15日
103	巴布亚新几内亚	2009年9月15日
104	马里共和国	2009年9月15日
105	朝鲜	2010年4月12日
106	密克罗尼西亚	2010年4月12日
107	乌兹别克斯坦	2010年5月1日
108	黎巴嫩	2010年5月1日
109	加拿大	2010年8月15日
110	塞尔维亚共和国	2010年8月15日
111	伊朗伊斯兰共和国	2011年8月15日
112	马达加斯加共和国	2012年2月1日
113	哥伦比亚共和国	2012年2月1日
114	萨摩亚独立国	2012年4月15日
115	喀麦隆共和国	2012年12月1日
116	卢旺达共和国	2013年7月1日
117	乌克兰	2014年9月1日
118	哥斯达黎加共和国	2015年8月1日
119	格鲁吉亚	2015年8月1日
120	马其顿	2016年2月1日
121	亚美尼亚	2016年4月1日
122	塞内加尔	2016年6月1日

续表

序　号	国家/地区	启动时间
123	哈萨克斯坦	2016 年 7 月 15 日
124	苏丹共和国	2017 年 2 月 1 日
125	乌拉圭	2017 年 7 月 1 日
126	圣多美和普林西比	2017 年 9 月 1 日
127	法属新喀里多尼亚	2017 年 10 月 1 日
128	阿尔巴尼亚共和国	2018 年 3 月 15 日
129	卡塔尔	2018 年 5 月 1 日
130	巴拿马	2018 年 8 月 15 日

2018 年排名前十的出境游目的地国家和地区依次是：泰国、日本、中国香港、越南、新加坡、中国台湾、韩国、印度尼西亚、马来西亚、美国。

（二）出境旅游领队名称的确立

1. 国外旅行社对领队的不同称谓

国外旅行社对"领队"的叫法多种多样、各不相同。如有"Tour Leader""Tour Escort""Tour Conductor""Tour Manager"等多种称呼。在日本的旅行社，"领队"被称为"随员"。

对领队的各种不同的称呼，显示出人们对领队的功能认识略有偏差。"Tour Leader"和"Tour Manager"的称呼倾向于领队对旅游团的负责作用，"Tour Escort""Tour Conductor"和"随员"的称呼，则更倾向于领队的服务作用。

各国的领队虽然名称不同，但所从事和承担的工作却大致一样。领队作为出境旅游团的带队人，受旅行社指派，所要完成的都是要保证旅游团平稳运行的工作。

2.《旅行社出境旅游服务质量》中确定的领队定义

2002 年 7 月 27 日原国家旅游局首次发布《旅行社出境旅游服务质量》。这项质量标准在范围一项中明确注明："本标准提出了组团社组织出境旅游活动所应具备的产品和服务质量的要求。本标准适用于组团社的出境旅游业务。"在其"术语和定义"一章中，对"出境旅游领队"以及与出境旅游领队有密切关联的"组团社"以及"出境旅游"，都进行了明确定义：

组团社

经国务院旅游行政管理部门批准,依法取得出境旅游经营资格的旅行社。

出境旅游

旅游者参加组团社组织的前往旅游目的地国家/地区的旅行和游览活动。

出境旅游领队

依照规定取得领队资格,受组团社委派,从事领队业务的工作人员。

领队业务指全权代表组团社带领旅游团出境旅游,督促境外接待旅行社和导游人员等方面执行旅游计划,并为旅游者提供出入境等相关服务的活动。

这项国家服务质量标准,把"出境旅游领队"以及"组团社""出境旅游"进行了实质上的名称确立和术语规范化,也使"出境旅游领队"的社会位置,得到了首次标准化的确立。

三、领队队伍的发展

出境旅游在我国的发展虽然只有短短的 20 多年的历史,但从世界范围的角度来看,出境旅游几乎是与人类旅游活动同时出现的。早在公元前 3000 年,腓尼基人就开始了往来于地中海和爱琴海之间的贸易旅游,西到直布罗陀海峡,东到波斯湾、印度,北到波罗的海沿岸国家。他们成为世界上最早参与出境旅游的人。近代的旅行社组织的有目的、有规模的出境旅游,可以查到资料的应是 1856 年英国的托马斯库克组织的由英国赴法国参观的第二届世界博览会的活动。而最早的出境旅游领队,理应在那时就已经诞生了。

我国的出境旅游始自 1983 年港澳探亲游的开展。第一批的出境旅游领队,也应该从那时开始算起。当然,那时的带团领队尚是一种初级概念的发展雏形,还未能发展成旅行社中的一个具体岗位和职业类属,管理规范也尚未能建立健全。随着 1997 年《中国公民自费出国旅游管理暂行办法》的实施和 1997 年第一批领队证的正式颁发,中国旅行社行业的出境旅游领队队伍才得以真正建立起来。

我国出境旅游领队的人数,从 1990 年经营出境旅游的 9 家旅行社的数十人,到 1997 年经营出境旅游的 67 家旅行社组织的数百人,一直到 2002 年经营出境旅游的528家旅行社的数千人,再到2018年获批经营出境旅游业务的4445家旅行社组织的数万、数十万、数百万、数千万人,经历了一个较为迅速的发展过程。目前已经成为一支人数众多、经验丰富,与经营出境旅游业务的旅行社及游客息息相关的队伍,并以其鲜明的职业特点不断吸引着社会的广泛关注。

(一)专业领队的出现

专业领队在中国的一些旅游俱乐部中,如驾车、登山、野营、攀岩、速降、潜水等专业的户外运动俱乐部中已经出现。这些特殊旅游项目的专业领队,通常具有较高的素质要求及专业技能,需要进行严格的技能考核才能胜任。他们的出现,为旅行社出境旅游领队的专业化提供了一个标尺和范本,在专业化的要求上,将为出境旅游领队的队伍建设和发展方面有很大帮助。

出境旅游自1983年开始出现后,在很长一个阶段组团旅行社并没有设立专业的领队岗位。那时旅行社派出的领队,从事的是旅行社内部的岗位兼职,是由旅行社中的其他岗位的人兼做的领队工作,因而尚不能算是专业领队。专业领队应是以领队为专门的职业岗位,其工作就是接受旅行社的委派、带领游客到世界各地,完成完整的带团程序,领取旅行社付给的带团薪酬。

国际上一些发达国家中,旅行社派出的专业领队并非一定是旅行社的在编人员。领队作为一项社会职业,遴选并不局限在旅行社从业者当中。西方国家的不少大学教授及学者型人物,都在兼做一些旅行社的专业领队。如美国的一位研究中国问题的大学教授,就曾20多次带团到中国来进行旅游参观。在中国旅游期间,他能在游船中及旅行车上为团员开办小型的中国问题讲座,独具特色,因而受到团员的赞扬和喜爱,组团旅行社也因此而多有获益。

因为领队职业拥有漫长的历史,领队在许多西方旅游发达国家,早已经成为一种较为稳定、更讲究经验和知识的长期职业,而不是经常处于变动之中的青春职业。国外的领队普遍不拘泥于年龄,旅行经验和处理问题的能力是国外领队更重视的地方。中年或老年领队往往在吸引游客方面益处更多,他们会带给游客经验丰富、知识渊博和经历广泛、遇事不慌的可靠感与安全感。

囿于目前国家有关出境旅游领队政策的限定,我国旅行社出境旅游专业领队的选拔和培养尚不能突破在组织出境旅游业务的旅行社之外,社会力量目前尚不能进入到出境旅游领队的队伍中来。

按照国际旅游业的发展趋势分析,旅行社的出境旅游业务的发展当中,专业领队的出现是一种必然。目前在中国国内的一些旅游发达地区,如广东、上海、北京等地，这种趋势已经渐趋明朗。一批身体条件健全、心理成熟、经过专业的技能训练、掌握丰富知识和多种语言的人士，已经逐渐进入到领队的队伍中来，日渐成为出境旅游专业领队的中坚力量。

（二）领队的国际组织——国际领队协会（IATM）

出境旅游领队在国际上有自己的组织，许多国家的领队都是领队的国际组织——"国际领队协会"——的会员。

国际领队协会（The International Association Of Tour Managers）最早是由12名欧洲领队发起，成立于1962年，总会设在英国伦敦。国际领队协会最初的成立目的，是以社交俱乐部的形式，为领队提供交换信息、讨论观点、交流经验以及研究领队所遇到的困难的阵地。经过40多年的发展，国际领队协会现已发展成为世界上出境旅游领域中一个队伍庞大的组织，在世界各地都有分会，会员遍布全球各地，并有自己的固定网址（http://www.iatm.co.uk）。

国际领队协会的会员有正式会员（Active Members）、荣誉会员（Honorary Members）、退休会员（Passive Members）、附属会员（Allied Members）、赞助会员（Associate Members）、预备会员（Affiliate Members）之分。会员按照会员章程的规定向总会缴纳会费。

国际领队协会在世界各地设有地区分会。仅在欧洲地区，就有英国区、法国区、中欧区（包含奥地利、德国、瑞士）、荷兰区（包含比利时）、意大利区、北欧区（包括丹麦、瑞典、挪威、芬兰、冰岛等）、西班牙区（包含葡萄牙）等分会。欧洲以外地区有以色列区、北美区、太平洋区等。我国台湾地区有建立在远东地区唯一的分会（Taiwan Region，IATM）。

国际领队协会致力于提升世界各地的国际旅游质量和领队职业声名的工作，经过多年的努力，其成就已经得到国际旅游业界的广泛认可。国际领队协会的会员徽章，也已经成为优秀品质服务的质量保证。

我国出境旅游近年来的持续发展，使得出境旅游领队的数量也得到迅速提高。相信随着领队人数的不断增加，一个与导游协会性质类似的"领队协会"也许会很快出现。

领队协会应当以维护和争取出境旅游领队的权益为主要目标，制定领队操守，约束领队的不文明、不礼貌的行为，探讨带团经验，以便为游客更好地服务。与国际上的领队组织进行交流，也应该是期待中的中国出境旅游领队协会的一项工作。

(三)现时期我国出境旅游领队的收入保障

在旅游市场当中,客人对旅游企业的认可,在许多时候是因为旅游企业中的服务人员给他留下了美好印象。参加出境旅游的游客对旅行社的印象如何,多半会从旅行社派出的领队的表现中得到。

旅行社应当加强对领队的重视,树立领队的荣誉感。旅行社应当在培养优秀领队上下功夫,不应轻视优秀领队的品牌效应。在旅行社的各类宣传及网站中,要考虑发挥优秀领队在招徕游客方面的特殊功效。

国内的出境旅游开展前期,许多经营出境旅游的旅行社违规操作,为降低成本,取消了出境游领队的合理补助,将领队的收入全部放在了境外的游客购物回扣和增加自费游览项目以及游客付给的小费上。许多领队的工作质量下降,工作热情不高,无疑与其基本收入无法保障有很大关系。

领队既然是一个职业,就应该有其合理的收入。领队在出境旅游团当中作为旅行社的代表身份出现,旅行社方面自然应该对带团工作的领队支付相应的劳动报酬。

思考与练习

1. 我国的出境旅游领队是哪年开始出现的?
2. 出境旅游领队的职业优势和劣势各有哪些?
3. 什么是组团社、出境旅游、出境旅游领队?

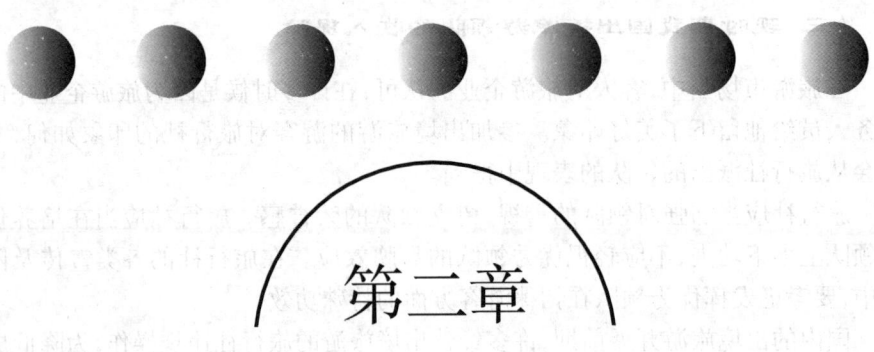

第二章

国家对出境旅游领队的
有关政策规定

 **本章要点**

从1996年《旅行社管理条例》开始,国家颁布的与出境旅游相关的法规已有不少,而团队出境旅游必须要由领队带领的问题一直始终强调。其他像领队的从业资格和素质要求,以及如何考取领队证等问题,在国家相关的旅游法规中,也都有较为明确的规定。

中国公民自费出国旅游开展伊始,出境旅游领队就引起了人们的关注。国家出台的有关出境旅游的各项法规,都曾对出境旅游领队问题进行过规范。1997年出台的《中国公民自费出国旅游管理暂行办法》明确了"团队的旅游活动必须在领队的带领下进行";2002年出台的《中国公民出国旅游管理办法》对领队的要求更加详细,全部条款共有33条,其中有12条与领队有关。通过这些法规的规定和具体条款的要求,出境旅游领队的业务行为得到了初步的建立和规范。

一、出境旅游团队派领队是现阶段国家法规的明确要求

（一）《中华人民共和国旅游法》中有关领队问题的法律规定

由中华人民共和国第十二届全国人民代表大会常务委员会第二次会议于2013年4月25日通过并于2013年10月1日起正式施行的《中华人民共和国旅游法》，是中国第一件有关旅游的法律。该法律提及"领队"共有26处，第一次提及"领队"即为该法律的第三十六条，对出境旅游团队需要安排领队的强调：

第三十六条　旅行社组织团队出境旅游或者组织、接待团队入境旅游，应当按照规定安排领队或者导游全程陪同。

"旅游法"的第三十九条到四十一条，连续提到"领队"的规则：

第三十九条　取得导游证，具有相应的学历、语言能力和旅游从业经历，并与旅行社订立劳动合同的人员，可以申请取得领队证。

第四十条　导游和领队为旅游者提供服务必须接受旅行社委派，不得私自承揽导游和领队业务。

第四十一条　导游和领队从事业务活动，应当佩戴导游证、领队证，遵守职业道德，尊重旅游者的风俗习惯和宗教信仰，应当向旅游者告知和解释旅游文明行为规范，引导旅游者健康、文明旅游，劝阻旅游者违反社会公德的行为。

导游和领队应当严格执行旅游行程安排，不得擅自变更旅游行程或者中止服务活动，不得向旅游者索取小费，不得诱导、欺骗、强迫或者变相强迫旅游者购物或者参加另行付费旅游项目。

对未按照"旅游法"规定，没能"为出境或者入境团队旅游安排领队或者导游全程陪同的"及"安排未取得导游证或者领队证的人员提供导游或者领队服务的"行为，"旅游法"第九十六条列出的法律责任处罚是：涉事旅行社"由旅游主管部门责令改正，没收违法所得，并处5000元以上5万元以下罚款；情节严重的，责令停业整顿或者吊销旅行社业务经营许可证；对直接负责的主管人员和其他直接责任人员，处2000元以上2万元以下罚款"。"对未取得导游证或者领队证从事导游、领队活动的"行为，"旅游法"第一百零二条规定的处罚形式是："由旅游主管部门责令改正，没收违法所得，并处1000元以上1万元以下罚款，

予以公告。"

(二)《旅行社条例》及其《旅行社条例实施细则》中的有关领队问题的规定

在"旅游法"出台之前,国家法规及政府旅游主管部门行政规章对此问题也曾多次进行明确。

1996年10月15日中华人民共和国国务院令第205号发布了《旅行社管理条例》,其中的第二十五条规定:

> 旅行社为组织旅游者聘用的领队,应当持有省、自治区、直辖市以上人民政府行政管理部门颁发的资格证书。

这是在国家旅游行政法规当中,第一次使用"领队"的称谓。

1996年11月28日中华人民共和国国家旅游局令第5号发布的《旅行社管理条例实施细则》,更对旅行社出境业务的开展及领队问题进行了具体的规定。《旅行社管理条例实施细则》第五条规定的"国际旅行社可以经营的业务"共列有四项内容。前两项是入境旅游业务,后两项为出境旅游业务。其中对出境旅游业务的规定当中,就明确了旅行社要为旅游团安排领队的要求:

> (一)招徕外国旅游者来中国、华侨与香港、澳门、台湾地区同胞归国及回内地旅游,为其安排交通、游览、住宿、饮食、购物、娱乐及提供导游等相关服务;
>
> (二)招徕我国旅游者在国内旅游,为其安排交通、游览、住宿、饮食、购物、娱乐及提供导游等相关服务;
>
> (三)经国家旅游局批准,招徕、组织中华人民共和国境内居民到外国和香港、澳门、台湾地区旅游,为其安排领队及委托服务;
>
> (四)经国家旅游局批准,招徕、组织中华人民共和国境内居民到规定的与我国接壤国家的边境地区旅游,为其安排领队及委托接待服务。

1996年我国的自费出国旅游尚未正式开展,因而,此时所指的旅行社派出的领队,所担当的任务还受一定的限制,从文字当中我们也可以看出,它所涉及的只是港澳台旅游以及边境旅游,而旅行社此时派出的领队,严格来讲也只是港澳台领队和边境旅游领队。

2001年12月,《旅行社管理条例》根据《国务院关于修改〈旅行社管理条

例〉的决定》进行了修订。修订后的《旅行社管理条例》第二十四条,已经将"领队"与"出境旅游"进行了明确规定:

> 旅行社为接待旅游者聘用的导游和为组织旅游者出境旅游聘用的领队,应当持有省、自治区、直辖市以上人民政府旅游行政管理部门颁发的资格证书。

2009年1月21日国务院第47次常务会议通过,自2009年5月1日起施行的新版《旅行社条例》,关于出境旅游领队问题,规范更加严格。其第三十条到第三十四条,共有多处提到了"领队"。其中对出境旅游领队的性质、义务、职责以及违规处罚等都进行了细致的法规明确。

  第三十条 旅行社组织中国内地居民出境旅游的,应当为旅游团队安排领队全程陪同。
  第三十一条 旅行社为接待旅游者委派的导游人员或者为组织旅游者出境旅游委派的领队人员,应当持有国家规定的导游证、领队证。
  第三十二条 旅行社聘用导游人员、领队人员应当依法签订劳动合同,并向其支付不低于当地最低工资标准的报酬。
  第三十三条 旅行社及其委派的导游人员和领队人员不得有下列行为:
  (一)拒绝履行旅游合同约定的义务;
  (二)非因不可抗力改变旅游合同安排的行程;
  (三)欺骗、胁迫旅游者购物或者参加需要另行付费的游览项目。
  第三十四条 旅行社不得要求导游人员和领队人员接待不支付接待和服务费用或者支付的费用低于接待和服务成本的旅游团队,不得要求导游人员和领队人员承担接待旅游团队的相关费用。
  第三十九条 旅行社对可能危及旅游者人身、财产安全的事项,应当向旅游者作出真实的说明和明确的警示,并采取防止危害发生的必要措施。
  发生危及旅游者人身安全的情形的,旅行社及其委派的导游人员、领队人员应当采取必要的处置措施并及时报告旅游行政管理部门;在境外发生的,还应当及时报告中华人民共和国驻该国使领馆、相关驻外机构、当地警方。
  第四十条 旅游者在境外滞留不归的,旅行社委派的领队人员应当及时向旅行社和中华人民共和国驻该国使领馆、相关驻外机构报告。旅行社接到报告后应当及时向旅游行政管理部门和公安机关报告,并协助提供非法滞留者的信息。

旅行社接待入境旅游发生旅游者非法滞留我国境内的,应当及时向旅游行政管理部门、公安机关和外事部门报告,并协助提供非法滞留者的信息。

第五十六条　违反本条例的规定,旅行社组织中国内地居民出境旅游,不为旅游团队安排领队全程陪同的,由旅游行政管理部门责令改正,处1万元以上5万元以下的罚款;拒不改正的,责令停业整顿1个月至3个月。

第五十七条　违反本条例的规定,旅行社委派的导游人员和领队人员未持有国家规定的导游证或者领队证的,由旅游行政管理部门责令改正,对旅行社处2万元以上10万元以下的罚款。

第五十八条　违反本条例的规定,旅行社不向其聘用的导游人员、领队人员支付报酬,或者所支付的报酬低于当地最低工资标准的,按照《中华人民共和国劳动合同法》的有关规定处理。

第五十九条　违反本条例的规定,有下列情形之一的,对旅行社,由旅游行政管理部门或者工商行政管理部门责令改正,处10万元以上50万元以下的罚款;对导游人员、领队人员,由旅游行政管理部门责令改正,处1万元以上5万元以下的罚款;情节严重的,吊销旅行社业务经营许可证、导游证或者领队证:

(一)拒不履行旅游合同约定的义务的;

(二)非因不可抗力改变旅游合同安排的行程的;

(三)欺骗、胁迫旅游者购物或者参加需要另行付费的游览项目的。

第六十条　违反本条例的规定,旅行社要求导游人员和领队人员接待不支付接待和服务费用、支付的费用低于接待和服务成本的旅游团队,或者要求导游人员和领队人员承担接待旅游团队的相关费用的,由旅游行政管理部门责令改正,处2万元以上10万元以下的罚款。

第六十三条　违反本条例的规定,旅行社及其委派的导游人员、领队人员有下列情形之一的,由旅游行政管理部门责令改正,对旅行社处2万元以上10万元以下的罚款;对导游人员、领队人员处4000元以上2万元以下的罚款;情节严重的,责令旅行社停业整顿1个月至3个月,或者吊销旅行社业务经营许可证、导游证、领队证:

(一)发生危及旅游者人身安全的情形,未采取必要的处置措施并及时报告的;

(二)旅行社组织出境旅游的旅游者非法滞留境外,旅行社未及时报告并协助提供非法滞留者信息的;

(三)旅行社接待入境旅游的旅游者非法滞留境内,旅行社未及时报告并协助提供非法滞留者信息的。

与《旅行社条例》配套,原国家旅游局指定,自 2009 年 5 月 3 日起施行的《旅行社条例实施细则》,与"领队"关联的共有 8 处,主要是对《旅行社条例》(简称《条例》)中有关领队的一些原则规定进行了较详细的司法解释。

第二条 《条例》第二条所称招徕、组织、接待旅游者提供的相关旅游服务,主要包括:
(一)安排交通服务;
(二)安排住宿服务;
(三)安排餐饮服务;
(四)安排观光游览、休闲度假等服务;
(五)导游、领队服务;
(六)旅游咨询、旅游活动设计服务。

第三十一条 《条例》第三十四条所规定的旅行社不得要求导游人员和领队人员承担接待旅游团队的相关费用,主要包括:
(一)垫付旅游接待费用;
(二)为接待旅游团队向旅行社支付费用;
(三)其他不合理费用。

第三十六条 旅行社及其委派的导游人员和领队人员的下列行为,属于擅自改变旅游合同安排行程:
(一)减少游览项目或者缩短游览时间的;
(二)增加或者变更旅游项目的;
(三)增加购物次数或者延长购物时间的;
(四)其他擅自改变旅游合同安排的行为。

第三十八条 在旅游行程中,旅游者有权拒绝参加旅行社在旅游合同之外安排的购物活动或者需要旅游者另行付费的旅游项目。

旅行社及其委派的导游人员和领队人员不得因旅游者拒绝参加旅行社安排的购物活动或者需要旅游者另行付费的旅游项目等情形,以任何借口、理由,拒绝继续履行合同、提供服务,或者以拒绝继续履行合同、提供服务相威胁。

第三十九条 旅行社及其委派的导游人员、领队人员,应当对其提供的服务可能危及旅游者人身、财物安全的事项,向旅游者作出真实的说明和明确的警示。

第四十二条 在旅游行程中,旅行社及其委派的导游人员、领队人员应当提示旅游者遵守文明旅游公约和礼仪。

第四十三条 旅行社及其委派的导游人员、领队人员在经营、服务中享有下列权利：

（一）要求旅游者如实提供旅游所必需的个人信息，按时提交相关证明文件；

（二）要求旅游者遵守旅游合同约定的旅游行程安排，妥善保管随身物品；

（三）出现突发公共事件或者其他危急情形，以及旅行社因违反旅游合同约定采取补救措施时，要求旅游者配合处理防止扩大损失，以将损失降低到最低程度；

（四）拒绝旅游者提出的超出旅游合同约定的不合理要求；

（五）制止旅游者违背旅游目的地的法律、风俗习惯的言行。

第五十七条 违反本实施细则第三十八条第二款的规定，旅行社及其导游人员和领队人员拒绝继续履行合同、提供服务，或者以拒绝继续履行合同、提供服务相威胁的，由县级以上旅游行政管理部门依照《条例》第五十九条的规定处罚。

(三)《中国公民出国旅游管理办法》对为旅游团安排领队的规定

1997年7月，中国历史上第一个关于中国公民出境旅游问题的规范性管理规章正式颁布。《中国公民自费出国旅游管理暂行办法》的出台，使得旅行社开办组织中国公民的自费出境旅游的业务获得了法定依据，出境旅游领队的作用也因此得到了加强。

1997年3月17日国务院批准，1997年7月1日国家旅游局、公安部颁布的《中国公民自费出国旅游管理暂行办法》在执行5年后，其中的部分条款规定已经多有与出境游的发展现状产生不适应的地方。出境旅游的快速发展，特别需要能有一部新的法规文件用以指导。为适应新形势，国家级的新的出境旅游管理法规文件《中国公民出国旅游管理办法》正式出台了。2002年5月27日，原国务院总理朱镕基正式签署了第354号《中华人民共和国国务院令》，宣布《中国公民出国旅游管理办法》(简称《办法》)已经于2001年12月12日国务院第五十次常务会议通过，该《办法》将自2002年7月1日起施行。原国家旅游局、公安部原于1997年7月1日发布的《中国公民自费出国旅游管理暂行办法》同时废止。

1. 《中国公民出国旅游管理办法》对旅游团队应安排领队的具体规定

国内的旅行社在组织出境旅游团时，应当派出领队，这是国家在开办出境旅游的政策中的一贯主张。1997年颁布、现已废止的《中国公民自费出国旅游管理暂行办法》中,就已经有了"团队的旅游活动须在领队的带领下进行"的规定。新的《中国公民出国旅游管理办法》,更是有了清晰明确的规定,其第十条中,文字中出现了这样的明确规定:

> 组团社应当为旅游团队安排专职领队。

这项指令性的要求,使获有出境旅游经营资格的旅行社在组织出境旅游团队时,必须将派遣领队作为正常的工作环节。领队因此成为出境旅游团队的一个基本构件。

2.《中国公民出国旅游管理办法》对违反规定未派领队设立的处罚条款

《中国公民出国旅游管理办法》作为迄今为止规范中国公民出境旅游经营行为最完备的一部法规,在规定义务的同时,也一定会将处罚措施一一列出。对违反规定、不派领队的行为,第二十七条具体的处罚规定为:

> 组团社违反本办法第十条的规定,不为旅游团队安排专职领队的,由旅游行政部门责令改正,并处5000元以上2万元以下的罚款,可以暂停其出国旅游业务经营资格;多次不安排专职领队的,并取消其出国旅游业务经营资格。

《中国公民出国旅游管理办法》的这项规定,为违规操作者明确了风险,也为旅游行政管理部门的执法提供了尺度。

(四)《旅行社出境旅游服务质量》对出境旅游团队需配备领队的规定

《中国公民出国旅游管理办法》颁布后,原国家旅游局随即出台的《旅行社出境旅游服务质量》(2002年7月27日发布),把出境旅游团队应当配备领队列入行业标准之中。在其对"领队及接待服务"的"总要求"一节中,进行了这样的规定:

> 出境旅游团队应配备领队。

这项行业标准的制定,再次使出境旅游团需派领队问题得到强化,使之成为与旅行社出境旅游服务质量直接关联的因素。

(五)出境旅游团队旅行社未派领队被判违规的事例

在国家旅游行政管理部门处理的游客对旅行社的投诉当中,组团旅行社未派领队,是游客投诉的一个重要问题。

下面是经原国家旅游局处理的一个案例:

> 2002年8月,杜某夫妇参加某旅行社组织的"新、马、泰、港、澳16日游"旅游团。该团是由6家旅行社拼团组织,旅行社没有为其安排领队。结果该团在整个旅途中,遇到了许多困难。团队中绝大多数人是初次跨出国门,不懂得如何转机,也不懂得如何填写入境卡,原本应由领队担负的应与境外旅行社接洽工作,也被迫由游客承担。杜某夫妇以旅行社未提供相应服务,损害其合法权益为由,要求旅行社赔偿其损失。

原国家旅游局的仲裁认为,提供领队服务是旅行社的法定义务,无疑是任何旅游合同的默示条款。旅行社违反了合同默示条款,就是一种违约行为。经过旅游质监部门调查审理认定,该旅行社在组织出境旅游过程中,违反了有关旅游法规、规章,未履行法定义务,应承担违约赔偿责任。

二、出境旅游领队的从业资格及素质要求

(一)国家法规对领队从业资格的相关规定

什么样的人可以当领队?《出境旅游领队人员管理办法》的第三条,对申请领队证的人员应当符合的条件所作的规定,可以看作是国家旅游行政管理部门对出境旅游领队的从业资格的认定:

> 申请领队证的人员,应当符合下列条件:
> (一)有完全民事行为能力的中华人民共和国公民;
> (二)热爱祖国,遵纪守法;
> (三)可切实负起领队责任的旅行社人员;
> (四)掌握旅游目的地国家或地区的有关情况。

第一条的"有完全民事行为能力的中华人民共和国公民",除包含有对领队头脑清醒、能为自己的行为负责的身心健康要求外,也对领队的国籍进行了限制。"中华人民共和国公民"的被限定词即表示:中国公民的出境旅游团队的领队,只限由具有中华人民共和国身份的公民来担任。

第二条的"热爱祖国,遵纪守法"的要求,在许多行业中常见,看似平常,但对于领队职业来说,则更为重要。由于工作的特殊性,领队的"热爱祖国"的情怀,可以有跨越国境、在不同国家表露,而"遵纪守法"的形象,更可以有"在世界

面前我代表中国"的诠释。

第三条的"可切实负起领队责任的旅行社人员",包含有两重意思,一是指担任领队的人应当具备一定的工作能力;二是指领队在资格上限制在旅行社人员内部,尚不允许社会其他行业的人来担任。

第四条的"掌握旅游目的地国家或地区的有关情况",是对领队行业知识的基本要求。随着中国开放的目的地国家不断增多,将这些目的地的有关情况如数掌握,必须要经过一番艰苦的努力。

以上四个条件中,并没有对年龄、学历等进行限制,这为旅行社在对自身的领队队伍建设中,不拘一格、广纳贤才创造了条件。

申请领队证的这些条件都是一些粗泛的、框架式的规定,不能说具备这样的条件,就是一名合格的领队。满足了以上四个条件,应该说只是具有迈进领队门槛的基本条件。

(二)出境旅游领队的素质要求

我国旅行社的各项服务质量标准当中,《导游服务质量》成型较早,后来的《旅行社出境旅游服务质量》制定时,因考虑到导游与领队的工作多有相似及重合,便参考或指定、照搬了《导游服务质量》的部分内容。《旅行社出境旅游服务质量》的"领队素质要求"一节中,对领队所应该具有的素质,就指定了《导游服务质量》的整个一章的内容:

领队的基本素质应符合《导游服务质量》(GB/T 15971)第5章的要求。

《旅行社出境旅游服务质量》在这里指定的《导游服务质量》第5章要求,是关于"导游人员的基本素质"的内容。

《导游服务质量》第5章的具体规定如下:

5. 导游人员的基本素质

为保证导游服务质量,导游人员应具备以下基本素质。

5.1 爱国主义意识

导游人员应具有爱国主义意识,在为旅游者提供热情有效服务的同时,要维护国家的利益和民族的自尊。

5.2 法规意识和职业道德

5.2.1 遵纪守法

导游人员应认真学习并模范遵守有关法律及规章制度。

5.2.2 遵守公德
导游人员应讲文明,模范遵守社会公德。

5.2.3 尽职敬业
导游人员应热爱本职工作,不断检查和改进自己的工作,努力提高服务水平。

5.2.4 维护旅游者的合法权益
导游人员应有较高的职业道德,认真完成旅游接待计划所规定的各项任务,维护旅游者的合法权益。对旅游者所提出的计划外的合理要求,经主管部门同意,在条件允许的情况下应尽力予以满足。

5.3 业务水平

5.3.1 能力
导游人员应具备较强的组织、协调、应变等办事能力。

无论是外语、普通话、地方语和少数民族语言导游人员,都应做到语言准确、生动、形象、富有表达力,同时注意使用礼貌用语。

5.3.2 知识
导游人员应有较广泛的基本知识,尤其是政治、经济、历史、地理以及国情、风土习俗等方面的知识。

5.4 仪容仪表
导游人员应穿工作服或指定的服装,服装要整洁、得体。

导游人员应举止大方、端庄、稳重,表情自然、诚恳、和蔼,努力克服不合礼仪的生活习惯。

以上对基本素质的要求,可归纳为爱国主义意识、法规意识和职业道德、业务水平、仪容仪表等方面,包括了从个人思想、业务能力、日常穿着等多层面的要求。从所涉及的内容看,理应为导游及领队同样遵守。

《旅行社出境旅游服务质量》在提出领队的基本素质首先要按与导游的基本素质要求之外,还为领队的基本素质确定了应具备一定的英语或目的地国家(地区)语言的能力等其他一些标准:

领队应具备一定的英语或目的地国家/地区语言的能力。

领队上岗前应具备一定的导游工作经验。

领队应切实履行领队职责、严格遵守外事纪律,并具有一定的应急处理能力。

这些基本素质，都是领队应该达到的。只要按照这样的一些素质要求考核领队，就可以从根本上保证领队队伍的高素质。

三、领队资格证的获取

（一）领队证的考核方式

1. 领队上岗需持领队证

领队上岗需要持有效证件，这是世界上许多地方对职业领队的一种普遍规定，如我国香港特别行政区的领队，就需要考取《外游领队证书》才能带团上岗。原国家旅游局制定的《出境旅游领队人员管理办法》明确规定："未取得领队证的人员，不得从事出境旅游领队业务。"

领队持证上岗对游客利益是一种保护，对旅行社的利益也是一种保护。

2. 领队证须经旅游行政管理部门考核后颁发

我国出境旅游初始阶段，政府部门就确定了领队需要持有资格证书的办法。根据 2001 年 12 月 11 日《国务院关于修改〈旅行社管理条例〉的决定》修订后的《旅行社管理条例》，在第二十四条规定：

> 旅行社为接待旅游者聘用的导游和为组织旅游者出境旅游聘用的领队，应当持有省、自治区、直辖市以上人民政府旅游行政管理部门颁发的资格证书。

这项国家行政法规，明确提到了出境旅游领队需要持有资格证书，而领队资格证书的颁发机关，应该是省、自治区、直辖市以上人民政府旅游行政管理部门。

2002 年 7 月 1 日起施行《中国公民出国旅游管理办法》，更进一步对领队取得领队证的程序进行了明确，指出领队证的取得，必须要经过旅游行政管理部门考核合格。

《中国公民出国旅游管理办法》第十条规定如下：

> 组团社应当为旅游团队安排专职领队。
> 领队应当经省、自治区、直辖市旅游行政部门考核合格，取得领队证。

（二）领队证的颁发

2013 年 10 月 1 日实施的《中华人民共和国旅游法》对"取得领队证"在第三

十九条规定如下:

第三十九条 取得导游证,具有相应的学历、语言能力和旅游从业经历,并与旅行社订立劳动合同的人员,可以申请取得领队证。

对已被吊销领队证拟再次申请领队证的状况,也做了详细规定:

第一百零三条 违反本法规定被吊销导游证、领队证的导游、领队和受到吊销旅行社业务经营许可证处罚的旅行社的有关管理人员,自处罚之日起未逾三年的,不得重新申请导游证、领队证或者从事旅行社业务。

2002年原国家旅游局制定了《出境旅游领队人员管理办法》,其中的第五条对领队证的颁发问题进行了如下阐述:

领队证由组团社向所在地的省级或经授权的地市级以上旅游行政管理部门申领,并提交下列材料:申请领队证人员登记表;组团社出具的胜任领队工作的证明;申请领队证人员业务培训证明。

旅游行政管理部门应当自收到申请材料之日起15个工作日内,对符合条件的申请领队证人员颁发领队证,并予以登记备案。

旅游行政管理部门要根据组团社的正当业务需求合理发放领队证。

原国家旅游局于2010年1月8日发出的《关于出境旅游领队证管理有关事项的通知》,确定出境旅游领队证的核准、制作、颁发及管理,由各省级旅游行政部门负责。各省级旅游行政部门在颁发领队证时加盖本部门的出境旅游专用章,并将出境旅游领队证的制作费用列入经费预算,在颁发、换发、补发时不再向旅行社收取费用。为保证出境旅游领队证的权威性和统一性,由国家旅游局统一样式规格,各地通过"中国旅游网"的旅行社统计调查系统下载。《出境旅游领队证》样式规格为:成品尺寸:86mm×54mm;芯片:FM4428;背面:黑灰印刷加黑平码;颜色:四色蓝绿色调(母卡);打印:四色光面覆膜。

四、领队培训

(一)《出境旅游领队人员管理办法》对领队培训问题的规定

对出境旅游领队人员进行培训,是国家旅游行政管理部门制定的旅游行政

法规文件中确定下来的。国家旅游局制定的《出境旅游领队人员管理办法》的第四条,就有这样的明确规定:

> 组团社要负责做好申请领队证人员的资格审查和业务培训。

对领队的业务培训的内容,以及对已经取得领队证的人员的教育和培训,《出境旅游领队人员管理办法》也进行了细致要求:

> 业务培训的内容包括:思想道德教育;涉外纪律教育;旅游政策法规;旅游目的地国家(地区)的基本情况;领队人员的义务与职责。
> 对已经领取领队证的人员,组团社要继续加强思想教育和业务培训,建立严格的工作制度和管理制度,并认真贯彻执行。

对领队的培训工作,并非是一项可有可无、可做可不做的工作。如果违反了应对领队进行培训的规定、忽略业务培训工作,《出境旅游领队人员管理办法》的第九条,列出了从给予组团社警告到取消组团社资格的各项处罚规定:

> 违反本办法第四条,对申请领队证人员不进行资格审查或业务培训,或审查不严,或对领队人员、领队业务疏于管理,造成领队人员或领队业务发生问题的,由旅游行政管理部门视情节轻重,分别给予组团社警告、取消申领领队证资格、取消组团社资格等处罚。

(二)出境旅游的形势发展逼迫领队必须要不断加强自我培训

1. 不断开放的旅游目的地需要领队不断学习

随着国家宣布开放的旅游目的地的不断增多,领队原有的知识已经远远达不到需要。领队如果要想胜任工作,带领游客到一些新开放的目的地国家(地区)旅游,就必须认真学习,接受旅游行政管理部门组织的集体培训,并在日常生活中努力加强自我培训。

目前我国已经分别与约130个国家(地区)签署了旅游备忘录,与中国公民自费出境旅游最初开放时的几个国家(地区)、十几个国家(地区)相比,领队的难度已经大为增加。出境旅游领队只有不断接受挑战,不断学习新的目的地国家(地区)的相关知识,才有可能不被时代淘汰。

2. 游客的旅游经验增加也给领队带团带来难度

目前参加出境旅游的游客,多数早已经不是出境旅游的门外汉,而是具有相当多的出境旅游知识的旅游常客和发烧友。他们往往会对出境旅游的线路的准备细致入微。带领这样的游客出行,领队的难度着实不小。

近年来许多游客对出境旅游的向往,早已经不满足于走马观花,文化追求逐渐开始占上风。一些游客对报名参加的目的地国家(地区)的熟悉,让不少领队相形见绌。领队如果想在游客当中树立威望,必须要刻苦用功,进行知识的有效拓展。只有这样,才有可能顺利带好旅游团赢得游客们的敬重。

思考与练习

1. 国家哪一部旅游法规,最早出现了"领队"一词?
2. 《旅行社出境旅游服务质量》特别提出领队的基本素质有哪些?
3. 《出境旅游领队人员管理办法》中规定对领队的业务培训包括哪些内容?

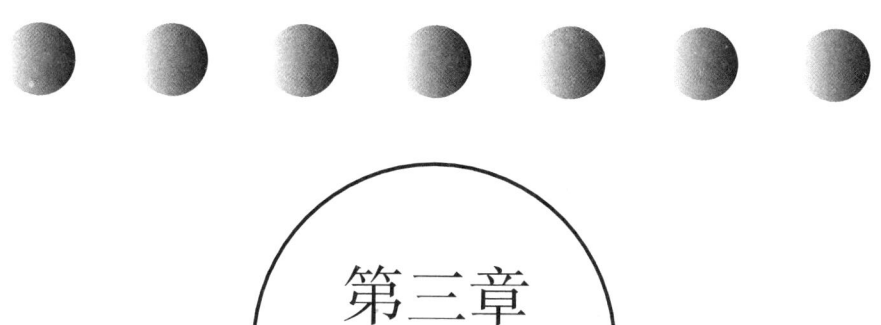

第三章

领队在出境旅游整体环节中的作用

 **本章要点**

出境旅游领队在出境旅游的整体环节中起到了不可替代的重要作用。对于旅行社来说,领队是完成出境旅游整体运作中的重要一环;对于游客来说,领队也是游客在整个旅程中的心理依赖而不可缺少。

2002年10月28日颁布并实施的《出境旅游领队人员管理办法》(简称《办法》),是目前出境旅游方面国家旅游主管部门针对领队问题制定的最重要的文件。

该《办法》的第二条首先对"出境旅游领队"和"领队业务"两个概念进行了定义:

本办法所称出境旅游领队人员,是指依照本办法规定取得出境旅游领队证,接受具有出境旅游业务经营权的国际旅行社的委派,从事出境旅游领队业务的人员。

本办法所称领队业务,是指为出境旅游团提供旅途全程陪同和有关服务;作为组团社的代表,协同境外接待旅行社完成旅游计划安排;以及协调处理旅游过程中相关事务等活动。

领队在出境旅游业务之中，究竟要起到哪些主要作用呢？《出境旅游领队人员管理办法》也给出了一些原则性答案。其第八条规定，领队人员应当履行下列职责：

（一）遵守《中国公民出国旅游管理办法》中的有关规定，维护旅游者的合法权益；

（二）协同接待社实施旅游行程计划，协助处理旅游行程中的突发事件、纠纷及其他问题；

（三）为旅游者提供旅游行程服务；

（四）自觉维护国家利益和民族尊严，并提醒旅游者抵制任何有损国家利益和民族尊严的言行。

领队对于旅行社以及旅游团游客，乃至在整个出境旅游的整体环节中可以起到、应当起到的作用，尚需要认真探究。

一、领队是完成旅行社出境旅游团队运作的重要环节

领队是"从事领队业务"的人员，关于"领队业务"的内容，除《出境旅游领队人员管理办法》进行了说明以外，在《旅行社出境旅游服务质量》中，也确定了关于"领队业务"的完整定义：

领队业务指全权代表组团社带领旅游团出境旅游，督促境外接待旅行社和导游人员等方面执行旅游计划，并为旅游者提供出入境等相关服务的活动。

领队业务的实质，是要将游客从旅行社柜台上购买的出境旅游线路产品，从旅行社的一纸承诺、一件半成品、期货产品变成游客可以触摸到、品尝到、观察到的实实在在的东西。领队业务在工作中的具体体现为领队需要接触到的每一个工作环节。

（一）领队是旅行社出境旅游业务能否顺利进行的关键

1. 旅行社的线路产品生产销售程序链

领队适当了解旅行社产品出台的过程程序，对其理解旅行社线路产品生产的艰辛，了解出境旅游旅行社组团的难度，从而珍视每一次带团的机会、参与产

品的完整实施而进行认真的工作,是十分重要的事情。以往旅行社对领队的培训当中,往往只重视单纯的领队业务,而忽略掉其他方面,使领队尤其是一些没有在旅行社其他岗位工作过的领队对旅行社的业务开展的了解模模糊糊,也因而间接影响到了带团的实际效果。

旅行社在其产品的生产和销售程序链当中,至少有四个主要环节:

(1) 策划创意阶段

主要工作包括找寻市场卖点、研究游客的需求变化、进行冷静的市场分析、确定产品等。

(2) 产品制作阶段

主要工作包括资讯准备、实地考察、线路编排、进行产品定价等。

(3) 广告销售阶段

主要工作包括选择媒体、通过各种媒介发布产品信息广告,印制宣传单、接受游客报名等。

(4) 成团操作阶段

主要工作包括预订机票、预订酒店、与境外旅行社确认行程、与领队工作交接、团队核算等。

领队的工作,是在以上所有程序完成后,才开始介入到团队的运作过程中间的。如果缺少了以上环节,领队的工作就不复存在。如果领队的工作完成得不够好,那么受其影响,以上各个环节的工作付出的艰辛努力就有可能会付之东流。

2. 领队是旅行社出境旅游业务中重要的"螺丝钉"

领队虽是旅行社诸多工作岗位上面的一颗"螺丝钉",但所起到的作用却是极为重要的。游客对花钱参加旅游团的客观认识,值与不值的评价,很大因素源于对领队的看法。除了报名时的咨询、付费与旅行社的销售人员打交道以外,在旅行社中,游客接触最多的人就是领队,出境旅游中游客每天都与领队在一起,领队的一言一行都能影响到游客对旅行社的看法。

在旅行社的出境旅游业务的整个环节当中,领队具有举足轻重的作用。旅行社的产品销售完成以后,尚不能说成功。随着领队带领旅行团顺利归来,成功才可能会被同时带来。

领队如果没有能够尽职尽责做好工作,遭到游客的投诉索赔,结果就会使得旅行社功亏一篑、前功尽弃,所有的策划制作、广告招徕、门市揽客、收费签约等前期工作,都可能全部化作泡影。以往许多旅行社都遇到过因领队工作差,遭到游客投诉的事情,使得旅行社疲于应付,不仅名誉受损,经济收益也无法保证。

相反,如果领队工作出色,在准确完成旅行社业务的运作要求的同时,还能够弥补旅行社前期工作中的许多漏洞,令旅行社名利双收。

(二)领队作为组团旅行社全权代表,肩负着多项使命

1. 领队身上寄托着组团旅行社的信任和期望

旅行社招徕游客,前期需要花费大量的精力、物力和财力。从企业生意的角度来看,领队所带的每一个团,都涉及少则几万元、十几万元,多则几十万元的一单生意。企业选择领队带团,其实就是一项风险投资,意味着企业将声誉、威望以及经济利益都交给了领队。

领队被旅行社选中作为企业的代表,受组团社的委派带领游客游走世界,表明了旅行社对领队的高度信任。带团当中的每位领队,实际上都肩负着旅行社企业的重托和期望。

《旅行社出境旅游服务质量》中对出境旅游领队的定义,"依照规定取得领队资格"只是其中一个条件,"受组团社委派"则是另外一个不可缺少的条件。《出境旅游领队人员管理办法》对"受组团社委派"进行了更加明确详细的描述,叫作"接受具有出境旅游业务经营权的国际旅行社的委派"。每一位领队接受"具有出境旅游业务经营权的国际旅行社"的委托带领出境旅游团,都应该珍视这样的机会。

以往一些旅行社和政府旅游主管部门对出境旅游领队的希望中,提出了"领队要代表中国""做民间大使"的大道理要求,语重心长、情真意切,但其实是有可以商榷的地方。过高地给领队以外在形象的塑造,事实上对领队深入理解自身应起到和能起到的作用,兢兢业业认真完成本职工作于事无补。领队接受的是企业的委派,则派出领队的行为自然是一种企业行为。作为企业的派出代表,领队可以完成的,是企业形象的展示与塑造,因而在带团中,领队应该将企业的荣誉时时放在心上。

2. 领队代表组团旅行社的利益要督促境外旅行社和导游执行旅游计划

"督促境外接待旅行社和导游人员等方面执行旅游计划",是《出境旅游领队人员管理办法》规定的领队的主要任务和应该起到的主要作用。

领队与境外旅行社或导游之间在进行工作商讨时,身份自然就是中国组团旅行社的代表。经境外接待旅行社确认,发给中国国内组团社的团队行程计划表,就是一项有法律效力的业务契约。境外旅行社或导游绝不能随意进行变更。如果需要变更,必须经中国组团旅行社的代表即领队的认可同意。

3. 领队代表组团旅行社的利益要保证组团社与游客签署的旅游合同有效实施

领队作为组团旅行社的代表,对组团旅行社与游客之间的合同契约的照章履行,担负着法定的保证责任。但领队对旅行社与游客签署的旅游合同,只有解释权、执行权和监督执行权,而没有自行变更权。即整个游程当中,游客对旅游合同的实施提出疑义,都应该由领队来负责说明。而旅游合同上的任何一项的改变,领队都应代表旅行社与合同另一方的游客商议,待游客同意认可后才可实施。

二、领队是游客在整个旅程中的不可缺少的心理依赖

游客在出境旅行社报名选择参加团队旅游形式的线路产品的时候,"领队服务"是其中的要件构成之一。之所以游客会选择有"领队服务"的团队旅游,对领队有所依赖是重要原因。如果从出境旅游的主体参加者——游客——的角度来考量并分析出境旅游领队的作用,对领队的职能与作用就会有一个更加深入的认识。

(一) 出国在外领队是游客最主要的依靠

国家旅游行政管理部门为出境旅游游客提供的《游客须知》,告诉了游客本身应有的权利:

> 您享有要求旅行社提供约定服务的权利。您有权要求旅行社按照合同约定和行程时间表安排旅行游览,为旅行团委派持有《领队证》的专职领队人员,代表旅行社安排境外旅游活动,协调处理旅游事宜。

由此可见,领队代表旅行社向游客提供合同约定的服务,是游客理应享有的权利。

游客远离祖国到国外旅游,语言不通、举目无亲,领队即是游客唯一的依靠。领队对游客的帮助,不仅是应该的,而且是必需的。

1. 领队可以为游客提供熟悉异域环境、语言沟通等方面的帮助

按照规定,领队的主要工作之一,就是"为出境旅游团提供旅途全程陪同和有关服务"。

由于中国的出境旅游开展时间较短,中国游客普遍对国外的了解不多。许多游客虽然进行了大量的知识储备,但仍缺乏独立看世界的能力和勇气,因而需要领队的帮助。出境旅游领队因受过专业的培训,又有充分的旅行经验,对异国他乡的历史、环境、人文的掌握和了解,完全可以使游客享受到旅游的愉悦,并能从领队身上汲取丰富的知识营养。

除去喜欢独自探索世界的年轻游客外,中国的其他年龄段的多数游客均会希望在境外旅游当中能得到最便捷的帮助。而参加团队旅游,领队则会为游客提供这样一种依托。

相比散客自助游,团队出境旅游是比较经济、方便的一种旅游方式,更加适合普通大众的需求。因而在今后很长一个时期,仍会是中国游客倾心的旅游方式。中国游客的外语水平总体不太高,尤其是到非英语国家旅游,所遇到的语言障碍更加明显,因而会影响到旅游的顺畅进行。旅游团的领队在语言翻译上对游客提供的帮助,可以使游客更好地了解世界,与当地人士进行交流。

2. 领队能够维系游客之间的和睦团结

游客之间的团结,对于旅游团的顺利开展十分重要。领队作为团队的核心,需要十分注意维护并保持团队的平和舒畅的良好氛围。但是,团队在境外旅游期间,游客之间发生矛盾又在所难免。在此种时候,唯有领队适合出来进行劝解工作。

领队在游客之间发生矛盾、当面争吵的时候,要充当和事佬的角色,努力协调化解游客之间的矛盾。有些领队对团内游客发生争吵后不闻不问,其实也是不负责任的做法。任何个别游客争吵一团,影响到其他游客,不仅会让全团情绪低落,也会影响到中国游客的国际形象。领队在进行劝解时,要注意把握好分寸,不能偏袒任何一方。切忌不能以主持公道的形象出现,扬李抑杜,进行谁对谁错的主观评判。

(二)特殊事件发生时游客无法缺少领队的帮助

许多经常参加出境旅游的游客,会对出境旅游的各项程序非常熟悉,办理登机手续、出入境手续、了解注意事项、每日参加游览活动等已完全掌握,在平静顺畅的旅游进程当中,不太能体会到领队的作用。

领队的作用往往会在团队不顺利的时候彰显。游客在参加国际旅游当中,有可能会遭遇到许多难以预测的天灾人祸。诸如地震、海啸、暴雨、狂风等自然灾难突然降临,目的地国家(地区)突然发生的骚乱,旅途中偶然发生的交通事故等,会让旅行团猝不及防、无法躲避。领队的良好心理素质和专业技能训练在此时的发挥,可以让游客终生难忘。

1. 事故发生时领队可以以受过的专业训练给游客以帮助

领队在专业培训中均学习过紧急救护的知识,因而在特殊事件突然来临的时候,懂得如何抢救,可以最大限度地使受伤者得到救助。

2. 偶遇灾难时游客可以得到领队的心理庇护

旅途中突然遇到灾难,唯有领队能给游客带来安全感。领队的临危不乱、有条有理的处理方式和对游客的言语安慰,会让游客得到很好的心理庇护。

我国台湾的《观光发展条例》,要求身处紧急事件中的领队要做"紧急事件处理之司令员",迅速解决问题:

> 紧急事件处理之司令员:团体在外往往更因环境改变造成许多无法预知之困难,领队应站在维护客人和公司利益之立场,当机立断地应变,发挥果断之能力。

三、领队在旅行社业务拓展中的特殊作用

领队作为一个出境旅游团不可缺少的部分,所能起到的作用是多方面的。将一个出境旅游团顺利安全地带出又带回,领队应起到团队的核心作用,这是从领队的本职工作角度对领队的价值衡量与基础要求。领队是一个出境旅游团队当中游客们的心理依赖,在许多地方游客无法离开领队的帮助,这是从游客的角度对领队作用的认识。而领队在旅行社当中的其他作用,却往往被人们忽略了,也没有被很好地开发和引导。这对于企业来讲,是职业岗位效用发挥和人力资源合理有效运用的问题;对于领队来说,也是拓展个人才能、丰富知识的重要方面。

(一)领队的服务可以起到比广告更好的招徕作用

1. 领队需认识到出境旅游游客具有的重复出游的可能性

每位参加出境旅游的游客均有再次参加出境旅游的可能。通常不会有游客参加了一次出境旅游之后,会说:"我再也不会出国旅游啦!"在带团过程中,领队经常会遇到的情形恰恰相反:许多游客是"吃着碗里的,想着锅里的"。尚沉浸在本次旅程欢乐当中的游客,实际上已经开始筹划其下一次出境旅游的行程了。

旅行社需要给参加出境旅游的游客以更多的信息诱惑。通过领队把更多的到不同国家的旅游线路产品向正在参加出境旅游的游客进行直接的传达,可以取得较明显的销售效果。身处出境旅游进行时的游客是这类广告信息的热心受众,多数人不会拒绝接受,因而他们都会是旅行社最直接有效的目标客户,十分适合领队展开"直销"。领队在整个旅程当中,可以有充分的机会、充分的时间给游客介绍新的线路、新的产品,将旅行社的"全员促销"的战略进行重

点实施。

2. 领队的优质服务是旅行社最好的广告

游客参加某家旅行社的出境旅游,在某种意义上,包含有"亲身体验"的试验因素。一家旅行社的服务好与不好,游客都会作出自己的主观评判,继而确定今后选定的旅游卖家。从这个意义上来看,游客跟随旅行社的领队出国旅游,实际上是在体验一个旅行社无声广告。领队的优质服务可以为旅行社作出最好的广告;而领队的恶劣服务,则不仅会让游客对领队本人发生怨恨,而且会使旅行社的企业声誉受到严重挫伤,造成恶劣的广告效应。

游客通过领队对某旅行社留下良好印象后,会对旅游充满美好、欢娱的想象,会潜移默化地影响他今后很长一个时期的对旅行社的排他性遴选。

广告传播的途径当中,口头传播是成功率最好的方式之一。领队为旅行社赢得的良好口碑,通过游客之口,在广泛的区域传播,效力远胜于旅行社本身所做的各种平面广告。

(二)领队需有的旅行社企业整体意识

1. 为旅行社的线路产品提供合理的改进建议

领队在旅行社的整体当中,并非只是一个机械执行接待计划的角色,事实上,他还应担负并扮演着产品推销员和市场信息调查员等多种角色。

旅行社的线路产品是否适用,必须经过实践才能知道。领队是旅行社派出的产品实验员,其写出的《领队日志》及总结报告,也可以被看作是对旅行社产品的试验报告。

领队带团归来后带回来的游客反映,更可以说是产品的市场满意度测试的第一手资料。从亲身的感受出发,领队提出的对线路产品改进的一些合理化建议,更会是促进旅行社的产品成熟并完美的重要因素。

有些时候,领队所带回来的信息,也未必就一定是限制在自己所带领的团队。因为参团游客对出国旅游的兴致,并不会仅仅局限在目前所走的一条线路上面。这次参加的是东南亚旅游,但下回就会去参加欧洲旅游或澳洲旅游。他们对欧洲游或澳洲游的憧憬和希望,在向领队咨询的同时,也会流露出希望。这些有用的信息,领队都应当作为信息来收集,带回旅行社,为旅行社产品的丰富和合理,提供有效的参数。

2. 主动承担推荐旅行社线路产品的任务

领队服务于一家旅行社,并不能仅仅局限在对这家旅行社的外在形象的认知,也应当对旅行社所经销的旅游线路产品有较好的了解,尤其是对当前市场中游客追逐的热点旅游线路更应该有重点了解。对此,旅行社在对领队的培训当中,要增加这方面的内容。作为领队本身,也应该有主动为旅行社介绍、推销线路产品、培养回头客人的意识。

思考与练习

1. 《出境旅游领队人员管理办法》规定领队人员应当履行哪些职责?
2. 领队在旅行社业务拓展中的特殊作用有哪些?

第二篇
领队工作程序

第二篇

対外工作部分

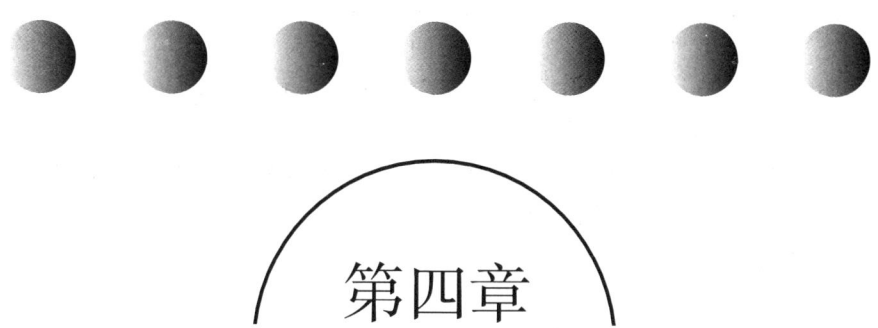

第四章

领队出团前的工作准备

 **本章要点**

　　领队出团前的工作准备，主要有接受工作任务和召开行前说明会两大项。接受工作任务需要领队按部就班地进行，才会使后面的实际带团顺利进行；召开行前说明会，也需要领队能有条不紊地实施，为正式出行做好稳妥铺垫。

　　为出境旅游团安排领队，不仅是旅行社工作中的一项必要的工作程序，也是法律所要求的不可缺少的一环。《中华人民共和国旅游法》明确了这一要求："旅行社组织团队出境旅游或者组织、接待团队入境旅游，应当按照规定安排领队或者导游全程陪同。"

　　出境旅游领队工作是一项需要经常出差在外的工作，带团出游就是出境旅游领队的主要工作任务。每一次的带团工作，都是从组团旅行社与领队之间的工作交接开始，再到领队与组团旅行社之间的工作交接结束。

　　具有出境旅游业务经营权的国际旅行社委派出境旅游领队接受任务，全权代表旅行社进行带团工作；出境旅游领队在具有出境旅游业务经营权的国际旅行社委派之下，完成整个带团工作。委派任务的组团旅行社与接受委派的领队之间，既是一种上下级的传达与服从关系，也是一种旅行社业务链的岗位合作关系。

旅行社行业对旅行社负责旅游团队的后勤操作人员、任职于业务担当者岗位的人,习惯称谓是"OP"(英文 operater 的缩写,意为"操作员")。出境旅游团队的组团社与领队之间的工作交接,主要是在 OP 与领队之间展开的。

OP 与领队之间的联系,需要特别注意以下问题:

(1)工作配合默契。OP 与领队之间的交接要清楚明了,无论是出团前 OP 向领队交接工作,还是出团后领队向 OP 交接工作,都应尽量一次性完成。OP 与领队双方,都要做到对团队情况十分熟悉,以便双方的工作配合取得默契。

(2)联络通畅。团队的整个运行过程中,OP 与领队之间的联络,须保持 24 小时的通畅。团队在境外旅行期间,发生任何重大事件,领队都应第一时间向 OP 进行汇报;OP 对团队的任何变更信息,都应随时告知领队。

(3)协调一致。OP 与领队之间,彼此要充分信任、工作要协调一致。OP 向领队交接时,除与领队无关的团队成本核算、商业利润等涉及企业秘密的内容外,要向领队传达关于团队的尽量多的有效信息,以方便领队日后带团时心中有数;领队在向 OP 进行交接汇报时,不能遗漏旅行团内发生的主要事情,以便 OP 能对遗留问题进行有效处理。

领队出团前的工作准备,主要有接受带团任务和组织召开行前说明会两大项工作,大致的程序如下图所示:

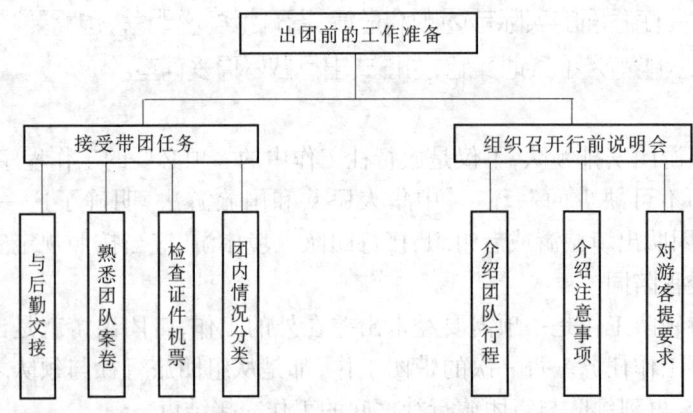

一、接受带团任务

领队带团出发之前,需要做大量的准备工作。领队每次带团出团前,需要做的准备工作都是类似的,虽然繁复,但却容不得厌烦省略。工作认真的领队,应当为所带领的每个团队都特别开列一个工作档案,以便做到工作井井有条、有据可查。

出团准备工作十分必要,因而要求领队必须认真对待。如果此时马虎,那日后带团出境之后,就有可能会遇到麻烦。

《旅行社出境旅游服务质量》中的"出团前的准备"一节,明确规定如下:

> 领队接收计调人员移交的出境旅游团队资料时应认真核对查验。
>
> 出境旅游团队资料通常包括团队名单表、出入境登记卡、海关申报单、旅游证件、旅游签证/签注、交通票据、接待计划书、联络通信录等。

领队接到带团通知并接受任务,标志着整个带团工作的开始。

带团准备工作包含许多常规的具体工作。这些工作,是每接一个团的时候,都需要从头至尾认真来做一遍的。如漏掉了其中一个环节,都有可能对实际带团造成不便。

(一) 听取 OP 介绍团队情况并接受移交出团资料

领队在接到带团工作任务后,首先要做到的一件事,就是与旅行社的 OP 取得联系,约定时间,听取 OP 对此团队进行详尽介绍。领队在听取 OP 介绍的时候,需要认真听、仔细记,对不清楚的问题要马上进行针对性的提问,取得明确答案,避免把不清楚的问题带到下面的工作进程中。

1. 由 OP 向领队介绍团队情况并移交出团资料

OP 对领队的工作介绍,应当包括下列几方面:

(1) 团队构成的大致情况。
(2) 团内重点团员的情况。
(3) 团队的完整行程。
(4) 团队的特殊安排和特别要求。
(5) 行前说明会的安排。

OP 在向领队进行团队情况介绍的同时,应该向领队移交该团的各种资料。按照《旅行社出境旅游服务质量》的要求,这些资料应该包括团队名单表、海关申报单、旅游证件、旅游签证/签注、交通票据、接待计划书、联络通信录等。海关申报单等不一定需要在资料交接时事先由 OP 交给领队,出境的当天,直接到海关柜台前索要即可。

2. 出境旅游行程表

拟发给游客的《出境旅游行程表》,也须由 OP 转交给领队,由领队在行前说明会上发给游客。

《旅行社出境旅游服务质量》对《出境旅游行程表》的内容也有明确规定：

《出境旅游行程表》应列明如下内容：
a) 旅游线路、时间、景点；
b) 交通工具的安排；
c) 食宿标准/档次；
d) 购物、娱乐安排以及自费项目；
e) 组团社和接团社的联系人和联络方式；
f) 遇到紧急情况的应急联络方式。

《出境旅游行程表》要求清楚明了，要处处为游客着想，以方便游客为最重要的原则。国内的许多旅行社所做的《出境旅游行程表》十分粗糙，游客想知道的许多信息都无法从上面获得。在制作《出境旅游行程表》的时候，不妨学习一下国外旅行社的一些优秀做法。比如日本的一些旅行社在标明"乘用交通工具"的时候，不仅会标明航班号、起飞时间、降落时间，还会标上空中实际飞行时间和时差。

3. 《中国公民出国旅游团队名单表》

其他应由 OP 向领队移交的资料还有《中国公民出国旅游团队名单表》一项。

按照《中国公民出国旅游管理办法》的规定，《中国公民出国旅游团队名单表》是由国家旅游行政管理部门统一印制，在下达本年度出国旅游人数安排时编号发放给省、自治区、直辖市旅游行政部门，再由省、自治区、直辖市旅游行政部门核发给组团社的。组团社按照核定的出国旅游人数安排组织出国旅游团队，填写《中国公民旅游团队名单表》。旅游者及领队首次出境或者再次出境，均应当填写在《中国公民旅游团队名单表》中。按照规定，经审核后的《中国公民旅游团队名单表》不得再增添人员。《中国公民旅游团队名单表》一式四联，分为出境边防检查专用联、入境边防检查专用联、旅游行政部门审验专用联、旅行社自留专用联。领队带团只需要携带其中的第一、第二两联。

（二）熟悉案卷

领队对所要带领的团队的档案卷宗，一定要静下心来认真查看。查看卷宗可以让领队快速地熟悉团队构成情况，以便对游客提供针对性的服务。

1. 查阅卷宗的要求

查阅卷宗要特别注意的问题是：

（1）记住旅游团的名称（或团号）和人数。

（2）了解旅游团成员的姓名、性别、年龄、职业、宗教信仰、饮食禁忌、生活习惯等。

（3）了解团内较有影响的成员、需要特殊照顾的对象和知名人士的情况。

另外，领队也需要特别注意，对卷宗应当爱护，注意保持整洁。同时，领队应遵守为游客保密的职业操守，不能将案卷中的游客信息透露给其他人。

2. 查阅卷宗对领队带好团会很有帮助

有些 OP 在与领队的工作交接中，不将案卷交给领队，而只是递给领队一张简单的出团日程表。有的旅行社也规定，为避免档案丢失，不允许领队调阅团队档案。这些做法和规定，其实都形成了对领队顺利完成带团任务的阻碍，不利于旅游团队的顺畅出行。领队只有对所要带领的旅游团全面的熟悉后，才能了解团队的具体状况，以便于工作的开展。

（三）熟悉旅游行程接待计划

领队对组团旅行社拟发给游客的旅行行程以及与境外接待旅行社确认的接待计划书要认真阅读，做到烂熟于心，对每天的行程要熟悉到能够复述。对旅游行程接待计划应掌握的要点是：

（1）掌握旅游团的详细行程计划，包括旅游团抵离各地的时间及所乘用的交通工具。

（2）熟悉并记住旅游团行程计划当中所开列的全部参观游览项目。

（3）熟悉并记住旅游团行程中应下榻的各地酒店的名称。

（4）了解旅游团全部行程当中的文娱节目安排、用餐安排等事项。

（四）查验全团成员的证件、签证及机票

接受带团任务，进行团队出团前准备的一项重要内容，就是要查验全体团员的旅游证件、签证、机票等，防止这些与旅行息息相关的证件等出现错误。

1. 护照、签证和机票的检查

（1）检查护照

重点是检查姓名、护照号码、签发地、签发日期、有效期、有无本人签名几项内容。

（2）检查签证

签证有些是使用印鉴盖在护照内，有的则是用贴纸贴在护照内。签证的检查重点是检查签发日期、截止日期、签证号码几项内容。

旅游团也有采用共用一张"另纸签证"的,领队把签证纸上所列内容——检查即可。

(3)检查机票

重点是检查乘机人姓名、乘机日期、航班号几项内容,这些内容无论是在纸质机票还是电子机票上都会——列清。

2. 应着重对姓名进行检查

在所有的项目检查当中,姓名应作为最重要的项目进行检查。游客护照上的姓名应当与签证、机票上面的姓名完全一致,检查时应把这三样东西放在一起进行鉴别。签证及国际机票上的游客姓名,通常是用英文(或汉语拼音)填写的,要特别注意查看是否有字母拼写错误。另外,目前有一部分中国游客有自己的英文名字,这也极容易与护照中的中文拼音姓名发生冲突。

无论是机票、签证还是姓名,如果在检查中发现其中有误,就需要立即与OP沟通,迅速加以解决,避免在出境边检站或航空公司值机柜台前出现麻烦。

3. 护照排序贴签

为出团时护照清点、发放以及游客点名时的便利,领队还需要对团队的护照进行排序,然后在每本护照的封面页上贴不干胶贴签,上面写上团队成员编号和游客姓名。编号应与团队名单表上的顺序一致,以便在分发护照时方便工作,无须翻开护照内页,即可喊出游客姓名。编号还可以让游客熟悉自己的团队编号,在需要通关、办理登机等手续进行队列排序时做到人人心中有数,行动有条不紊。

(五)对团队的基本情况和特殊情况进行分类归纳

领队对团队卷宗的熟悉,不应满足于一般性的了解。在了解了团队的详细资料后,需要对团队的基本情况和特殊情况详细进行实用性归纳,以方便带团的实时操作。

1. 自我制作一份实用的"团队资料速查表"

将团员名单、性别、出生年月、护照号码、有效期、签发地、签证号码等列出。这份"团队资料速查表"用途十分广泛,特别是对于领队帮助游客填写各种表单十分有用。其主要项目可以在遇到下列情况时体现出来:

(1)填写中国出境卡及入境卡、外国的入境卡及出境卡时。

(2)填写中外海关的申报单时。

(3)填写外国酒店入住卡时。

(4)游客护照丢失向警方报案填表时。

(5)为游客到使馆补办旅行证件填表时。

2. 对团队内部的人员状况分类

团员当中有多少对夫妇、有多少老人和小孩,领队对团队中人员基本构成要做到心中有数,以便使服务能有针对性。

3. 找出旅行期间过生日的游客

旅行社通常会为当日过生日的游客赠送蛋糕或礼物。领队在整理游客情况时须及早发现旅程中适逢过生日的游客,记下来,提早准备,以便届时给游客一个惊喜。

为团内游客办生日,是调动团队情绪、融洽气氛和显示旅行社以及领队关怀的重要方式,领队要尽量使其成为团队行程中的一个兴奋点。

4. 找出有民族禁忌、特殊饮食习惯的游客

领队应尊重不同的民族信仰和其特殊的饮食习惯,在安排就餐的时候给予特别照顾。如对信仰伊斯兰教的游客或信仰素食主义的游客,领队都应当进行特别登记,在飞机上就餐及在境外就餐时,要给予特别关照。

二、开好行前说明会

行前说明会通常会在团队正式出发前一周左右召开。召开的日期和时间有些旅行社是在游客报名时就已经告诉了游客,也有的是由旅行社后勤人员在会议临近时电话通知游客。行前说明会因为要针对团队的行程、注意事项等讲很多与出团相关的重要事情,因而要求每一位参团游客都能前来参加。

(一)行前说明会的内容

1. 《旅行社出境旅游服务质量》规定的行前说明会的内容

行前说明会应包含的主要内容,2002年7月27日国家旅游局发布并于同日实施的《旅行社出境旅游服务质量》当中,已经明确列出了一部分:

5.3.5 行前说明会出团前,组团社应召开出团行前说明会。在会上,组团社应:

a)向旅游者说明出境旅游的有关注意事项,以及外汇兑换事项与手续等;

b)向旅游者发放《出境旅游行程表》、团队标志和《旅游服务质量评价表》;

c)相关的法律法规知识以及旅游目的地国家的风俗习惯;

d)向旅游者翔实说明各种由于不可抗力/不可控制因素导致组团社不

能(完全)履行约定的情况,以取得旅游者的谅解。

应当召开行前说明会、告知游客注意事项,也是一种国际惯例。比如世界卫生组织在《国际旅游与健康》(International Travel and Health)一书当中就指出:"旅游经营者、旅行社以及航空公司和船运公司都有一个重要的职责,那就是保障旅游者的健康。将旅游者在国外的旅游、访问中出现问题的概率降至最低,是事关旅游行业整体利益的重要事情。应在旅游者的旅程开始之前,提供一个特殊的机会给他们,提醒和告诫他们将要到访的每一个国家的注意事项。"

行前说明会还有安全提醒的问题需要注意。由于近年来我国的出境旅游团队在马来西亚、瑞士等一些目的地国家(地区)不断遭遇到抢劫、偷窃等恶性事件,不仅遭受财产损失,人身安全也受到威胁。2005年8月原国家旅游局下发的《关于做好近期旅游安全管理工作的通知》,明确要求将"安全告诫"也加入到出境旅游团队行前说明会的内容中。

2. 向游客宣布境外饭店住房名单

除了《旅行社出境旅游服务质量》列明的内容外,行前说明会上还要向游客宣布旅游团的住房名单。按照团队旅游的通常情况,游客在境外饭店的住房为双人标准间,即由两位游客同住一间房。如果有游客对同住游客有异议,领队应及时与所涉及的游客商议并进行调整,争取让游客满意。

宣布住房名单时有几种情况可能发生:游客付费预订的是单人房间,却被错分成双人间,如有此种情况,领队要马上与OP联系给予更正;行前说明会上有的游客还可能提出房间内加床的要求,旅行社方面也应满足其要求,并收取加床费用。

3. 告知游客其他事项

行前说明会还应对游客提出希望和祝愿,并对游客参团表示感谢。其他一些必要的注意事项,领队需要特别记住:

(1)对游客详细解读《出境旅游行程表》。

(2)特别强调出发时间、集合地点。

(3)对游客提出团结互助、礼貌友善、支持领队工作的希望。

(4)强调文明礼貌,对以往中国游客受非议的不文明习惯进行点评。

(5)对旅游目的地的天气状况进行介绍,对游客行装进行建议。

另外,旅行社提供给游客的团队标志胸章和太阳帽、折叠包、行李牌等物品,也应在行前说明会上一并发给游客。

因近年来智能手机的普及,现在参加出境旅游的游客几乎人人都有了智能手机,因而目前在旅行社出境旅游团行前说明会上,领队往往会为所要带领的旅游团"微信建群",要求全体游客都能加入微信群,以方便境外旅游期间联络联系。

（二）行前说明会领队要注意的问题

行前说明会一般由旅行社的 OP 人员负责电话通知游客前来参加，OP、领队或旅行社的有关人员均可主持。

行前说明会领队务必要参加，不能以任何理由推托。以往曾有领队不重视行前说明会，随意不来参加的事情，这种做法其实是对旅行社、对游客的一种不负责任。毫无疑问，领队如果不参加行前说明会，一定会给游客带来不好的第一印象。

领队参加或主持行前说明会，需要注意以下五个问题。

1. 要体现出领队的精神风貌

领队面对游客第一次亮相，应该以整洁的着装、良好的精神面貌出现。要落落大方主动介绍自己，给游客以信心。

2. 要以礼貌语言亮相

讲话要从感谢游客参团开始，再到感谢游客结束，以礼貌语言贯穿，并希望游客能支持自己的工作。

3. 着重强调时间

领队在讲话中需要着重强调时间，尤其是团队出发的集结时间及地点，并要确认每一位游客都已经明白无误。

4. 将自己的手机号码告诉游客

领队务必要将手机号码告诉游客，以便游客和自己联系。领队也应在会上将自己的名片发给游客，使游客能尽快熟悉自己。

5. 记下每位游客的手机号码

索要并记录每位游客的手机号码，以便在团队出发集合时以及境外紧急情况发生时进行实时联络。

（三）行前说明会的补救

1. 给未能出席的游客打电话

对因故未能前来参加行前说明会的游客，领队或 OP 应记录下来，做好补救工作。领队要负责打电话与未能出席行前说明会的游客进行联络沟通。一定要通知每一位游客，将行前说明会上所讲的主要内容告诉他们，尽量避免其耽搁全团的行程。

2. 记住要将应发给游客的物品带给游客

行前说明会上发给游客的团队标志胸牌和太阳帽、折叠包、行李牌等物品，应由领队在出发时为未能出席会议的游客带到集合地点。

(四)行前说明会对境外国家(地区)注意事项的介绍示例

行前说明会中对游客介绍的目的地国家(地区)的注意事项,是一项重要的内容。需要列出条目,逐一解释,下面是一则到泰国的旅游注意事项的介绍示例:

泰国是一个十分注重礼仪规范的国度,在公开场合下,人人都显得温文尔雅,遵守社会规范。在泰国游览时,我们应当尊重泰国的习俗。在公开场合,年轻情侣最好不要勾肩搭背、有太过亲昵的举止,也不能当众发脾气。否则,你就会引来路人惊讶的目光。那时候再自责已经晚矣!泰国人给人的印象似乎都是那么和蔼、性情温和。在泰国,你绝对见不到人们吵架,甚至也听不到有人在大声地讲话。泰国虽说是一个君主立宪的国家,但我们与泰国人交谈时却要注意,在泰国人的心目中,国王是至高无上的。有教养的泰国人是不可以当众随便谈论或者批评国王及其皇室成员的。如果你在泰国的某些场合遇到了泰国的皇室成员,出于礼貌,在态度上一定要表现出敬重感。

泰国是一个信奉佛教的国家,全国90%的人都信奉佛教,因而,在泰国的街头,我们会经常遇到泰国的僧人。在遇到僧侣时,我们务必要尊重人家的信仰习惯,要礼让先行。妇女要特别注意避免不要碰触僧侣。僧侣对此事特别介意。如果一个和尚在诵长长一卷经时被妇人不小心触到,那他就是前功尽弃,必须从头再来。对遍布泰国各地的佛像,不论大小新旧,我们都应表示尊重。在泰国旅行,庙宇是必须要去的。泰国最著名的几个游览点,如玉佛寺、金佛寺、郑王庙等,无一不是与庙宇有关。我们到这些地方游览时,服装一定要整齐、端庄。男士不要穿背心短裤,女士不要穿裙子。在进入庙宇的时候,一定要将鞋子脱下来。赤脚走进庙宇,一种顶礼膜拜的虔诚心理会油然而生。

泰国人彼此礼貌相见,打招呼的形式常常是双手合十。这一点也不难,我们也可以学习一下。用双手合十向泰国人问好,一定会被泰国人认为是友善、懂礼貌的表现。无论什么时候,泰国人总是认为头是人的身体中最神圣高贵的部分,而脚却是人体最低下的部分。因此,在泰国游览时,你千万不要因为表示友爱去摸一个小孩的头部,甚至是肩膀,即使是相当熟悉的人之间也不行。因为脚的地位低微,用脚踢人或用脚去指人或物,都被认为是不礼貌的行为。

最后,对于国内有些好赌两把的人,还得特别提醒一句,到泰国旅游时,最好先暂收赌瘾。因为泰国全国是禁止赌博的,即使你是在酒店的房间里,也不能打麻将赌钱。否则,就触犯了泰国的法律。

思考与练习

1. 领队对旅游行程接待计划掌握的要点是什么?
2. 领队在案卷的整理中,除了要找出过生日的游客,还要找出什么样的游客?
3. 行前说明会主要讲哪些内容?

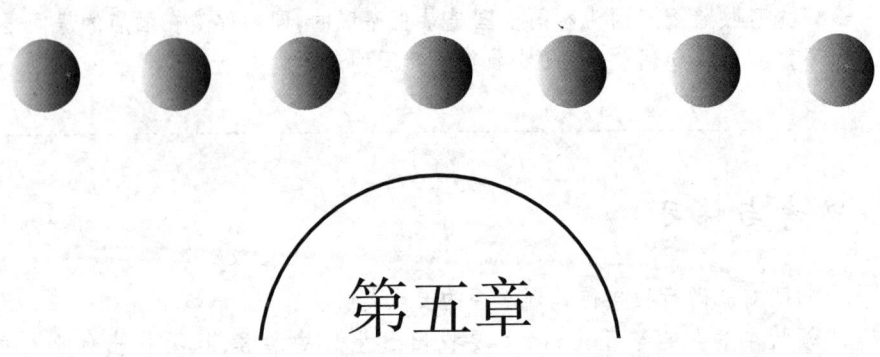

第五章

领队出团前的行装准备

 **本章要点**

领队的行装,主要由带团必备物品、工作辅助物品、个人生活物品三项组成。三项内容缺一不可,否则就会给带团工作的实施带来麻烦和不便。列出清单,使每次出行的行装准备按照程序化进行,是专业化领队应当具备的基本功。

由于领队工作的特殊之处,打点行装,准备上路,是领队工作与领队生活的一种常规状态。对行装的准备,主要的原则是:第一要方便工作,第二要方便自己。

方便工作,即领队的行装中所带的东西要便于寻找。一些带团所需的文件,要放在随手可取的地方;方便自己,即携带的个人物品简单实用即可。领队每日都行色匆匆,因而个人生活的各项处理都要顺畅快捷。

领队的工作特点就是经常出差,"或者在接团,或者在准备接团",所以要始终养成行装整齐、所有物品放置有序的良好习惯。想要找需要的东西时,无须乱翻,开箱就能找到。行装的整齐并不是一件小事,通常一个行装凌乱的人,工作也多会凌乱。

领队要处处树立"游客至上"的观念,不仅在思想行为当中,即使在准备自己行装的时候,也应该从这样的角度进行推敲。每日的衣着都要整洁,但行囊要轻便简捷。因为领队的行装如果比团内所有游客的箱包都大，那往往也会发生主客的认识颠倒，因而不免会使游客生疑——"领队是和我们一样，到国外来旅游购物的吗？"

领队的行李，通常以一大一小两件为宜。大件行李中主要装个人衣物、办理托运；小件行李要随身携带，将接团的工作文件、证件、机票以及个人贵重物品等都放在里面，以备不时之用。

领队出团前的行装准备大致内容如下图所示：

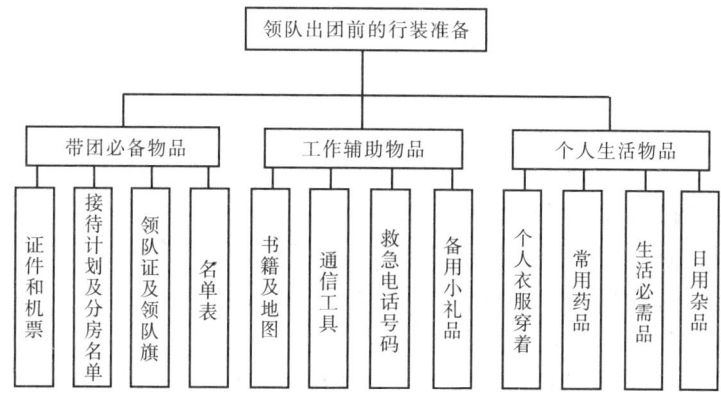

一、出团所需的证件、机票及业务资料

领队出差是工作出差，而携带好工作文件才能顺利开展工作。领队在准备带团行装的时候，务必要将带团所需的全部业务资料一一厘清、如数带齐，不能有任何遗漏。

带团当中，除必备的证件、机票、保险单（入境申根签证国家地区必备）外，领队需要携带的工作文件，主要有《出境旅游行程表》及其辅助资料、团队的分房名单、境外接待旅行社的联系人及联系电话以及全团的旅行证件和机票等，当然，还须带好领队旗，便于游客识别；带足名片，以便与境外旅行社同事进行工作交流。

（一）证件和机票

行装当中，领队一定不能忘记携带全团游客及自己的旅行证件。目前我国公民出境旅游使用的证件有因私普通护照、港澳通行证、边境通行证几种。持港澳通行证只能到港澳地区旅游，持边境通行证只能到与中国接壤的部分指定的边境国家旅游，而持因私普通护照则可以到中国公布的所有出境旅游目的地国家(地区)旅游。

● 《中华人民共和国护照》：

《中华人民共和国护照》是中国政府发给中国公民，供其出入国(境)和在国(境)外旅行或居留时证明其国籍和身份的证件。按照《中华人民共和国护照法》规定："中华人民共和国护照是中华人民共和国公民出入国境和在国外证明国籍和身份的证件。"中华人民共和国护照分为普通护照、外交护照和公务护照。普通护照主要颁发给出国定居、探亲、访友、继承财产、留学、就业、旅游等因私事出国的中国公民，由公安部出入境管理机构或者公安部委托的县级以上地方人民政府公安机关出入境管理机构以及中华人民共和国驻外使馆、领馆和外交部委托的其他驻外机构签发。因而中国公民出境旅游，通常使用的是《中华人民共和国护照》中的普通护照。

普通护照的登记项目包括：护照持有人的姓名、性别、出生日期、出生地，护照的签发日期、有效期、签发地点和签发机关。普通护照的有效期为：护照持有人未满16周岁的5年，16周岁以上的10年。

● 《中华人民共和国往来港澳通行证》：

《中华人民共和国往来港澳通行证》是由中华人民共和国公安部出入境管理局签发给中国内地居民因私往来香港或澳门地区旅游、探亲、从事商务、培训、就业、留学等非公务活动的旅行证件。其登记项目有：姓名、性别、出生日期、出生地，有效期、签发日期、签发地点和签发机关，有效期为五年。中国内地公民到香港、澳门旅游，使用此种证件。

● 《大陆居民往来台湾通行证》：

《大陆居民往来台湾通行证》是由中华人民共和国公安部出入境管理局签发给中国内地居民往来台湾的旅行证件。按照规定，此种证件签发条件为：探望在台湾定居的直系亲属；赴台湾接受培训、就业、就学；大陆居民前往台湾定居、探亲、访友、旅游、接受和处理财产、处理婚丧事宜或者参加经济、科技、文化、教育、体育、学术等活动。其登记项目有：持有人的姓名、性别、出生日期、身份证号码，有效期、签发地点、签发日期和签发机关，有效期为五年。大陆居民赴台旅游，均使用此种证件。

对各种证件，均须做到：

1. 稳妥保管，整理有序

通常的做法是在与OP进行工作交接时，全团的护照(或其他旅行证件)及机票(或电子机票确认单)就会由OP转交到领队手上。领队要携带全团的护照及机票,一直到机场临近办理登机手续的时候才能发给游客。此段时间内领队应对护照精心保管,不能出现任何闪失。全团的护照应最好按照顺序排列、用橡皮筋捆扎好,以方便清点数目和分发。

对于有新旧两本护照、有效签证存在于旧护照的游客,须格外当心,务必要将游客的两本护照用橡皮筋束在一起。

2. 将护照、机票复印留底

对于护照及机票(纸质机票或电子机票),还有一件重要的事情需要领队来做。出发之前,领队务必要将全团成员的护照、机票进行复印,并在出团时随身携带全团的护照、机票的复印件,将其与正本分开存放。这点非常重要,领队务必切实遵守。如旅游团在境外发生游客护照遗失、途中遭抢等事件时,领队可拿护照及机票的复印件迅速证明游客身份,以求得事情迅速解决。

3. 将电子签证打印随护照一同携带

除了以往的"贴签"(纸质签证贴在护照页内)的形式外,近年来许多国家也开始对签证申请人发放"电子签证"(e-Visa)。"电子签证"以 e-electronic 电子技术为处理手段,处理更加便捷。签证申请通常通过网络提交;获得签证时,也不再需要贴签。签证申请人得到的只是签证官通过 e-mail 发来的一份为获签通知的电子文档。目前已经有柬埔寨、澳大利亚、新西兰、韩国、新加坡、阿联酋、斯里兰卡、卡塔尔、土耳其、塞内加尔和几内亚比绍等国家颁发"电子签证"。

旅游团全体人员的所有通过 e-mail 发出的电子签证,领队均需将打印件夹到每人的护照当中,一并携带。

(二)《中国公民出国旅游团队名单表》

按照《中国公民出国旅游管理办法》的规定,旅游团队出境必须持有《中国公民出国旅游团队名单表》。

原国家旅游局在关于启用 2002 年版《中国公民出国旅游团队名单表》的通知中对"名单表"使用做了一些具体规定:

2002 年版《中国公民出国旅游团队名单表》一式四联,分为:边防检查站出境验收联、边防检查站入境验收联、旅游行政管理部门留存联、组团社留存联。

领队人员带团出境时,须携带《名单表》第一至三联,在口岸出境时,将《名单表》第一、第二联交边防检查站核查,边防检查站在《名单表》上加注实际出境人数并加盖验讫章后,留存《名单表》第一联;《名单表》第二、三联由领队人员保管,在团队入境时交边防检查站核查,边防检查站在《名单表》上加注实际入境人数并加盖验讫章后,留存《名单表》第二联,第三联由组团社在规定时间内交发放《名单表》的旅游行政管理部门核对留存。

但是,在目前的出境旅游实际工作操作中,边防检查站在查验《名单表》时针对不同情况处理方式多有不同。如果护照持有人所持的护照上的签证为个人有效签证,在边防检查站出境检查时,游客自行持证件出境,边检都会放行,而不需要由领队递交《中国公民出国旅游团队名单表》,团员再依次排队通过边检柜台检查。但有两种情况,团队旅游仍一定会需要《中国公民出国旅游团队名单表》。

1. 旅游团队办理的是团队旅游签证

团体签证通常是一种另纸签证,它只是一张有签证效用的纸质证明,使馆签发时会将其附在全团某一位团员的护照上(通常会订在领队的护照上),而其他团员的护照上面并没有任何签证的印记。另纸签证上面列明所有获得签证人员的名单,出境时须按照顺序排队。持团体签证的旅游团,出境时必须携带《中国公民出国旅游团队名单表》。

2. 旅游团去的是免签证的国家或地区

旅游团到对中国游客免签证的一些国家或地区旅游,游客的护照上面没有签证,出境时就一定需要《中国公民出国旅游团队名单表》。譬如到对中国公民实行免签证办法的韩国的济州岛,按照2002年10月28日原国家旅游局《关于旅游团队赴韩国济州岛旅游免办签证入境的通知》的规定:"组团社组织的旅游团持有邀请确认书直航前往韩国济州岛旅游的,可免办签证,凭有效护照和《中国公民出国旅游团队名单表》出入境。"

中国边检站查验护照和订妥座位的联程机票即与放行。2005年8月25日起,中国与俄罗斯签署实施了团队旅游互免签证协议。在此协议的框架下,中国公民可以通过团队旅游的方式免签证前往俄罗斯旅游。但旅游团必须要由领队带领、必须持有《中国公民出国旅游团队名单表》,则是其中的一项硬性要求。俄罗斯驻华使馆为此事发布的公告中明确指出:"团体旅游是指数量介于5人至50人之间(含)一个国家(俄中)的游客,以旅游的目的组团前往另外一个国家进行旅游","在旅行团的代表将旅行团名单、证件以及另外一国确认该旅游公司性质的文件(名单上须包括证件的复印件、游客资料,同时还必须由负责协调的机构和该国旅游机构盖章)向边境政府提交后,边境政府授权旅行团通过。""中华人民共和国旅行团的名册由汉语和英语两部分组成,应当包含的旅行团人员的信息有:姓名、性别、籍贯、出生日期、证件号码、证件有效期、出入境日期和地点、旅游线路、居住酒店名称、旅游公司名称、地址和联系方式。这种名册应保存足够的份数,以保证在过境时上交边境政府所需。"

截至2018年12月,已有30个国家(或地区)对持普通护照的中国公民个人因私前往实施免签政策。

其中互免普通护照签证国家(地区)有14个,包括美洲(4个):巴巴多斯、巴哈马、厄瓜多尔、格林纳达;大洋洲(2个):斐济、汤加;欧洲(4个):白俄罗斯、塞尔维亚、波黑、圣马力诺共和国;非洲(2个):塞舌尔、毛里求斯;亚洲(2个):阿联酋、卡塔尔。对持普通护照的中国公民单方面免签的国家或地区有15个,包括亚洲(3个):印度尼西亚、韩国(济州岛等地)、卡塔尔;非洲(3个):摩洛哥、法属留尼汪、突尼斯;美洲(7个):安提瓜和巴布达、海地、南乔治亚和南桑威奇群岛(英国海外领地)、特克斯和凯科斯群岛(英国海外领地)、牙买加、多米尼克、圣基茨和尼维斯;大洋洲(3个):美属北马里亚纳群岛(塞班岛等)、萨摩亚、法属波利尼西亚。

单方面允许符合条件的持普通护照的中国公民抵达入境口岸时办理落地签证的国家(地区)有41个,包括亚洲(19个):阿塞拜疆、巴林、东帝汶、印度尼西亚、老挝、黎巴嫩、马尔代夫、缅甸、尼泊尔、斯里兰卡、泰国、土库曼斯坦、文莱、伊朗、亚美尼亚、约旦、越南、柬埔寨、孟加拉国;非洲(14个):埃及、多哥、佛得角、加蓬、几内亚比绍、科摩罗、科特迪瓦、卢旺达、马达加斯加、马拉维、毛里塔尼亚、圣多美和普林西比、坦桑尼亚、乌干达;美洲(4个):玻利维亚、圭亚那、苏里南、圣赫勒拿(英国海外领地);大洋洲(3个):帕劳、图瓦卢、瓦努阿图;欧洲(1个):乌克兰。

(三)《出境旅游行程表》及产品的辅助说明文件

1. 出境旅游行程表

《出境旅游行程表》是出境旅游团队的最根本性文件,领队在对工作文件的准备中,最不能忘记的就是《出境旅游行程表》或团队接待计划。

要注意的是,旅行社的OP在进行团队前期操作的时候,因受航班、酒店的不确定性因素影响,案卷中的《出境旅游行程表》可能先后会有不同的几个版本。领队手中的行程表,应当是组团旅行社与境外接待社最后确认的行程,即是有法律效力的国内的组团旅行社就接待此团与境外接待社所确认的合同契约的一部分。如果此团要去几个不同的国家,由不同的几个国家的旅行社进行接待,则此团行程表就应该是组团旅行社与这些不同国家的接待社共同认可并遵守的契约集合。

要确认领队手中的《出境旅游行程表》与游客手中的完全一致。如不一致,要事先将行程表中的更改事项及更改原因告知游客。这点也非常重要,但在实际工作中却常常被领队所疏忽。因为游客在境外游览时,常常会就他们手中的行程表发问,领队必须知道并掌握同样的信息,才便于作答。

2. 境外接待旅行社确认行程表的传真复印件

通常境外的接待旅行社对组团社的团队日程会有一个最后确认电子文件,有时也会将全体团员的名单附在后面,领队应打印或复印下来放到出团所需的资料中来。在抵达目的地国家办理入境手续时,这份当地国家旅行社提供的团队行程及团员名单的传真复印件对顺利完成入境手续会很有帮助。

3. 出境旅游行程表的辅助说明文件

游客在旅行社的销售柜台购买旅行社的某项旅游线路产品时,旅行社的销售人员一定会将产品所涉及的一些收费说明和服务标准同时提供给游客。这份对线路产品的收费及对此线路产品详细说明的材料,在领队的行装准备当中亦不能缺少。因领队在整个旅程当中担当的是旅行社代表的角色,理应负责解答游客提出的与旅程相关的所有问题,其中也自然包括对收费问题以及境外接待标准等问题的解答。

曾有领队在境外旅行时,面对游客针对收费项目的提问,以自己不清楚,要游客回国后去问旅行社柜台销售人员,因而招致游客不满的先例,因而对此问题应当加以重视。

在产品说明中,要特别注意以下几个方面:

(1)收费说明

旅行社与游客签署的出境旅游合同当中对收取的费用的约定,领队必须了解掌握。费用的包含项与不包含项都应一一清楚明了。

一家旅行社的产品说明中对费用的范围是这样与游客约定的:

费用包含:行程内注明的餐食;景点游览;三星至四星级酒店标准双人间;空调旅游车;中文导游;领队服务;国际机票及境外机场税;团体签证费。

费用不含:个人消费所需费用;旅游意外伤害保险费;国内口岸费;个人小费;自费选择;医疗费;护照费;商务签证费用。

另一个韩国日本航线游轮产品的费用说明规定如下:

费用包含:

1. 游轮船票(含住宿、指定餐厅免费膳食、指定的船上设施、船上娱乐节目及活动)。
2. 韩国免签登录许可证费用。
3. 全程领队服务费用。

4. 岸上观光费用。

5. 日本免签船舶观光上陆许可证费用。

6. 游轮税收、港务费。

费用不包含：

1. 本产品不含城市至游轮港口往返大巴交通费用。请妥善安排好您的行程，以免误船。若您需要往返大巴服务、预订机票、酒店或其他服务，请提前进行预订。

2. 本产品不含游轮服务费，参考费用：内舱、海景、阳台、JS套房等舱位每人每晚12.95美金，GS套房及以上舱位每人每晚15.95美金。此项费用为船上现付，显示在乘客本人的"船上消费账单"中，乘客需要在下船前将账单结清。

这些关于费用的约定，作为游客和旅行社之间签署的《出境旅游合同》的附件，是作为有效的法律文件存在，故领队需认真对待。

（2）旅行社对其他事项的承诺和声明

如旅行社责任险的保险承诺，针对特殊团队，例如老年团队的境外意外伤害保险，等等。旅行社针对产品实施方面的申明，如对不可抗力造成的损失说明、对退团收取费用的说明，等等，领队都应清楚并在面对游客提问时懂得如何作答。

（四）分房名单

分房名单是与接待计划一体的带团文件，领队应事先将其准备好。

游客的分房名单通常会在旅行社电脑采用的出境旅游软件系统中的"成团操作"项下自动生成，由OP打印下来在工作交接时交给领队。

1. 按照在境外下榻饭店数量将分房名单复印多份

通常OP向领队交接的分房名单只有一份。为方便工作，领队需事先按照整个行程当中需下榻的酒店的数量，复印多份，以便在抵达入住每一家酒店时分别填写使用。

2. 事先做好进行实时调整的准备

分房名单虽在行前说明会上向游客宣布并经游客确认，但在实际操作当中，仍可能会有所变更。譬如游客之间闹不愉快、酒店房间不能按照预订给出等，都有可能需要进行调整，领队需要事先做好准备。

带上几张空白的分房名单，以备有变化时进行现场填写。

（五）境外接待社联系方式及联系人

1. 常用的联系方式及联系人

领队要对将接待此团的境外旅行社的联系方式十分清楚。接团的工作文件中要有下列信息资料：

(1) 负责境外接待的旅行社的名称。
(2) 境外接待旅行社的经理及 OP 的姓名及联络方式。
(3) 境外旅行社办公室联络电话。
(4) 导游姓名、性别及联络电话。

2. 备用的联络电话

为方便工作以防万一，对每家境外接待社至少要记下两个电话号码以作备用。

（六）其他与带团工作密切相关的必备物品

1. 领队证

《出境旅游领队证》由国家旅游行政管理部门颁发，是证明领队合法身份的重要证件。按照《中国公民出国旅游管理办法》第十条"领队在带团时，应当佩戴领队证"的规定，领队证应是带团行装中的必备物品并要在带团中佩戴。

2. 领队个人的名片

领队出门在外，要经常与人打交道。按照社交礼仪的要求，与人初次相识介绍自己时，应向对方递送名片。尤其是在对方向自己递送名片的时候，自己因忘记带而无法交换，是一件不礼貌、很尴尬的事情。

领队在境外与接待旅行社的导游、司机以及饭店、餐厅岗位的人等会有许多工作接触，出团时带一盒名片很有必要。

3. 旅行社的标志旗

在机场集合时招呼游客，景点游览时聚拢客人，都需要有旅行社的标志旗。出团前领队应向旅行社领取旅行社的标志旗并在出团时不要忘记携带。

实际操作中会见到个别领队不带旅行社的标志旗，需要聚拢游客时晃动手中的雨伞或衣服招呼。这种做法看上去十分不雅观，不利于组团旅行社及领队个人的形象塑造。

4. "团队资料速查表"

领队在与 OP 交接、对业务档案进行预习时先期自制的一份"团队资料速查表"是方便带团的重要文件。"团队资料速查表"上面列有团员名单、性别、出生年月、护照号码、护照有效期、护照签发地、签证号码等内容，会十分有利于带团工作，因而需要在带团中时时带在身上，以备不时之需。

5. 团队统一托运行李时需用的行李卡或不干胶标签

一些旅行社为游客团队旅游特制的行李卡或行李箱用的不干胶标签,领队应带上。将其挂在或粘贴在本团游客的托运行李上,可以方便本团行李的辨认找寻。

二、开展工作的辅助物品

领队的行装中除了要有开展领队工作必备的一些文件资料以外,也不可缺少对带团工作有辅助作用的其他物品和资料。这些辅助用品和资料,对于领队完成领队任务,可以提供质量上的保证。因而,领队在进行行前的准备工作时,也需认真对待。

(一) 资料书籍

对所要抵达的国家(地区)的各项状况,以及《出境旅游行程表》中列出的所有景点,领队在出发之前都应进行预习。但不要轻信自己已经很好地掌握了所需知识,务必需要将一两本最需要并且实用的资料书籍放到自己的行囊中去。行程当中无论是在飞机上阅读还是在酒店房间里随时拿出来查阅并学习,都十分必要。

1. 旅游书籍

单个国家(地区)的较详细的纸质或电子旅游图书,在图书市场或网站上较容易找到。平日不妨留意多存几本用来提高自己,但在出差上团的时候,为轻装简从,只需要从中挑选一本纸质书携带在身上即可。

游览当中的一些景点,导游的讲解有时会比较含糊。领队行囊中要备有一本书,用来急速充电,可以很好地应付游客的提问以避免尴尬。

长时间乘坐飞机或每日临睡觉之前,都是领队找出书来翻翻充实自己的良好时机。游客携带的一些书籍,领队有时也不妨借来一阅。介绍哪个国家(地区)最实用又最好看的是哪本书,领队应心中有数并主动向游客推荐。

2. 不同国家(地区)的地图与不同城市的地图

领队职业需要对不同国家(地区)的地理方位进行清楚认识,而地图就可以让人们最快捷地熟悉所到达的陌生的国家(地区)及城市。因而,领队的行囊当中,应当准备多份地图。

国家(地区)地图可以让领队了解旅游团所要经过的不同城市的位置关系,城市地图可以让领队在城市中辨清方向。领队准备的个人资料中应当有所要抵达的每一个国家(地区)、每一座城市的详细地图。要借助导游的帮助在地图上标注出下榻饭店以及游览景点的位置,这样就可以很快熟悉所抵达的城市。熟悉之后既可以为游客提供实际的帮助,又能在与导游进行工作商讨时富有成效。

缺少地图的帮助,领队一般很难搞懂城市的方位,一些领队虽然到过国外一些大城市多次,但仍说不清楚方位,很大原因就是忽略了携带地图或虽携带但没有对地图进行有效运用。

随着智能手机的普及,在手机中下载安装带有GPS定位的电子地图比携带纸质地图更为便利。领队若能在团队出发前下载行程表中所列所有国家(地区)及城市的电子地图,无疑会对领队工作大有裨益。

(二)通信联络工具及紧急救助电话

1. 手机及备用电池、充电器、充电宝

在手机通信极为方便的今天,领队出差一定要带好手机。中国移动通信、中国联通和中国电信的手机在世界上多数国家都有漫游业务,因而很便于领队与组团旅行社之间、领队与游客之间、领队与导游之间的信息传递。

领队带团期间,手机应当随时处在开机状态。旅游团发生任何重要事情的时候,都应能在第一时间与领队取得联系。

带好手机的同时,一定要带好手机的充电器和备用电池或充电宝。备用电池在国内不上团的时候也许用处不大,但领队在境外带团期间,就十分需要。团队活动早出晚归,手机如不能及时充电,就可能影响到团队的联络。白天上团要带好备用电池,彻底避免出现手机没电的情况发生,以免突发事件发生时无法长时间保持对外联络。

目前许多领队出团还会将"漫游宝""随身Wi-Fi""便携Wi-Fi"之类能够随时提供Wi-Fi信号的设备作为带团时的必备物品,这一做法值得推广。有了"随身Wi-Fi",既可方便领队与导游的联系,也可及时与本团游客沟通。

2. 目的地国家(地区)的报警电话号码和旅游帮助电话

领队带团当中,一定要有有备无患的意识。对目的地国家(地区)的一些紧急电话号码,主要是报警电话、急救电话和旅游帮助电话,也需要记下来备用,或者干脆记录在自己的手机当中,拨叫时可以更为方便。

领队带团去中国香港地区,下面的电话就十分需要:

紧急服务:

报案、火警、急救(24小时紧急求助):999

警察询问处:25277177

服务机构:

香港旅游发展局旅游热线(多个语言):25081234(8:00至18:00)

消费者委员会:29292222(周一至周五9:00至17:00,周六9:00

至12:00,周日及公众假期暂停服务)

香港旅游业议会:28070707(周一至周五9:00至13:00、14:00至17:30,周六9:00至13:00,周日及公众假期暂停服务)

香港国际机场查询热线(24小时):21818888

入境事务处查询热线(24小时):28246111

邮政查询热线(24小时):29212222

卫生署:29618989

电话查询:1083(广东话),1088(普通话)

海外长途电话(受话人付款):10010

国际直拨电话(IDD)及电话卡服务查询:10013

以下是一些国家的报警或紧急救助电话:

菲律宾报警电话:117

马来西亚报警电话:999

新加坡报警电话:999

印度尼西亚报警电话:118

文莱报警电话:993

日本报警电话:110

韩国报警电话:112;急救电话:129

土耳其报警电话:155

南非报警电话:10111

澳大利亚火警、匪警、急救:000;紧急救助:333

新西兰报警电话:111;亚洲语言警察协助热线:0800274267

奥地利急救电话:144;山地救援:140

法国警察局报警:17;医疗紧急事故、意外(SAMU):15

西班牙报警电话:112

葡萄牙报警电话:112

德国急救电话:112;匪警:110

意大利报警电话:113

奥地利报警电话:133

瑞士报警电话:117;医疗急救:144

冰岛急救电话:112

希腊急救电话:166

英国报警电话:999

爱尔兰报警电话:999

埃及报警电话:122;旅游警察:3906028;紧急救助:20

美国报警电话:911

加拿大报警电话:911

巴西救助电话:192

阿根廷救助电话:101

另外,一些国家(地区)公布的旅游投诉电话及特别对中国游客开通的帮助电话,对领队的工作也会有所帮助,因而也需要记在记事簿中或手机电话簿里。例如:

新加坡旅游投诉电话:(0065)5344211

马来西亚旅游投诉电话:(0060)3-2460814

泰国旅游投诉电话:(0066)2-1155

中国公民赴土耳其旅游紧急求助电话:00-800-3141020

3. 中国驻外大使馆的电话

领队带团在国外旅游时,团内如果遇到抢劫、失窃、伤亡、证件丢失等意外事件,领队在向当地警方报告的同时,也应当立即报告给中国的驻外使领馆,以便得到中国驻外使领馆的帮助。近年来中国游客在一些国家(地区)旅游时出现意外,都曾得到过中国大使馆的关心和帮助。因而,旅游目的地国家(地区)的中国驻外大使馆的电话,领队也应该在出行前作为带团必备资料准备好。

目前随着我国公民出境旅游的大幅增加,我国外交部的领事服务工作也在不断改善,在许多国家,凡持由中国国内电讯服务商提供的国际漫游服务手机的旅游者,在打开手机接收到当地信号时,多会接收到中国驻外使领馆发来的旅游提示及联络电话讯息。譬如中国游客美国入境后,手机便会收到如下短信信息,领队将短信中使领馆电话记下来即可:

外交部领保中心祝您平安:文明出游,入乡随俗,遵纪守法,加强防范,规避风险。请遵守美国法律,提高防范意识,注意交通安全,留意灾害预警。美国报警电话为911,外交部全球领事保护与服务应急呼叫中心热线+86-10-12308/59913991(试运行)。驻美使馆电话:001-2024952266 或 6698024,驻纽约总领馆 2122449392,驻旧金山总领馆 4152168525,驻洛杉矶总领馆 2138078008,驻芝加哥总领馆 3128059838,驻休斯顿总领馆

7133028655。中国国家旅游局温馨提示,文明旅游"三讲三不":讲安全、讲礼让、讲卫生;不大声喧哗、不乱写乱画、不违法违规。

(三)预备不时之需的小礼品

领队带团的行装中要不忘准备一点小礼品,是许多领队在带团实践中得出来的经验。三五元价值的一点小礼品,对于带团的顺利来说,有时会起到很好的"润滑剂"作用。

可以用来选作小礼品的东西有很多,如中国生产的剪纸、中国结、钥匙链等一些小工艺品,甚至是包装漂亮的小糖果包、文具,都可以被用来当作礼品。

领队的行装中准备一点小礼品,也是为了避免在接受别人的礼物时无法回赠的尴尬。

1. 摆脱各种纠缠时,小礼品最好用

领队率团在外,在遇到各种意想不到的情况时,迅速摆脱纠缠至关重要。在一些情况下,送出一点小礼品,就会取得意想不到的结果。比如在进入埃及等阿拉伯国家时,为防止其边检人员纠缠或景点的警察的不断骚扰,送几小盒清凉油就十分有效。

2. 小礼品在融洽人际关系上也能起到作用

小礼品在其他许多地方也能起到作用。如送给导游、司机一点小礼品,可以起到很好的融洽关系、密切合作的功效,为旅游团队工作的顺利进行打下良好的基础;与国外的普通百姓照相合影、随意交谈时,赠送一些小礼品给他们,既可以表达谢意,又能增加一些聊天的话题。

3. 普通场合下表达谢意小礼品最合适

在德语当中,旅游一词是由"陌生者"和"交往"两个词复合而成。旅游者在国外与陌生人的交往,是旅游的特有乐趣之一。简单的交往比如与路人交谈或与小孩照相过后,赠送小礼品来表达谢意既显礼貌又很得体。

三、个人的生活必需品

领队带团需要辗转在境外生活多日,因而需要将日常生活所需的必需品带齐。短暂的境外生活当中,不便之处也会出现。虽然下榻于各家饭店,但境外的多数饭店与国内的饭店多有区别,一次性使用的洗漱用品、拖鞋等多数饭店都不会配备。因而领队对个人生活物品的准备当中,要考虑周全,以免丢三落四使得生活凌乱。

另外,因领队上团是属于工作出差,因而一切都应该从有利于工作的角度考虑,在准备个人物品的时候,也不能不顾及这一条。准备携带的个人生活物品,要既不铺张也不张扬,做到既方便自己又不妨碍工作。

(一) 个人衣服穿着

领队在旅游团队当中,有着游客的仪表仪容、礼貌礼仪的风范表率的作用,不可掉以轻心。

领队的穿着是领队精神面貌的体现。虽然因人而异、因性别而异,但仍需要有条理。领队的穿着应该比照白领对职业人士的要求。我国台湾地区的旅游界对领队的穿着有一个形象的评价:"菜鸟领队,觉得脏兮兮的牛仔裤很帅;资深领队,天天烫衬衫。"可见,越是有经验的领队越会注意个人穿着。

领队在准备穿着服装的时候,可以按照出差的天数,事先将每天准备穿着的衣服准备好,按天单独包装。事先设计好的每天衣着,可以让领队每天节省很多时间。每天的穿着井然有序后,就不会再出现临时抓瞎的场面了。

领队的服装不仅需要从自身方面考虑,也应该从游客的角度进行考虑,如在选择景区游览时的服装时,就需要考虑到本团游客比较容易辨认并寻找自己。比如,"领队穿一件红色夹克"这样的信息,就很容易被游客接收。

1. 有一套正式服装或职业服装

在领队为自己准备的衣服当中,应该有一套正式的服装。在出席正式晚宴、观看豪华演出的时候,领队的正式装束,会对游客具有示范作用。

许多旅行社有自己制作精致、面料挺括的工作制服,在领队的带团当中,也一定要携带。我国香港的一些旅行社就明确要求领队,在出发当天机场等候游客的时候,必须穿着旅游公司的职业服装。这样既可以方便游客在机场寻找领队,又可以将旅行社的广告效应进行扩大。

领队要将自己当作职业白领人士,而不是从事体力劳动的蓝领阶层。在许多情况下,仅仅是标准的套装穿着,就可以让领队赢得游客的尊重。

2. 多准备一些休闲类服装

在平日的游览当中,领队需要为自己多准备些休闲服装。常常有外国媒体讥笑中国的游客穿着一身西装在景点游览,说明时下中国的游客对穿着还有许多与国际惯例不符之处。为避免这类事情的再次发生,领队一方面要以"明天在景区游览,大家请穿休闲服装"之类的话对游客进行话语提醒;另一方面领队自己一定要穿正确的服装。

因领队每天都要与同团的游客见面,因而领队要养成天天换衣服的良好习惯,尤其夏天的衬衣、T恤,应当每天都换。每日换衣服,并不只是卫生习惯的问题,而且是领队精神面貌的体现。

因领队在外工作会十分辛苦劳累,按照行程,几乎是一两天换一家饭店,衣服多不会有时间去洗。因而领队在出发之前进行穿着准备时,就应该有所考虑,将旅行当中最主要的休闲服装带够。

(二) 常用药品

1. 准备适合自己需要的常用药品

领队如自己平日身体不佳,需要按时服用的药,一定要带齐并按时服用。不能期望到国外后再去药店买。因旅程时间安排紧张及外国药品与中国药的药效不同,国外药店买药常会要求出示医生处方等原因,在旅行当中特意到商店去买药并不简单。

领队需要保持健康的体魄,在身体初感不适的时候,就应该适当服药,减轻病症,以免影响团队的正常运行。领队因是一团之首,领队身体不适,往往会使得团内游客心神不定。

感冒药、肠胃药、消炎药等,都应该在小药包中常备。创可贴、体温表、纱布等,也应该带一些,做到有备无患。

到不同的国家(地区),也需要了解其特点以便准备相应药物。如带团要到肯尼亚旅游,一定要知道肯尼亚是联合国确定的疟疾、伤寒、霍乱和艾滋病疫区之一,上述疾病发病率较高,因而应随身携带一些针对性的防治药物。

2. 为团员准备一点常用药

领队为带团所做的一切准备,都是为了即将带出的团队的顺利。领队在准备常用的药品时,也都应该站在这样一个角度来考虑。

领队在小药包中准备一点创可贴、风油精、乘晕宁等药物药品,不光是自己用,也是为防备团中的游客发生晕车晕船、拉肚子、轻微划伤等小意外发生。这些情况一旦出现,领队应尽快为游客用来救急。领队对游客的关怀,应该通过这样的一些日常小事体现出来。

(三) 其他的生活必需品及杂品

1. 牙具、拖鞋等生活用品

国外的许多饭店通常没有为客人准备牙膏、牙刷、剃须刀以及洗发液、发网、面霜、拖鞋等一次性用品,因而需要领队事先加以准备。这些生活用品因天天要用,故行装中如果忘记带会感到很不方便。不要指望到了境外住进饭店后再去购买,很多情况下领队往往会被许多琐事缠身而无法去商店。

领队的生活用品中最好还能有一条毛巾。旅途中在住进不发达国家(地区）条件欠佳的饭店时，使用自己的毛巾会让个人在心理上增加一分安全的感觉。

2. 指南针、手电筒等

指南针、手电筒等日常生活中经常会用到的一些物品，领队的行装中都需要列入清单并随时携带在身边。目前的智能手机都有指南针、手电筒这类功能，要做到十分熟悉，紧急情况时立刻能使用。

3. 选择合适的太阳镜

领队如果准备携带太阳镜则必须注意，一定要注意选择颜色较浅的一种。同时，在正常情况下应尽量少戴。

太阳镜对于领队来说，并非不需要，而是要考虑到客观上的效果。由于领队职业的特殊性，戴太阳镜的领队客观上可能会给游客带来拒人于千里之外的感觉。因而太阳镜，尤其是深色的太阳镜，领队如果在旅行中要戴，也只适宜在海滩上晒太阳的时候。

4. 笔记本、笔、计算器等

办公文具类的笔记本、圆珠笔、计算器、橡皮筋等，都应该能够随时在领队的行囊中找到。领队在工作中，战胜疲劳、随时拿出笔来对刚刚发生的琐事进行记录，是一种良好的工作习惯。

5. 小面额外币现金

领队在准备境外的零用钱的时候，若能刻意准备一些小面额的外币散钱（主要是小面额美元），在实际工作中会感到非常有用。如 1 美元的纸币，在支付侍者、行李员小费的时候就很实用。

思考与练习

1. 领队出团前的行装装备，主要有哪几方面的内容？
2. 护照、机票为什么要有复印件？复印件与原件可否放在一起？
3. 为什么领队不宜戴深色的太阳镜？

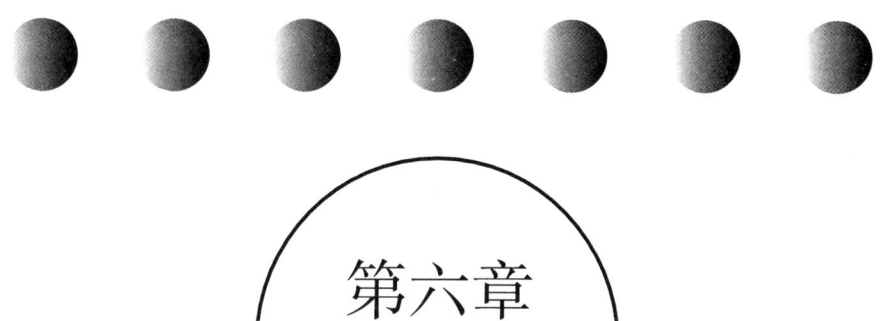

第六章

中国出境与他国(地区)入境

 **本章要点**

本章的内容是领队带团由此地到彼地的路上经历及相应服务。领队带团要经过海关、办理登机、卫检、边检、安检等多道手续才能出境离开中国,又需要几乎同样多的手续才能入境进入其他国家。

踏出国门,标志着整个旅行的前奏结束、美好旅程的华彩乐章的正式上演。"出境旅游"在领队带团迈出了中国国门的时候,才真正达到了实至名归。

从跨出国门的一刻起,对领队真正的全面考验就已经开始了。在此后的一段时间里,领队要独立面对将要发生的所有事情,并以一种负责任的态度,依靠自己的独立工作能力,带领团队在其他国家旅行,还要在完成全部预定计划后,再把团队顺利带回。

从中国出境到他国(地区)入境阶段,要经过中国和外国的海关检查、卫生检疫检查、边防出入境检查、登机安全检查等十多个关口,有许多具体的手续要办。领队要对所要经过的关口、所要办理的各项手续十分熟悉,以便能带领全体游客顺利完成从中国出境到他国(地区)入境中的所有繁复工作。

一、中国出境

领队带团出发欲离开国境,在抵达并通过在空港、铁路、陆路、水路所设立的中国公安部出入境边防检查站、卫生检疫站、海关检查站时,有相当多的具体工作需要有条不紊、按部就班地进行。

《旅行社出境旅游服务质量》对领队应当提供的"出入境服务",规定如下:

领队应告知并向旅游者发放通关时应向口岸的边检/移民机关出示/提交的旅游证件和通关资料(如:出入境登记卡、海关申报单等),引导团队依次通关。

向口岸的边检/移民机关提交必要的团队资料(如:团队名单、团体签证、出入境登记卡等),并办理必要的手续。

领队应积极为旅游团队办妥乘机和行李托运的有关手续,并依时引导团队登机。

中国出境的工作流程图示如下:

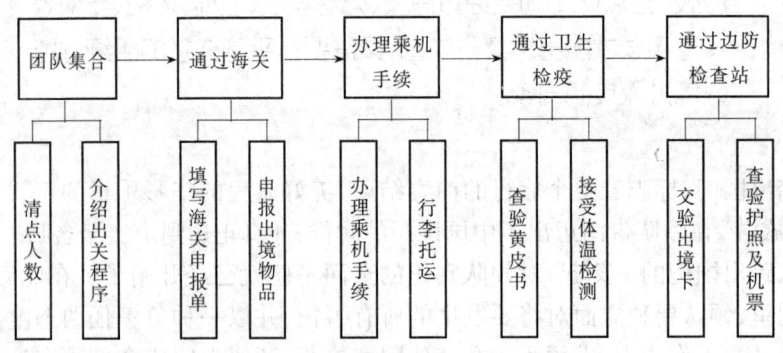

(一)出发前集合

1. 领队应提前到达

领队应当至少比规定时间早10分钟赶到机场、车站等出境口岸的集合地点。

到达集合地点后,领队应迅速将组团旅行社的领队旗直立竖起,以便游客容易发现;将手机始终开启,随时准备接听游客打来的电话。

集合的位置应当选择游客容易找到的地方。在行前说明会通知游客的时候,就将明确的地点告知游客,如"机场的出境大厅 2 号门内",以方便游客赶来集合时目标明确。事先通知游客的集合时间时,要充分考虑到各种因素,留出提前量。

如果所带的团是老年团,领队还应该更早一点抵达集合地点。通常老年游客会早早赶到,领队的出现,可以让他们感到心里安稳。

游客中如果有前来送行的家人,领队应当主动与其打招呼,并请其放心。

2. 为游客签到

领队与游客会合后,应拿出全团的名单表,为已经抵达的游客画钩签到。

在点名称呼游客姓名时,应注意礼貌,喊游客姓名的时候加上称谓,如"张三先生""李四女士"。在喊到游客的姓名、游客作答时,要与游客有一个眼光的交流,并微微点头。

在临近规定的集合时间时,如团队尚未到齐,领队要主动与未及时赶到的游客电话联系并进行催促。

3. 领队发表简短讲话,告知游客下面所要办理的手续

在全体团队成员到齐后,领队应即席发表一个简短的讲话。讲话的内容主要是告知游客下面将要办理登机手续、海关申报手续以及边防检查手续等步骤,并希望全体团员配合。游客如果针对海关手续办理等方面提出问题,领队应简明扼要地一一作答。

4. 特殊情况的处理

(1) 游客迟到

规定时间内游客未能抵达机场集合处,原因可能是城市交通堵塞、意外交通事故、临时交通管制等,领队应及时与游客取得联系,知道游客所在的方位,预估抵达的时间再行决定。

如时间尚允许,可以稍稍拖后带团去办理手续,在原地等待游客抵达,并先代迟到游客向大家表示歉意;如时间较紧张不允许再等下去,领队可先带领其他游客,到海关柜台办理海关申报手续,以及到航空公司值机柜台前办理登机手续。此时领队需要始终与未能抵达的迟到游客保持联系。一旦游客抵达,领队要折回到口岸的国际出境区域入口将游客带入,与全团会合。

(2) 游客临时取消旅行

游客因病、事故等突发原因,打来电话告知不能参团出发,领队应首先对游客进行口头慰问,然后要求游客在电话口头通知外,再发来短信进行确认,以便领队在进行工作处理时留有凭证。

得知游客临时取消旅行的信息后,领队应在第一时间告知旅行社 OP。由旅

行社OP迅速通知境外接待旅行社。

领队带领团队在航空公司办理登机手续时,要将取消旅行的游客姓名告知航空公司。

(二) 办理海关申报

1. 了解中国海关的各项规定

(1) 红色通道与绿色通道

我国海关依国际惯例实行红色通道和绿色通道的通关制度。

凡持有外交及礼遇签证的外籍旅客,或国家给予免验待遇携带无须向海关申报的物品的中国旅客在通过海关时,可经由绿色通道通过海关。

以下各种情况或以下类型的旅客应当经由红色通道通关:

①携带海关限量及应征税物品的。

②携带进口限制的物品的。

③有人、物分离进、出境的。

④携有物品、货物、货样以及其他需办理出境验放手续的物品的。

⑤未将应复带出、入境物品的。

⑥携带外币、金银及其制品而又未获得有关出境或已超过限额的。

(2) 中国海关部分限制进出境物品

①旅行自用物品

非居民旅客及持有前往国家或地区再入境签证的居民旅客携带旅行自用物品限照相机、便携式收录机、小型摄影机、手提式摄录机、手提式文字处理机每种一件。超出范围的,需向海关如实申报,并办理有关手续。经海关放行的旅行自用物品,旅客应在回程时复带出境。

②金、银及其制品

旅客携带金、银及其制品进境应以自用合理数量为限,其中超过50克的,应填写申报单证,向海关申报;复带出境时,海关凭本次进境申报的数量核放。

携带或托运出境在中国境内购买的金、银及其制品(包括镶嵌饰品等新工艺品),海关验凭中国人民银行制发的"特种发票"放行。

③外汇

旅客携带外币、旅行支票、信用证等进境,数量不受限制。居民旅客携带1000美元(非居民旅客5000美元)以上或等值的其他外币现钞进境,须向海关如实申报;复带出境时,海关验凭本次进境申报的数额核放。旅客携带上述情况以外的外汇出境,海关验凭国家外汇管理局制发的"外汇携带证"查验放行。

关于携带外币出境的问题,国家外汇管理局2003年8月28日发布《携带外币现钞出入境管理暂行办法》。其中规定：我国出境人员可以携带外币现钞出境，也可以按国家金融管理规定通过从银行汇出或携带汇票、旅行支票、国际信用卡等方式将外币携出境外。出境人员携带不超过等值5000美元的外币现钞出境的，无须申领《携带外汇出境许可证》，海关予以放行；携带外币现钞金额在等值5000美元以上至1万美元的，应向外汇指定银行申领《携带证》，海关凭加盖外汇指定银行印章的《携带证》验放；除特殊情况外，出境人员原则上不得携带超过等值1万美元的外币现钞出境。

综合此项规定及海关的规定，即携带外币现钞出境时，超过1000美元应向海关进行申报，海关允许放行的数额为5000美元。如超过5000美元，携带人应凭《携带外汇出境许可证》海关才准予放行。

④人民币

旅客携带人民币进出境，原规定限额为6000元，2005年1月1日起限额调整为两万元。超出两万元的不准携带出境。

⑤文物（含已故现代著名书画家的作品）

旅客携运出境的文物，须经中国文化行政管理部门鉴定。携运文物出境时，必须向海关详细申报。对在境内商店购买的文物，海关凭中国文化行政管理部门钤盖的鉴定标志及文物外销发货票查验放行；对在境内通过其他途径得到的文物，海关凭中国文化行政管理部门钤盖的鉴定标志及开具的许可出口证明查验放行。未经鉴定的文物，不要携带出境。携带文物出境不据实向海关申报的，海关将依法进行处理。

⑥中药材、中成药

旅客携带中药材、中成药出境，前往国外的，总值限人民币300元；前往港澳地区的，总值限人民币150元。寄往国外的中药材、中成药，总值限人民币200元；寄往港澳地区的，总值限人民币100元。进境旅客出境时携带用外汇购买的、数量合理的自用中药材、中药，海关凭有关发货票和外汇兑换水单放行。麝香以及超出上述规定限值的中药材、中成药不准出境。

⑦旅游商品

进境旅客出境时携带用外汇在我境内购买的旅游纪念品、工艺品，除国家规定应申领出口许可证或者应征出口税的品种外，海关凭有关发货票和外汇兑换水单放行。

(3) 中国海关部分禁止出境物品

内容涉及国家秘密的手稿、印刷品、胶卷、照片、唱片、影片、录音(像)带、CD、VCD、计算机存储介质及其他物品，珍贵文物，所有禁止进境的物品，濒危、珍贵动物、植物及其标本，种子和繁殖材料等，都属于中国海关禁止出境的物品。

(4)《中华人民共和国海关进出境旅客行李物品申报单》的具体内容
《中华人民共和国海关进出境旅客行李物品申报单》包括以下内容:
①第一部分为表格
内容有姓名、性别(男/女)、国籍、来自/前往、护照号码、旅行目的等。
②第二部分为说明
内容是:本申报单背面所列必须向海关办理申报手续的旅客,请详细填报有关物品并签名。填单后交海关验核签章。在设有双通道的现场,务必选择"申报"(红色)通道通关。上述以外的旅客,无须填写申报单,可选择"无申报"(绿色)通道通关。如进境后需办理提货券、外汇商品、分运行李等手续,不能一次结清的,请在办理有关手续处填写本单向海关申请。
③第三部分为填报物品表格
内容有:品名/币种、数量/数额、规格/型号、海关批注。
④第四部分为申报人保证和签名
内容是:我已阅知本申报单背面所列事项,保证以上申报属实。申报人签名,年/月/日。

2. 领队带游客办理海关申报
根据我国海关有关规定,我出国人员除享受免验待遇的人员外,出入境时,都应填写《中华人民共和国海关进出境旅客行李物品申报单》,并将全部行李物品向海关交验。免税行李物品以自用数量为限。还规定不得接受外籍人、华侨,以及中国港、澳、台同胞托带进出境物品,也不得委托他们带进物品。

按照规定,旅客进出境携有须向海关申报的物品,应在申报台前向海关递交《中华人民共和国海关进出境旅客行李物品申报单》或海关规定的申报单证,按规定如实申报其行李物品,报请海关办理物品进境或出境手续。在实施双通道制的海关现场,上述旅客应选择"申报"通道(红色通道)通关;携带无须向海关申报的物品的旅客,即可选择"无申报"通道(绿色通道)通关。

领队在带领团队游客经过中国海关时,需要进行下列工作:
(1)告知游客中国海关禁止携带出境的物品。
(2)请携带无须向海关申报物品的游客从绿色通道穿过海关柜台,进入等候。
(3)领队带领携带有向海关申报物品的游客从红色通道到海关柜台前办理手续。

领队可以先向海关柜台索取《中华人民共和国海关进出境旅客行李物品申报单》发给游客,并指导游客本人填写。通常游客都会携带摄像机、照相机、收录机、电脑等个人物品出境并带回国内,须据实申报。游客携带填写完成后的《中华

出境旅客行李物品申报单(正面)

中华人民共和国海关

填表须知

一、重要提示：

1. 出境旅客应使用海关所提供申报单的语种如实填写申报单,并将填写完毕的申报单在海关申报台前向海关递交（按照规定享受免验礼遇和海关免予监管的人员以及随同成人旅行的16周岁以下旅客除外）。
2. 在设置"双通道"的海关旅检现场,携带有本申报单9至15项下物品的旅客,应选择"申报通道"（又称"红色通道",标识为"■"）通关,其它旅客可选择"无申报通道"（又称"绿色通道",标识为"●"）通关。
3. 本申报单第9项所列物品价值以中国关境内法定商业发票所列价格为准。
4. 携带本申报单第9项所列物品时,旅客应填写两份申报单,海关验核签章后将其中一份申报单退还旅客凭以办理有关物品复带进境手续。
5. 不如实申报,海关将依法处理。

二、中华人民共和国禁止出境物品：

1. 各种武器、仿真武器、弹药及爆炸物品；
2. 伪造的货币及伪造的有价证券；
3. 对中国政治、经济、文化、道德有害的印刷品、胶卷、照片、唱片、影片、录音带、录像带、激光唱盘、激光视盘、计算机存储介质及其它物品；
4. 各种烈性毒药；
5. 鸦片、吗啡、海洛因、大麻以及其它能使人成瘾的麻醉品、精神药物；
6. 内容涉及国家秘密的手稿、印刷品、胶卷、照片、唱片、影片、录音带、录像带、激光唱盘、激光视盘、计算机储存介质及其它物品；
7. 珍贵文物及其它禁止出境的文物；
8. 濒危的和珍贵的动、植物（均含标本）及其种子和繁殖材料。

出境旅客行李物品申报单(背面)

人民共和国海关进出境旅客行李物品申报单》，到海关申报柜台，交验本人护照，经海关人员对申报物品进行实物检验后，盖章准予放行。申报游客应保存好《中华人民共和国海关进出境旅客行李物品申报单》，以便回国入境时海关查验。

中国海关对申报物品中一些类型的具体要求，须向海关核实。如照相机，通常海关并非要求出境携带的所有类型的照相机都要申报，而只是其中的可以拆卸镜头的高档相机，简易的傻瓜类型的相机则无须申报。

（三）办理乘机手续及行李托运手续

1. 了解民航国际航班的行李托运携带规定

（1）计件免费行李额

按旅客所购票票价等级，对每一全价票或半价票的旅客交运的免费行李额为：一等和公务票价，免费交运行李件数为两件（部分航空公司免费交运行李为一件），每件最大体积（三边之和）不得超过62英寸（158厘米）。经济和旅游折扣票价，免费交运的行李件数为两件，每件最大体积（三边之和）不得超过62英寸（158厘米），但两件之和不得超过107英寸（273厘米），每件最大重量不得超过32千克。按成人票价10%付费的婴儿可免费交运一件行李，但体积（三边之和）不得超过45英寸（115厘米）。另外还可免费交运全折叠式或轻便婴儿车或婴儿手推车一辆。超过规定的件数及超过规定的最大体积的行李，应交付逾重行李费。

（2）随身携带物品

除计重免费交运的行李额外，每一持有全价或半价客票的旅客，还可免费随身携带下列物品：女用手提包一个，大衣或雨衣一件或旅行用毛毯一条，手杖一根或伞一把，在飞行途中用的少量读物，小型照相机一架，小型望远镜一具，婴儿食物（限旅途中食用），婴儿摇篮（限一个），供病人行动的可折叠的轮（座）椅或一副拐杖或撑架或假肢。不准作为行李运输的物品：旅客的交运行李和自理行李内不得夹带易燃、易爆、腐蚀、有毒、放射性物品、可聚合物质、磁性物质及其他危险物品。旅客不得携带中华人民共和国在运输过程中有关国家法律、政府命令和规定禁止出境、入境或过境的物品及其他限制运输的物品。旅客乘坐飞机不得携带武器或随身携带利器和凶器。交运行李内不得装有货币、珠宝、金银制品、票证、有价证券和其他贵重物品。航空公司对手提行李的限重通常为7千克。

（3）行李赔偿

托运行李如发生丢失或损坏，由航空公司负责赔偿，赔偿金额每千克不超过人民币50元。如行李价值每千克低于50元时，按实际价值赔偿。

（4）行李声明价值

托运行李每千克价值超过人民币50元时，可以办理行李声明价值，航空公司收取相应的声明价值附加费。声明价值不能超过行李本身的实际价值。每一旅客的行李声明价值最高限额为人民币8000元。如此件行李丢失,航空公司按声明价值赔偿。

(5)部分航空公司的具体行李托运携带规定

各家航空公司对乘客行李托运携带的规定并不相同,领队需对所乘坐的航空公司的具体规定进行了解。以下是部分航空的一些规定:

美国联合航空公司:联合航空国际航班的免费行李限额(往返美国、加拿大及许多其他目的地)是总共两件托运行李,加一件随身行李。每件托运行李的最高重量为70磅(或32千克),长、宽、高之和不超过62英寸(158厘米)。随身行李三边长、宽、高的体积不得超过9英寸×14英寸×22英寸(115厘米)或重量不得超过50磅(或23千克)。

美国西北航空公司:西北航空国际航班的免费行李限额(往返美国,包括关岛及塞班岛)是总共两件托运行李,加一件随身行李。每件托运行李的最高重量为70磅(或32千克),长、宽、高之和不超过62英寸(158厘米)。下列重量限制适用于往返亚洲与日本的国际航班:经济舱为一件随身行李加托运行李,总重量不得超过20千克;环宇商务舱总重量不得超过30千克;头等舱不得超过40千克。随身行李必须能够放进乘客座位下面的空间或座位上面的行李柜,而且不得超过22英寸×14英寸×9英寸(115厘米)或40磅(或18千克)。每名乘客只允许携带一件随身行李,另加一个手袋/公文包/手提电脑袋。

加拿大航空公司:加拿大航空国际航班的免费行李限额是总共两件托运行李,加一件随身行李。每件托运行李的最高重量为70磅(或32千克),长、宽、高之和不超过62英寸(158厘米)。随身行李三边长、宽、高的体积不得超过112厘米或重量不得超过18磅(8千克)。

法国航空公司:法国航空国际航班的免费托运行李的件数和重量视目的地和客舱等级而定。免费托运行李额分别为经济舱23千克、公务舱30千克、头等舱40千克,且三边之和不超过115厘米。随身行李三边长、宽、高的体积不得超过55厘米×40厘米×20厘米(45英寸)或重量不超过10千克。

德国汉莎航空公司:德国汉莎航空国际航班的免费托运行李额分别为经济舱20千克、公务舱30千克、头等舱40千克,且三边之和不超过115厘米。随身行李头等舱和公务舱旅客可随身携带两件行李,经济舱乘客可携带一件。随身行李的最大重量不能超过8千克,尺寸不能超过55厘米×40厘米×20厘米。

马来西亚航空公司:马来西亚航空国际航班的免费托运行李有如下规定:一般头等舱为40千克,金色俱乐部或公务舱为30千克,经济舱为20千克;夜晚旅行者的头等舱、经济舱分别为40千克和20千克;常旅客头等舱为60千克,金色俱乐部或公务舱为45千克,经济舱为30千克。随身行李三边之和不得超过56厘米×36厘米×23厘米或重量不得超过5千克。

港龙航空公司:港龙航空国际航班的免费托运行李规定如下:往返美国、加拿大的乘客的免费托行李额为两件,每件行李的重量不得超过32千克;其他航线的乘客头等舱不得超过40千克,公务舱不得超过30千克,经济舱不得超过20千克。随身携带行李为1件,三边之和不得超过56厘米×36厘米×23厘米或重量不得超过5千克。

英国维珍航空公司:英国维珍航空国际航班的免费托运行李的件数和重量视目的地和客舱等级而定。头等舱乘客:跨越大西洋/拉各斯的乘客的免费行李额为3件,三边之和不得超过158厘米或总重量不得超过40千克(或88磅);飞往我国香港、上海和南部非洲、东京、德里的乘客为3件,总重量不得超过30千克(或66磅);随身行李可携带两件,三边之和不得超过23厘米×36厘米×56厘米或总重量不得超过16千克(或35磅)。经济舱的乘客:跨越大西洋/拉各斯的乘客的免费行李额为两件,三边之和不得超过158厘米或总重量不得超过32千克(或70磅);飞往我国香港、上海和南部非洲、东京、德里的乘客为3件,总重量不得超过20千克;只允许携带一件随身行李,三边之和不得超过23厘米×36厘米×56厘米或总重量不得超过6千克(或13磅)。

新加坡航空公司:免费托运行李不得超过20千克。随身行李只允许携带1件,三边之和不得超过115厘米或重量不得超过7千克。

2. 领队协助游客办理乘机手续及托运行李

按照《旅行社出境旅游服务质量》中"领队应积极为旅游团队办妥乘机和行李托运的有关手续"的规定,领队应当在带团乘坐飞机办理乘机手续时对游客进行相应的服务。

(1)告知游客航空公司的诸项规定

领队应清楚航空公司对乘机旅客行李的规定,并告知游客。在办理乘机手续之前,对一些可能出现的问题再次提醒游客。如水果刀、小剪刀等不能放在手提行李中,贵重物品应随身携带而不要放在托运行李中。

(2)集体办理乘机手续

通常航空公司对旅游团的团队游客,指定要到值机柜台的"团队"专用柜台办理。领队带团在航空公司值机柜台前的工作如下:

①交验护照、机票办理乘机手续

领队应事先收齐全团所有游客的护照、机票,到所应搭乘的航空公司的值机柜台前,交验全部的护照、机票,以办理乘机手续。

目前绝大多数航空公司都已经使用了电子机票,故机票一项,领队只需带好电子机票确认单即可。

②办理托运行李

领队应要求游客配合将拟托运的行李(包括领队自己的拟托运行李)在值机柜台前顺序排列,以方便托运清点。为保证托运行李的准确,领队应做到对托运行李进行两次清点:在办理托运前领队应先将要托运的行李件数清点一遍,在航空公司值机柜台人员将要托运的行李系上行李牌后,领队要再次清点。

在办理托运行李时须注意,如果需要乘坐转机的航班,行李应当托运至最终的目的地。如从北京飞南非,乘坐国泰航空公司的北京/香港/约翰内斯堡航班,虽需要在中国香港经停转机,但从北京出发办理行李托运时,应该将行李直接托运至终点站约翰内斯堡。

在托运行李的过程中,领队应要求有行李托运的游客在旁边协助,在看到自己的行李进入值机柜台行李传送带后方可退后等待。

在办完乘机手续后,领队需要认真清点航空公司值机员交还回来的所有物品,包括:护照、机票、登机卡以及交付托运的所有行李票据。

(3)游客单独办理乘机手续

并非所有的航空公司都会要求旅游团队统一办理乘机手续。有的航空公司因考虑到行李查询方便等原因,可能会要求乘机旅客必须单独办理托运行李和乘机手续。在这种情况下,领队在带领全团来到航空公司值机柜台前后,应先告诫游客注意事项,然后要站在一旁监看游客自行办理乘机手续,必要时立刻进行协助。

为体现领队的服务意识,领队不应先于游客办理手续,而应最后在全团所有团员办完手续后再为自己办理乘机手续。

3. 将过边检、登机所需的物品发还给游客

集体办理乘机手续后,领队应将游客的证件、机票等物品发还给每一位游客。所有需要发给游客的物品要逐一发出,如护照、机票、登机卡等。发给游客的时候要注意:

(1)不能委托其他游客代为转发

领队一定要亲自将所有的物品亲自发给游客,不能怕麻烦,借此机会也可以熟悉每位游客的姓名。以往常有领队将一摞护照随便交给一位游客,请其代发给其他游客的情况。这种做法并不好,不能体现领队的认真负责态度,东西也容易被不专业的游客搞丢。

(2)提醒游客拿好手中的物品

领队将护照、机票、登机卡发给游客后,要告知游客确认其手中物品是否齐全,并提醒游客要妥善保管,尤其是往返双程的国际机票,必须要好好保管,不能

下飞机后就随手丢弃。

(3) 统一托运的行李票据要由领队保管

全团行李统一托运后的所有票据，由领队保管存放，不再发给游客。此项也应告知游客。

(4) 对游客要求调换座位问题的处理

许多航空公司对团队游客办妥的乘机座号，是按照游客姓氏字母顺序排列的，因而游客中很可能一家人拿到的座位号码不在一起。领队对此应及时向游客说明解释，并承诺到飞机上以后协助游客相互调换。

(四) 通过卫生检疫

1. 了解国家卫生检疫的有关规定

1986年12月2日第六届全国人民代表大会常务委员会第十八次会议通过的《中华人民共和国国境卫生检疫法》第八条规定："出境的交通工具和人员，必须在最后离开的国境口岸接受检疫。"

中华人民共和国卫生检疫局是中华人民共和国国务院授权的卫生检疫涉外执法机关，它及其下属的各地国境卫生检疫机关在对外开放的国境口岸，对入出境人员依法实施如下主要卫生检疫内容：入境、出境的微生物、人体组织、生物制品、血液及其制品等特殊物品的携带人、托运人或者邮递人必须向卫生检疫机关申报并接受卫生检疫，未经卫生检疫机关许可，不准入境、出境。海关凭卫生检疫机关签发的特殊物品审批单放行。

入境、出境的旅客、员工个人携带或者托运可能传播传染病的行李和物品应当接受卫生检查。卫生检疫机关对来自疫区或者被传染病污染的各种食品、饮料、水产品等应当实施卫生处理或者销毁，并签发卫生处理证明。海关凭卫生检疫机关签发的卫生处理证明放行。

2. 黄皮书查验

出境旅游团对如果前往或途经的国家(地区)为传染病流行疫区，或者欲前往的国家(地区)对国际旅行预防接种有明确要求，都需要提前办理黄皮书。

并非所有国家(地区)都有需要游客出示黄皮书的要求，但有些对某些流行病检查特别严格的国家(地区)，例如智利、墨西哥等国家，要求入境的外国人，均须出具预防霍乱和黄热病的接种或复种证明书。出国者如果遗忘了申办接种证明书，到达这些国家时，就可能会面临被隔离、采取强制检疫等措施。

领队带领游客在关口的卫生检疫柜台前，应接受卫检工作人员的黄皮书查验。如游客未及办理黄皮书，应按照卫检的要求，现场补办手续。

下面是与黄皮书相关的一些知识介绍：

(1) 黄皮书简介

黄皮书即《国际预防接种证书》(INTERNATIONAL CERTIFICATE OF VACCINATION)，因它的封面通常是黄色的而得名。目前世界上大多数国家的《国际预防接种证书》都通用黄色封面，故"黄皮书"为国际上对《国际预防接种证书》的通用称谓。

黄皮书是世界卫生组织为了保障入出国境人员的人身健康，防止危害严重的传染病，通过入出国境的人员、交通工具、货物和行李等传染和扩散而要求提供的一项预防接种证明，其作用是通过卫生检疫措施而避免传染。如果入出国境者没有携带黄皮书，国境卫生检疫人员则有权拒绝其入出境，甚至采取强制检疫措施。所以对于因私出国人员来说，在具备有效护照、有效签证、出入境登记卡和经过认证的公证书之后(或同时)不可忽视的重要一条，就是到所在地的卫生检疫部门进行卫生检疫和预防接种，并领取黄皮书。

黄皮书一般印有英文和本国文字两种文字。黄皮书的封面印有《国际预防接种证书》和"中华人民共和国卫生部"字样。内文共有八页：第一页印有霍乱和黄热病有效期及有关使用黄皮书的注意事项，第二页和第三页是《黄热病国际预防接种或接种证书》，第四页为《霍乱国际预防接种或复种证书》，第五页为《其他预防接证书》(包括卡介苗、小儿麻痹、百日破、麻疹、流脑、乙脑等)，第六页为《旅行者须知》，第七页为《预防疟疾》说明，最后一页为《医生须知》。

黄皮书的有效期是按疾病种类划分的。对于预防霍乱，黄皮书的有效期为：自接种后6天起，6个月内有效。如前次接种不满6个月又经复种，自复种的当天起，10年内有效。

中国的黄皮书统一由中华人民共和国卫生部印制，由各省、自治区、直辖市的卫生检疫局签发并注射疫苗。

旅行社组织的团队游客，通常会在行前说明会上，联系卫生检疫部门的工作人员前来负责为游客注射疫苗并填发黄皮书。

(2) 黄皮书中的《旅行者须知》的主要内容

①黄皮书如未盖卫生检疫机关印章则无效。在预防接种证书上申请加盖批准印章是每个国际旅行者的责任。黄热病预防接种必须在专门指定的接种中心实施。

②旅行者在度假或公出期间，感染一些旅行者原居住国还没有或少有的疾病，这是常有的事。在出国之前，旅行者应当找医生或卫生部门征询有关预防感染的措施。除了某些国家可能要求黄热病预防接种证书外，还要采取预防疟疾、脊髓灰白质炎、传染性肝炎、白喉、破伤风和伤寒的一些措施。其他一些潜在危害健康的因素，包括不正常的气候条件影响、精神紧张、卫生条件差、接触

昆虫和动物引起的疾病以及外伤等，即使不常见，但也不容忽视。

③当旅行归来后患病，务必告诉医生在此之前12个月内你的国际旅行史。

(3) 要求检查黄皮书的一些国家

亚洲：阿富汗、孟加拉国、不丹、文莱、缅甸、柬埔寨、也门、菲律宾、卡塔尔、沙特阿拉伯、新加坡、斯里兰卡、叙利亚、泰国、印度、印度尼西亚、伊朗、伊拉克、老挝、黎巴嫩、马来西亚、尼泊尔、巴基斯坦、阿联酋、越南、巴林、不丹。

非洲：阿尔及利亚、安哥拉、博茨瓦纳、中非、乍得、刚果、埃及、赤道几内亚、加蓬、冈比亚、加纳、卢旺达、塞内加尔、塞拉里昂、索马里、南非、苏丹、斯威士兰、象牙海岸、肯尼亚、莱索托、利比里亚、利比亚、马尔代夫、马拉维、马里、毛里塔尼亚、毛里求斯、莫桑比克、尼日尔、尼日利亚、乌干达、扎伊尔、赞比亚、津巴布韦、坦桑尼亚、布隆迪，等等。

欧美及大洋洲：希腊、澳大利亚、阿尔巴尼亚、葡萄牙、美属萨摩亚、巴哈马、玻利维亚、伯利兹、巴西、哥伦比亚、古巴、多米尼加、萨尔瓦多、牙买加、墨西哥、巴拿马、汤加、秘鲁、海地、苏里南、马耳他。

另外，特别要求出示霍乱预防接种证书的国家有：阿尔巴尼亚、马耳他、安哥拉、乍得、多米尼加、巴拉圭、伊朗、利比亚、马达加斯加、马里、马拉维、马尔代夫、尼日尔、莫桑比克、斯威士兰、赞比亚、苏丹、图瓦卢、索马里、莱索托、巴基斯坦、埃及、韩国、越南、阿联酋、文莱。

3. 其他的卫生检疫特殊检查与《出境健康检疫卡》

填写出境健康检疫卡原是国家质检总局对出境旅客的强制要求。2003年非典型性肺炎(SARS)出现后，中国各出入境关口都增加了自动测量旅客体温的设备，在查验《出境健康检疫卡》的同时，实施旅客体温筛查。旅客的体温如果超出规定，将被要求复查并说明理由。如发现SARS疑似病症，将被限制出境。SARS疫情得到有效控制之后，国家质检总局则适时作出调整，将SARS检测工作纳入常态管理，规定从2004年6月25日起出境旅客取消填报《出境健康检疫申明卡》。

领队带领游客由自动体温计通过时，如有游客被要求复查，领队应在一旁陪伴等候。

(五) 通过边防检查及登机安检

边防检查是为了保卫国家的主权和安全，而对出入国境的人员等进行的检查。

边防检查的内容包括：护照检查、证件检查、签证检查、出入境登记卡检查、行李物品检查、交通运输工具检查等。

边防检查站隶属中华人民共和国公安部，对出境人员身份及证件、签证等进行检查,通过此项检查即被允许出境。

我国现行法律规定,对下列情况的人限制出境:

(1)刑事案件的被告人或者罪犯嫌疑人。

(2)有未了结民事案件的人。

(3)有违犯中国法律行为尚未处理,经有关主管机关认定需要追究的人。

(4)未持有效证件或者持用他人的出境证件,以及持有伪造或者涂改的出境证件的人。

1. 边防检查步骤

(1)边防检查的原有规定程序

依照公安部出入境管理局边防检查原有规定程序,出境人员到达出境口岸时,首先要填写一张《出境登记卡》,并将自己的《护照》及签证、《身份证》等一并交给边防检查人员,由边防检查人员进行逐项检查;边防检查人员对持照人的证件进行核查(包括护照是否真实有效,签证是否真实有效,护照和身份证内容是否一致等)后在护照上加盖验讫章(该章内包括出境口岸的名称、编号、"出境边防检查"字样和年月日等),并将出境登记卡留存于边防检查站;上述手续完毕后,将护照当面交给持照人。

但在实际应用当中,边防检查人员对出境人的《身份证》查验已经不需要。《边防检查出境登记卡》自2007年10月起也已经不再需要填写。

边防检查出境登记卡

(2)接受边防出境检查

按照边防检查柜台前现场指挥的要求,领队可带领游客排队按顺序接受边防出境检查。

游客须出示本人护照(含有效签证)、国际机票、登机卡及《边防检查出境登记卡》。边检人员对护照、签证验毕后,将《边防检查出境登记卡》留下,在护照上加盖出入境验讫章后将护照、机票、登机卡交还旅客,则边检手续完成。

如团队签署的是团体签证或到免签国家旅行,领队应出示《中国公民出国旅游团队名单表》及领队证、团体签证。所有游客须按照名单顺序排队,逐一通过边防检查。

旅游团队在过边防检查时,领队应始终走在前面,要第一个办妥手续,然后在里面游客可以看到的地方站立等候游客。对完成边防检查的游客,可先指引他们继续前去进行登机前的安全检查。2012年起我国已经开始颁发嵌入含有个人资料的电子芯片的中华人民共和国电子普通护照。持有这类电子护照的游客,可听从边检员现场引导,自助办理出入境边检手续。

2. 登机前的安全检查

安全检查是口岸检查(包括边防检查、海关检查、卫生检疫、动、植物检疫和安全检查等)的内容之一,是出入境人员必须履行的检查手续,是保障旅客人身安全的重要预防措施。

安全检查事关旅客人身安全,所以旅客都必须无一例外地经过检查后,才能允许登机。也就是说,安全检查不存在任何特殊的免检对象。所有外交人员,政府首脑和普通旅客,不分男女、国籍和等级,都必须经过安全检查。

安全检查的内容主要是检查旅客及其行李物品中是否携带枪支、弹药、易爆、腐蚀、有毒放射性等危险物品,以确保航空器及乘客的安全。安全检查必须在旅客登机前进行,拒绝检查者不准登机,损失自负。

根据《关于制止和防范非法劫持航空器行为的国际公约》的规定,凡缔约国都应根据国际法和国内法,采取一切必要和可能的措施,有效地防止危害航空安全的非法行为的发生,严厉惩罚和打击犯罪行为。所以对旅客进行安全检查,是为了保障旅客本身的安全,防止非法劫持航空器事件的发生。

近年来,由于劫持飞机事件和其他暴力事件的不断发生,因此各机场对登机旅客采取安全检查措施也日趋严格。2001年9月21日,民航总局、公安部联合发布《关于民用航空安全的通告》,严禁旅客将枪支(含各种仿真玩具枪、微型发射器及各种类型的攻击性武器)、弹药、军械、警械、爆炸物品、易燃易爆物品、剧毒物品、放射性物品、腐蚀性物品、危险溶液及其他禁运物品带上飞机或夹在行李、货物中托运,禁止旅客携带任何刀具乘坐民航飞机。

安全检查中一般有四种检查方法：

一是电视监测机，主要用于检查旅客的行李物品。通过检查后，工作人员在行李上贴有"××机场行李安检"的不干胶条，然后方可办理托运手续或随身携带登机。

二是探测检查门，用于对旅客的身体检查，主要检查旅客是否携带禁带物品。旅客须从门框内一一通过。如果身上携带金属物，装置就会发出信号，检查员对有怀疑的人再做搜身检查。

三是磁性探测器，也叫手提式探测器，主要用于对旅客进行近身检查。检查员手持一种探测器，贴近旅客身体搜索身体的上下前后。仪器遇到手表、衣袋内的钥匙、小刀、纪念章等金属物后，即会发出特殊声音，旅客则需要从衣袋内取出全部金属物再进行检查，直到检查员消除怀疑为止。

四是人工检查，即由安检工作人员对旅客行李手工翻查和男女检查员分别进行搜身检查等。检查员从上、下、前、后用手摸搜旅客，但不搜衣袋。一般是由男检查员搜男性旅客，女检查员搜女性旅客。

安全检查的主要程序为：

第一，行李物品检查：旅客进入机场大厅时首先将行李物品放入电视检测机的传送带上，工作人员通过电视荧光屏检查后贴上"××机场行李安全检查"的不干胶条。

第二，旅客证件检查：旅客办理完毕行李托运和登机手续后，将护照、机票、登机牌等交检查员核验并在登机牌上加盖安全检查印章。

第三，手提行李物品检查：将随身携带的手提行李物品放在电视监测机的传送带上，由检查人员通过荧光屏检查。如发现有异物，须由检查人员开包检查。

第四，旅客身体检查：旅客通过特设的探测门，进行身体检查。如发出报警声，还需用探测器再查，或重新返回，将可能发出报警声的钥匙、香烟、打火机等金属物品掏出来，直到通过时不再发出报警声为止。

我国机场安检一般分四个级别，一级是最普通的，四级为最高级。

一级安检：平常普通级别一般的证照检查。

二级安检：基本上按奥运、世博的标准，主要是在一级基础上增加一个开包率，开包率要求不低于50%，并且脱鞋、解腰带要求不低于30%，同时也要在安检口增加安全检查人员。在登机口也要增加安全检查人员。

三级安检：是在二级的基础上增加登机口的抽查安检，抽查率一般是10%左右。

四级安检：最高级别的安检，要求开包率百分之百，包括脱鞋百分之百。另外在登机口要百分之百重新检一遍。在空中还要增加安检人员。

依据中国民航局规定，目前机场安检主要遵循下列规定对乘客登机进行检查：

a. 关于禁止随身携带及禁止托运的物品的有关规定

中国民用航空局规定，在中国境内乘坐民航班机禁止随身携带或托运以下物品：

枪支、军用或警用械具（含主要零部件）及其仿制品；
爆炸物品，如弹药、烟火制品、爆破器材等及其仿制品；
管制刀具；
易燃、易爆物品，如火柴、打火机（气）、酒精、油漆、汽油、煤油、苯、松香油、烟饼等；
腐蚀性物品，如盐酸、硫酸、硝酸、有液蓄电池等；
毒害品，如氰化物、剧毒农药等；
放射性物品，如放射性同位素等；
其他危害飞行安全的物品，如有强烈刺激气味的物品、可能干扰机上仪表正常工作的强磁化物等。

b. 关于禁止随身携带但可托运的物品的有关规定

中国民用航空局规定，在中国境内乘坐民航班机禁止随身携带以下物品，但可放在托运行李中托运。禁止乘机旅客随身携带但可作为行李托运的物品包括：

菜刀、水果刀、大剪刀、剃刀等生活用刀；
手术刀、屠宰刀、雕刻刀等专业刀具；
文艺单位表演用的刀、矛、剑；
带有加重或有尖钉的手杖、铁头登山杖、棒球棍等体育用品；
斧、凿、锤、锥、扳手等工具和其他可以用于危害航空器或他人人身安全的锐器、钝器；
超出可以随身携带的种类或总量限制的液态物品。

c. 关于液态物品携带的有关规定

乘坐国际及地区航班：

乘坐从中国境内机场始发的国际、地区航班的旅客，其携带的液态物品每件容积不得超过100毫升(ml)。容器容积超过100毫升,即使该容器未装满液体,亦不允许随身携带,需办理交运。盛放液态物品的容器,应置于最大容积不超过1升(L)的、可重新封口的透明塑料袋中。每名旅客每次仅允许携带一个透明塑料袋,超出部分应交运。

盛装液态物品的透明塑料袋应单独接受安全检查。

在候机楼免税店或机上所购物品应盛放在封口的透明塑料袋中,且不得自行拆封。旅客应保留购物凭证以备查验。

婴儿随行的旅客携带液态乳制品,糖尿病或其他疾病患者携带必需的液态药品,经安全检查确认无疑后,可适量携带。

乘坐国内航班:

乘坐国内航班的旅客一律禁止随身携带液态物品,但可办理交运,其包装应符合民航运输有关规定。

旅客携带少量旅行自用的化妆品,每种化妆品限带一件,其容器容积不得超过100毫升,并应置于独立袋内,接受开瓶检查。

来自境外需在中国境内机场过站或中转的旅客,其携带入境的免税液态物品应置于袋体完好无损且封口的透明塑料袋内,并需出示购物凭证,经安全检查确认无疑后方可携带。

有婴儿随行的旅客,购票时可向航空公司申请,由航空公司在机上免费提供液态乳制品;糖尿病患者或其他患者携带必需的液态物品,经安全检查确认无疑后,交由机组保管。

d. 关于打火机、火柴的有关规定

禁止旅客随身携带打火机、火柴乘坐民航班机(含国际/地区航班、国内航班),也不可以放在托运行李中托运。

e. 旅客携带锂离子电池乘机提示

根据中华人民共和国民用航空行业标准《锂电池航空运输规范》(MH/T 1020—2009)和《旅客和机组关于携带危险品的航空运输规范》(MH/T 1030—2010)等相关法规文件,旅客携带锂离子电池乘坐民用航空器请注意如下事项:

携带的锂离子电池额定能量不允许超过160Wh,超过160Wh的应通过危险货物手续进行运输。

内含锂离子电池的设备(如手提电脑、照相机、便携式摄像机等),应按如下规则携带运输:可放置在托运行李及随身行李中携带;应有防止意外启动的措施;锂离子电池额定能量不应超过100Wh;额定能量在100Wh(不含)至160Wh(含)的随设备锂离子电池,应经运营人(航空公司)批准。

备用锂离子电池,应按如下规则携带运输:只可放置在随身行李中携带;应单个做好保护以防短路,可将备用电池放置于原厂零售包装中或对电极进行绝缘处理——例如将暴露的电极用胶布粘住、将电池单独装在塑料带或保护袋中;单个锂离子电池额定能量不应超过100Wh;经运营人(航空公司)批准,可携带额定能量在100Wh(不含)至160Wh(含)的备用锂离子电池,但不能超过两块。

f. 关于酒精饮料携带标准的提示

根据国际民航组织9284号文件及《旅客和机组携带危险品的航空运输规范(MH/T 1030-2010)》的要求,关于酒精饮料携带标准规范如下:

旅客不应随身携带酒精饮料乘机,但可将酒精饮料作为托运行李交运,其包装应符合民航局的有关规定:"酒精饮料作为托运行李交运时,其数量应符合下列规定:酒精体积百分含量小于或等于24%的,不受限制;酒精体积百分含量在24%~70%(含70%)之间的,每人交运净数量不超过5升;酒精体积百分含量大于70%的,不应作为行李交运。"

对于出国旅行的公民来说,安全检查是口岸几项检查中的最后一项检查。也就是说,是在经过海关和边防检查之后进行的。旅客经过安全检查后,即可直接登机起程了。

领队在带领游客经过登机安全检查时,要提醒游客主动配合机场安检人员,避免与其发生纠纷。

3. 等待登机

在完成了以上各项手续后,领队应带领游客到登记卡上标明的登机闸口的候机室等候登机。领队应提醒游客注意听广播,以免误机。目前许多航空公司规定,为保证正点,旅客未能及时赶到,飞机也会关闭舱门甩客飞行。

二、飞行途中

办理完中国方面的全部出境手续后,直到抵达目的地国家(地区),办好入境手续、与当地导游会合之前,领队是始终一人在对出境旅行社派出的整个旅游团队进行负责。其间在飞行当中,领队无法与外界通过电话进行联络和工作请示,发生任何事情都需要领队一人设法解决。

出境旅游的空中飞行时间通常较长,一般少则一两个小时,多则10多个小时,领队应充分利用机上的时间,对团队进行熟悉。在这段时间内,领队可以从事的事情包括:

(1)对接待计划再次预习,对游览城市之间的衔接、转换尤其注意。
(2)拿出资料书籍,对行程中所涉及的不熟悉的景点进行预习。
(3)对中国出境时发生的一些问题及时记录下来。
(4)与游客交谈,融洽关系。

飞行途中,领队应完成的其他工作,在《旅行社出境旅游服务质量》当中,也有规定:

飞行途中,领队应协助飞机乘务人员向旅游者提供必要的帮助和服务。

可见,乘坐飞机期间,领队尚不能只顾自己休息,还必须考虑到领队的工作身份,仍需要为游客提供帮助和服务。

飞行途中,领队的诸项工作大致如下图所示:

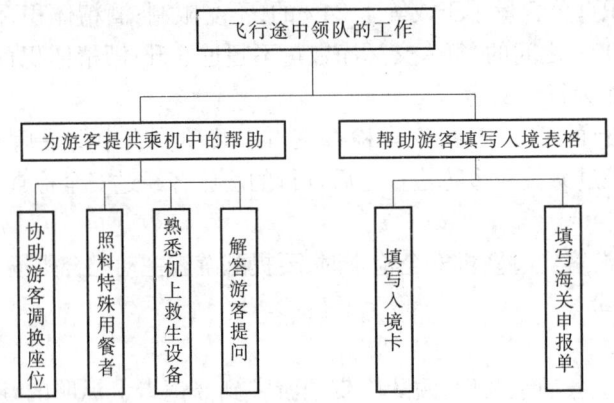

(一)为游客提供乘机当中的诸项帮助

1. 协助游客调换座位

因航空公司常常会按照旅客姓氏的字母顺序发放登机卡,则游客当中一家人拿到的登机卡上的座位号多会不在一起。登机后,领队应当尽可能地帮助游客调换座位。领队应负责帮助游客之间相互协商,尽量能让游客的家庭成员坐在一起。如果领队协商其他乘客较麻烦,也可寻求空乘人员的帮助。

领队自己的座位,以靠近中间通道为妥,而不应选择靠近窗口的座位,这样可以较为方便地站起身来照顾游客。

2. 关照游客的特殊用餐要求

团队当中如果有在用餐方面有特殊要求的游客,如伊斯兰清真餐、素食者餐、儿童餐等,领队应当及早与机上空乘人员进行沟通。

对有特殊用餐要求的游客在出发前的行前说明会上领队应该已经有统计,并在航空公司网站上进行过预订,领队对此应该做到心中有数,此时无须再向游客问询。

空乘人员送来饮料时,如游客不清楚或不知道如何要什么饮料,领队也应起身去为游客提供帮助。帮助时应先轻声询问游客,再向空乘人员转告,尽量避免游客心生不快。

3. 熟悉飞机上的救生设备

领队应当熟悉飞机上救生设备的使用和安全门的设置,登机后认真听取空乘人员的讲解演示。一旦空中飞行期间发生意外,领队首先自己须懂得如何使用救生设备及开启安全门,并在需要时给团内游客讲解。

4. 回答游客的其他提问

飞行当中,游客最经常问的问题就是抵达时间、目的地的天气以及目的地国家(地区)最值得看的景观等。领队应当随时保持清醒头脑,认真看飞机上电视屏幕的显示,记住抵达时间和待飞行时间,一有游客询问,立刻回答。这样可以留给游客领队干练和头脑清醒的印象,对领队产生信任感。

(二)帮助游客填写入境表格

在从一个国家(地区)飞往另外一个国家(地区)的飞机上,领队需要做的最重要的一件事,就是为全团游客填写将要抵达的国家(地区)的入境表格。

1. 各国(地区)不同的入境卡

各个国家(地区)的入境卡不但格式各不相同,名称也不完全一样,有"ARRIVE CARD""IMMIGRANT CARD""IMMIGRANT FORM""ENTER CARD""ENTER FORM""INSPECTION CARD""LANDING CARD""INCOMING PASSENGER CARO"等多种叫法。

各国(地区)的入境卡的内容详简不一,但其中所包含的主要项目大致相同,通常包含的主要项目有:

Full Name(全名)
Family Name(姓氏)
Middle Name(中间名)
Given Name(名字)

Sex：Male，Female（性别：男，女）

Nationality（国籍）

Occupation（职业）

Date of Birth（出生日期）

Place of Birth（出生地）

Passport Number，Expiry Date，Date Of Issue，Place Of Issue（护照号码，有效期限，签发日期，签发地）

Visa Number，Date Of Issue，Place Of Issue（签证号码，签发日期，签发地）

Purpose Of Entry（Diplomatic，Official，Visit，Business，Tourism，Transit）（入境目的：外交，公务，访问，商务，游览，转机）

Travelling From（由何处来）

Destination（目的地）

Travelling By，Flight No.（旅行乘用工具，航班号码）

Address And Telephone No.（地址及电话）

Travelling In Package Tour（Yes/No）（是否包价旅游）

Signature（签字）

Date of Enter（入境日期）

一些国家（地区）的入境卡与出境卡是印制在左右一体的卡片上，在填写入境卡的时候出境卡部分也需要填写。入境时，入境检查官员会将出境卡部分折下，再将出境卡部分用订书机订在护照内，出境时即无须再填写出境卡。

2. 海关申报单

除了入境卡需要填写外，还需要先填写一份海关申报单。

目前一些国家对外国人入境程序上已经省略了入境卡，比如美国自2013年4月底起，所有外国旅客从空中或海上口岸入境美国时都不再填写抵达/离境记录表（Arrival/Departure Record，即I-94表）。但是，海关申报单仍属于必须填写的表格。

海关申报单的内容有简有繁，申报重点也有所不同。其可能涉及的项目有：姓名、出生日期和地点、国籍、航班号、居住国、永久地址、在逗留国家（地区）的住址、随行家属姓名及与本人关系、签证日期、签证地点、随身携带物品，如现金、支票、手表、摄影机、摄像机、黄金、珠宝、香烟、酒、古董等。有些国家对动植物出入境控制很严，甚至少量水果也不允许带入境。美国海关申报单中有一栏就是：你或者你们一行人中是否"携带了水果、植物、肉类、食品、土壤、鸟类、蜗牛、其他活动物、野生动物产品、农产品"?

并非所有的国家(地区)都需要填写海关的申报单,在不需要海关申报单的国家,领队可省却这项工作。

各个国家(地区)的海关申报单都不相同,但其中的内容大多一样。下面是一份加拿大的海关申报单的内容:

Customer Declaration Card(海关申报卡)

Part A-All travellers (must live at the same home address)(A部分,所有的旅行者,必须居住在同一个地方)

Last name,first name, and initials(姓、名、缩写名)

Date of birth(生日)

Citizenship(国籍)

Home address-Number, street(家庭地址,号码,街道)

Town/city(城镇或城市的名称)

Province or state(省或州的名称)

Country(国家)

Postal/Zip Code(邮政编码)

Arriving by:Airline Flight No. (搭乘的航空公司,航班号)

Purpose of trip:Study,Personal,Business(旅行的目的:学习、个人原因、商务)

Arriving from:U.S. only,Other country direct,Other country via the U.S. (从哪里来:从美国来,直接从其他国家来,其他国家途经美国来)

I am/we are bring into Canada(我或我们带入加拿大的物品)

Firearms or other weapons, Yes/No(武器)

Goods related to my/our profession and/or commercial goods whether or not for resale(e. g., samples, tools, equipment)(和我的职业或和商业有关的商品,如:工具、设备等)

Animals, birds, insects, plants, soil, fruits, vegetables, meats, eggs, dairy products, living organisms, vaccines(动物、鸟类、昆虫、植物、泥土、水果、蔬菜、肉类、蛋、乳制品、有机物、疫苗)

I/we have shipped goods which are not accompanying me/us. (有非随身携带的海运物品)

I/we will be visting a farm in Canada within the next 14 days. (在14天之内会访问一个加拿大的农场)

Part B-Visitors to Canada(B 部分,加拿大的访问者)

Duration of stay in Canada(days)(在加拿大逗留的时间)

Full values of each gift over CAN$60(所有价值超过 60 加元的礼品)

Special quantities:Alcohol,Tobacco(特别限定的数量,酒精、烟草)

Part C-Residents of Canada(Complete in the same order as Part A)(C 部分,加拿大的居民,这部分不用填)

Part D-Signatures(age 16 and older)(签名,年龄在 16 岁及以上)

3. 领队需要代游客填写入境卡及海关申报单

旅游团所需的多份入境卡及海关申报单可以向空乘人员统一索要,这些表格通常会用当地文字和英文两种标明,填写时可使用英文填写。代游客填写所有的入境表格,是领队的工作职责之一。

海关申报单需认真、如实填写,不得疏漏或存侥幸心理。如果不确定某件物品是否需要申报,建议申报为宜。否则,将可能被认为有试图欺骗移民官的嫌疑,有问题的物品也会被没收。

事先制作的"团队资料速查表"这时候可以发挥很好的作用,可以让领队省却时间和麻烦,使填表工作的效率大为提高。否则,领队就必须将游客手中的护照一本本收来,按照各个国家(地区)不同的入境表格的各种要求,翻开查阅护照中的相关内容再行填写。

在一些航程较短的航线,飞行时间只有 1 个多小时,除去飞机上升和下降、用餐的时间外,领队填写这些入境表格的时间会十分紧张,因而需要抓紧时间填写。有些英语较好或者愿意自己填写的年轻游客,领队不妨指导他们自己动手填写。通常游客自己填写时,会对入境国家(地区)的联系人、下榻酒店等项目不太清楚,领队应及时提供帮助。

三、他国(地区)入境

飞机抵达目的地国家(地区)的机场后,要办理一系列的入境手续。这些手续大致包括卫生检疫关、海关、移民局关几项。各个国家(地区)对所需要办理的手续顺序并不一致,如日本的入境手续办理顺序是:航班飞抵机场——检疫检查——入境审查——动植物检疫——海关检查——入境;而泰国的入境手续办理程序则是:航班抵达——移民局入境检查——卫生检疫——海关检查——入境。领队对他国(地区)入境各个环节的把握,大致可以依照在中国关口出境时经过的各个环节做反方向认识。

各个国家(地区)的入境,不仅程序前后不同,入境检查的项目和需要递交的材料也不一样,有的国家仅有入境边防一项检查,还有的国家(地区),如瑞士,入境甚至不需要填入境卡。

入境检查在许多国家(地区)是由移民局的官员来担任,但另外一些国家(地区),全部是由警察来担任。如法国的入境检查,就全部由警察执行。边防警察主要是针对身份证件的检查,在机舱口进行证件检查或在机场入关处进行证件检查;海关警察检查主要是针对过境旅客所携带物品的检查。

境外国家(地区)的入境,大致的流程如下图所示:

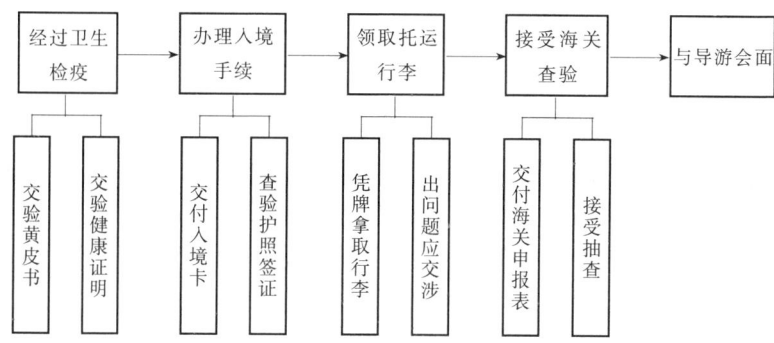

(一)卫生检疫

各个国家(地区)的卫生检疫(Quarantine)的形式有许多不同,有的需要查验黄皮书和健康申报单,有的则完全不需要填写,只是对入境游客进行检视,发现患病游客时加以询问。

1. 黄皮书查验

黄皮书的重要作用在于它是国际公认的卫生检疫证件,是出入各个国家和地区口岸的重要凭证,所以必须妥善保存。如果遗忘了,则必须找回;如果丢失了,则必须重新补办。否则,在出入各国口岸时可能会遇到麻烦。

很多国家对来往某些国家、地区的旅客免验黄皮书,但对发生疫情的地区,则检查较为严格,对未进行必要接种的旅客,往往采取隔离、强制接种等措施。

需要查验黄皮书的一些国家,例如智利、墨西哥等国家,要求入境的外国人,均须出具预防霍乱和黄热病的接种或复种证明书。团队如到那里旅游,领队带领团队经过当地的卫生检疫柜台时,要将黄皮书拿出接受检查。

澳大利亚、新西兰等国家也有入境旅客需要携带黄皮书的要求,但目前在具体实施上只是理论上要求的而不是强迫性的要求,除非入境者是来自传染病源

(如霍乱、黄热病等)区。对来自传染病源区的旅客澳大利亚当局会特别注意，甚至需要跟踪对入境旅客定时做有关的检查。

2. 健康申报单

有些国家(地区)入境，要求游客填写一张健康申报单。这张健康申报单的内容，多是对一些疾病的询问，如有否患有精神病、麻风病、艾滋病、开放性肺结核，是否来自鼠疫、霍乱、黄热病等疫区等。

有些国家(地区)的健康申报项目是与入境卡放在一张纸上，卫生检疫柜台与入境检查柜台也合而为一。

(二) 办理入境手续

许多国家(地区)的入出境是由其移民局把守，领队带领游客沿"移民入境"(IMMIGRATION)标志前行，就能找到入境检查柜台。领队带领游客要在有"外国人入境"(FOREIGNER)标志的任一通道前排队，提醒游客不能加塞抢行。许多国家(地区)的入境通道都有多条，如英国入境口岸设有三种通道：英国公民通道(BRITISH PASSPORT)、欧共体国家公民通道(ECCOUNTRIES)和其他国家公民通道(OTHER PASSPORTS)。中国公民一般应选择其他国家公民通道办理入境手续。

通常在入境检查柜台前，执勤人员通常会引导团队游客走一个专用通道办理入境。

并非所有国家入境都需走人工值守柜台。例如新加坡移民与关卡局规定，自2015年11月16日起，持中国护照符合条件者就可享受新加坡自助通关服务。其具体要求是：凡持有5年及5年以上新加坡多次往返签证的6岁以上中国公民，并在过去12个月到访过新加坡至少3次者，即可享受该服务。

领队须告诫游客，在入境柜台前不能摄像摄影，也不能大声喧哗。排队等候时，尽量不要东张西望左顾右盼，更不要多次变更队列，以免引起入境官疑心造成不必要的误会。应听从现场执勤人员指挥，依照顺序到柜台前办理入境手续。

1. 被禁止入境的主要原因

各国(地区)口岸检查官员有权阻止入境的原因，主要有以下七种情况：

(1) 入境后可能危害国家安全、社会秩序或违反公共利益的。

(2) 属于本国(地区)政府禁止入境黑名单上的。

(3) 使用伪造的护照、签证、入境许可证或其他证件的。

(4) 患有某种传染疾病的。

(5) 携带资金不充足，或缺乏生活手段，有可能成为社会公众负担的。

(6) 受到国际刑事警察组织通缉的犯罪分子。

(7)以前在入境国(地区)内违法或犯罪而被驱逐出境的。

领队应当清楚这些可能被禁止入境的原因,在自己带团正常办理入境时,如遇到某些入境官员进行无理纠缠,要做到心中有数而无须畏惧。

需要注意的是,持有一个国家的有效签证,并不能保证入境者能够顺利进入这个国家。美国使馆对此的提醒是:有效美国签证并不能保证你有权进入美国,美国入境口岸的入境检查官拥有是否允许你入境的最终决定权。

2. 领队带领旅游团入境

以美国入境为例的大致入境程序是:在入境口岸,入境检查官会首先会检查入境者所持的证件及有效签证,扫描入境者的指纹并拍照进行比对,询问赴美理由、停留地、时间,决定是否允许入境者入境及在美停留期。如入境检查官对入境者的入境目的或所持证件有所怀疑,入境者需要到二次检查区做进一步的检查和面谈。

(1)向入境检查人员交付入境所需的证件和文件

站到入境检查柜台前后,首先要礼貌地向入境检查人员打招呼。"Hello"或者是"Good Morning"之类的礼貌语,可以使入境检查的紧张气氛得到缓解。如果是在夏威夷入境,用当地问好的方式"阿罗哈"向出境移民官问候,就会显得恰如其分。

通常向入境检查人员交付护照、签证、机票、入境卡即可。也有的入境官会要求领队出示当地国家(地区)的旅行社的接待计划或行程表。

要注意,持有有效护照及签证并不保证可以入境。入境检查人员会首先核对"黑名单",看看该外国人是否在名单当中。如果以往曾在该国有过不良记录,比如曾被递解出境,则入境就会有麻烦。

旅游团如果所持的是另纸团体签证,则需要听从入境边检站前的警官指挥,到指定的柜台办理。领队应走在团队的最前面,以便将另纸团队签证交付,并准备回答入境官的提问。

(2)接受盘问

入境检查官员可能会就入境的原因进行简单盘问。问及的问题大致有:

①为何要来此地。
②准备到哪几个城市。
③团队的人数共有多少。
④准备停留多久。
⑤住在哪家饭店。
⑥当地负责接待的旅行社是哪家。
⑦身上带了多少钱。

美国海关申报单

澳大利亞入境卡

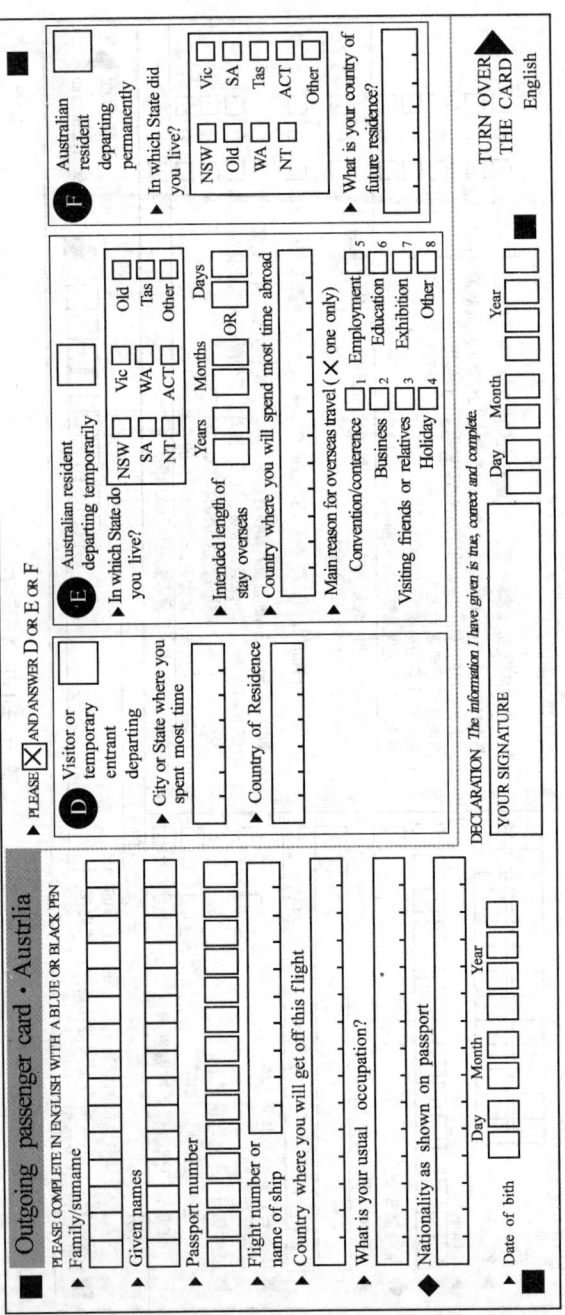

澳大利亚出境卡

新西兰入境卡

New Zealand Passenger Arrival Card

December 2004

1 flight number/name of ship

passport number

nationality as shown on passport

family name

given or first names

date of birth — day / month / year

occupation or job

full contact or residential address in New Zealand

country of birth

overseas port where you boarded THIS aircraft/ship

2a Answer this section if you live in New Zealand. Otherwise go to '2b'.

- How long have you been away form New Zealand?
  years months days
- Which country did you spend most time in while overseas?
- What was the MAIN reason for your trip?
  ○ business ○ education
  ○ other
- Which country will you mostly live in for the next 12 months?
  ○ NZ ○ other

2b Answer this section if you DO NOT live in New Zealand.

- How long do you intend to stay in New Zealand?
  years months days
  ○ permanently or
- If you are not staying permanently what is your MAIN reason for coming to New Zealand?
  ○ visiting friends or relatives ○ business ○ holiday/vacation
  ○ conference/convention ○ education ○ other
- Where did you last live for 12 months or more?
  country
  state, province, or prefecture
  zip or postal code

PLEASE TURN OVER FOR MORE QUESTIONS AND TO SIGN

领队及游客面对入境检查官员的诸项提问不必紧张,要予以配合,从容并且诚实回答。如尚不能说清楚,可将当地国家(地区)负责接待此团的旅行社的联系人姓名及电话告知。

办理入境手续过程中最忌讳的事情是回答入境检查官员盘问时不诚实,撒谎编造谎言。而谎话一旦被识穿,极有可能会影响到顺利入境。2015年9月一位中国游客在美国办理入境手续时被美国入境检查官现场宣布拒绝其人入境并吊销其人签证,正是因为其人在回答提问时不诚实。

(3)完成入境检查

入境官经审验无误,在护照上加盖入境章后,把护照、机票退还。至此,领队及游客即通过入境关,正式进入这个国家(地区)。

许多入境检查官会在完成对入境游客的审查后,对游客说一句"祝您旅游愉快"的话,领队及游客断不能听而不闻,一定要礼貌地答以"谢谢你"(Thank you)。

即使是入境检查官没有说话,取回证件时也应当不忘说一句"谢谢"。当然,如果能用当地语言来说,那效果会更好。

(三)领取托运行李

1. 到指定通道拿取托运行李

过移民局边检关后,领队应带领游客到航空公司的托运行李领取处(Baggage Claim)认领自己的行李。通常机场会有免费的行李车供入境旅客使用,从机场的行李区域的电子指示牌上可以找到所乘航班的行李通道位置。领队应在确认自己及每位游客的托运行李都拿到后,再带领游客一起去办理入境所需的下一项手续。

2. 托运行李出现问题应及时处理

如果托运行李被摔破,或者被遗失,要立即持行李牌与机场行李部门进行查询。如确认丢失,须填写行李报失单,交由航空公司解决。领队应记下机场服务人员的姓名及电话,以备日后询问。

根据国际航空协会规定:行李于国际运输过程中受到损害,应于损害发生七日内以书面形式向承运人提出索赔申诉。但多数航空公司希望乘客最好在机场就作出反应,否则事后还需要另外填写一份报告书,解释为何没有立刻发现行李毁损,并需要提供证明。

航空公司托运行李经常还会出现行李未能随乘客一起抵达的情况,通常航空公司会给乘客以适当的现金补偿,并负责在行李抵达后将行李送至乘客下榻的饭店。

行李破损时要请机场行李部门或航空公司代表开具书面证明,证明行李是因航空公司的原因受到损坏或者丢失,以便日后与保险公司交涉赔偿。旅行社为每位游客所上的"旅行社责任险",其中包含有对"旅游者行李物品的丢失、损坏或被盗所引起的赔偿责任"的条款。

(四)办理入境海关手续

1. 了解不同国家(地区)的海关规定

海关(Custom)是主权国家设在口岸上对进出国境的货物、物品、运输工具等执行监督管理并征收关税的机关。世界上各国出入境口岸都设立有海关,以对出入境人员携带的货物进行检查。因此游客出国不仅在出境时要接受本国海关的检查,在抵达外国入境口岸时,同样要接受外国海关的检查。许多国家的海关,是设立在卫生检疫和护照签证查验结束并提取托运行李之后。

因各国国情不同,海关监督检查的范围也不同,但是对出入境旅客携带物品行李的查验,都有明确的规定。哪些物品可以被带入境,哪些不可以入境,哪些可以免税,哪些需要征税,每个国家的海关都会有详细的规定。

在携带物品入境方面的规定,各国的规定存在着很大不同。有些物品几乎所有国家的海关一致禁止入境,如世界各国海关都严禁鸦片、海洛因、大麻等致瘾、致幻物品及其原料的入境。大部分国家,特别是世界保护野生动物组织的参加国的海关,会对动物制品,比如象牙制品、毛皮制品等入境,有不同程度的限制。美国等西方各国(日本除外)海关禁止从象牙产地国进口象牙或象牙制品,以及虎、豹等濒危动物的毛、皮、骨制品等。美国、英国、日本、澳大利亚、新西兰等一些西方国家,还会禁止旅客入境时携带新鲜的水果、蔬菜或未经处理过的肉类。西亚的阿拉伯和伊斯兰国家对于有违伊斯兰教的图书杂志及其他印刷品、音像制品有较严格的进口限制。如巴基斯坦就明确规定,禁止猪肉及猪肉制品等违反伊斯兰教义的物品入境。以色列对于反犹太教和损毁犹太民族感情的物品、印刷品等物品入境也有严格的限制。

许多国家对携带外币现金入境会有所限制,但各国都有不同的限额规定,如美国为1万美元(包括流通中的美国或其他国家的硬币及纸币、旅行支票、现金汇票和可流通证券等。以个人或共同旅行的家庭为单位),俄罗斯为500美元,法国为7622欧元,尼泊尔为2000美元。同样是携带外币现金,入境新加坡、瑞士、约旦等国却没有数额限制。多数有数额限制的国家,还会有严厉的处罚措施。如美国海关规定,未如实申报者可能被追究民事及刑事责任,包括没收所持货币及货币工具。越南海关也规定,未及申报的外币将被越南海关没收。赞比亚海关则规定,如发现有超量、违禁物品不报,将被罚款、没收乃至监禁。菲律宾入境旅客携带外币不违法。但带入或带出当地货币超过1万比索则属于违法，不仅被没收，而且可能被处以民事处罚或刑事起诉。2015年10月中国驻比利时使馆曾对中国公民携带现金一事特别发出过这样的提醒："随身携带现金或旅行支票等易兑换成现金的有价证券总值超过10000欧元的，须在入境时依法向海关申报。被发现未申报或申报作假的，将被处以罚金并没收超限部分；计划下榻旅店的，入境时随身携带现金总额须高于每天95欧元的开支标准。探亲或访友的（住在亲友家中），随身携带现金总额须高于每天45欧元的开支标准。有担保人负担在比期间所有开支的除外。入境时被发现携带现金未达上述标准且无其他可证明具有足够经济能力凭证的（如旅行支票、银行存款证明、收入证明、信用卡和相关用卡记录证明等），可能被怀疑入境目的，遭羁押甚至被拒绝入境。"

各国海关最常见的是对旅客随身携带的烟、酒进行限量。如法国海关规定每人可随身携带香烟2条、酒2瓶；美国海关规定，入境旅客可以免税带入一条香烟（200支），或50支雪茄烟，或2公升（4.4磅）烟草，或按比例的上述各类物品。产于古巴的雪茄无论是自用还是送礼都禁止进入美国。年满21岁的非美国居民（Non-resident）可免税携带入境1公升啤酒、葡萄酒、白酒等酒精饮料，但仅限个人使用。超过上述数量的酒精饮料将被征收海关税和国内税；约旦海关规定，入境旅客可以携带香烟2条、酒类1升；赞比亚海关规定得更为详细，为400支香烟、0.5千克散烟或0.5千克雪茄，1.5升烈酒、2.5升葡萄酒和2.5升啤酒；日本海关规定为卷烟400支或雪茄100支或烟丝500克；文莱海关对非穆斯林旅客网开一面，规定17岁以上的非穆斯林入境时可携带2瓶以下的白酒或12罐以下的啤酒。泰国政府允许外国公民携带200支（10包、1条）香烟和1公升酒类免税入境泰国。针对超量携带烟酒者，泰税务稽查部门有权在机场隔离区外的泰领土范围内，予以检查并根据两类情节（有意偷逃税款和不知情且仅供个人使用），按香烟每包55泰铢、酒类实际价格以及85%烟酒税率，以所携全部烟酒量为基数处以10或15倍不等罚金。一人如受他人所托致使携带超量，亦认定为携带超量。以一人携带10条100包香烟（超量携带9条90包）为例，如此人被认定为有意走私偷逃税款，则罚金为55×85%×15×100＝70 125铢；如此人被认定为不知情且香烟仅供个人使用，则罚金为55×85%×10×100＝46 750铢。如拒不交罚金，将移交机场警方调查并启动相应司法程序。法院将依法对涉案人员判处有期徒刑，按一天200铢标准折抵刑期，最多不超过2年。

许多国家限制入境物品多种多样，必须在临行前认真查询。如西班牙和意大利的限制入境植物品种还包括咖啡和茶叶。意大利、西班牙对咖啡的入境限制额为：普通咖啡500克或者浓缩咖啡200克，对茶叶的入境限制额为：茶叶100

克或茶精40克。爱尔兰也有这样的特殊规定:欧盟以外国家的奶制品、肉制品及新鲜食物,未经提前批准禁止携带入境。日本虽然国家内部黄色杂志遍地都是,但入境时却明确规定:黄色杂志、录像带不得携带入境。禁止带入日本的还有"假名牌商品等侵害知识产权的物品"。入境游客必须认真研读这些规定,才能保证不致出错。

有的国家,规定不能携带入境的物品,是从保护当地动物和植物的安全角度考虑的,如澳大利亚规定不准带入的有如下物品。

(1)猫狗及其他小动物。

(2)雀鸟、羽毛及禽类产品。

(3)蛋、蛋类制品。

(4)水生动植物。

(5)农作物种子。

(6)活的昆虫。

(7)泥土。

(8)培养液、微生物、动物精液和卵子。

(9)乳类产品包括乳酪(芝士)。

(10)肉类包括色拉米西香肠及其他香肠。

(11)罐头肉食。

(12)鲜果及蔬菜。

(13)所有活的植物、插枝及球茎。

(14)稻草及草织器。

(15)在飞机及轮船上留下来的食物。

美国确定9种食品不准入境,则各有不同理由。

(1) Kinder出奇蛋:原产国为意大利,德国和其他欧洲国家的出奇蛋被禁止进入美国的原因是因为与其他零食相比,Kinder出奇蛋的特别之处在于每一颗巧克力蛋中央都藏着一个小玩意。因美国1938年联邦法律明文规定禁止食品内出现任何不可食用的物品,因而美国是世界上唯一禁止Kinder出奇蛋的国家。

(2)河豚:原产国为日本的河豚被禁是因为河豚鱼肉虽然鲜美,但若处理不当则会让人一命呜呼。

(3)意大利活蛆乳酪:原产意大利的这种乳酪被禁是因为这种意大利乳酪制作时刻意添加蛆虫,以此推动特殊层次的发酵。

(4)肉馅羊肚:原产英国的这种羊肚被禁是因为肉馅羊肚中含有羊肺,这与联邦食物安全规定相抵触。美国自1971年起便在全国范围内禁止食用动物肺部。

（5）西非荔枝果：原产牙买加的这种食品被禁，是因为这种果实必须在完全成熟后方可食用，否则果实内大量的次甘氨酸A和B进入人体会引起昏迷甚至死亡。从2000年起，美国全面禁止新鲜的西非荔枝果入境，只允许少数厂商售卖罐装的西非荔枝果。

（6）鹅肝：原产法国的鹅肝被美国的加利福尼亚州禁止入境，这是因为鹅肝的制作过程相当残忍因而受到动物保护组织的强烈反对，加利福尼亚州自2012年起一直禁止鹅肝的销售。

（7）鱼翅：这种食品被禁因为每年为获取鱼翅而被捕杀的鲨鱼数量达到100万条，已经对鲨鱼种群造成了极大的危害，部分种类的鲨鱼数量已经骤减至原来的10%。为了保护野生鲨鱼资源，美国已经有8个州通过了有关禁止拥有和售卖鱼翅的法律。

（8）马肉：因马和美国人从开拓时代起就建立起了深厚关系，美国联邦法律自2006年起禁止农业部使用政府经费检疫马肉，因而在美国见不到马肉的身影。

（9）鱼子酱：原产俄罗斯、伊朗及里海附近的其他国家的鱼子酱被禁，是基于保护野生鲟鱼资源的需要，美国2005年已立法禁止野生鱼子酱进入本地市场。

对各国海关的不同规定，领队应多从各国使馆的网页中查询，出行前应了然于心，避免正式出发、在入境各国时遇到麻烦。

领队应负责向游客说明各国的海关规定，并认真填写海关申报单。在对有关规定搞清楚之前，不要贸然走海关绿色通道。印度尼西亚海关就有这样的规定：印度尼西亚海关官员有权对经过绿色通道的乘客的物品进行开包检查。如开包检查发现所带物品数量超过规定限制，海关有权对其超出部分进行没收和销毁。

除了各国的海关规定，针对中国游客的特点，领队还需要对游客进行特别提醒。比如入境美国，就需要事先告诫游客不要携带含肉、蛋的月饼、粽子及腊肉、熏肉、腌肉、香肠、肉松、肉干、火腿、烤鸭等肉制品入境，不要携带各类水果、生花生、生瓜子等种子食品入境。如携带方便面，必须保证调料包内不含肉或蛋。

中国游客经常会携带一些中药或中成药入境，但需要特别提醒游客的是，入境美国虽然可以带一些感冒药或者日常用药，但是剂量不能超出个人日常用量。西药和中成药最好装在原包装中，且有中英文说明书或者药品成分说明，处方药请携带医生处方或医生出具该药品是保证你旅行健康必需的声明。不要携带含有上述违禁或限制性成分的药物入境。这些含有违禁品成分的中药和中成药包括如下物品。

- 麻黄碱类药物：鼻炎片、柴连口服液、大活络丸、追风膏、复方川贝止咳糖浆、感冒胶囊、急支糖浆等；
- 士的宁类：跌打万花油、风湿关节炎片、骨刺胶囊、关节炎膏、颈腰康胶囊、胃尔康片、腰痛宁胶囊；
- 吗啡类：肠胃宁、咳喘宁、咳速停、克咳、小儿止泻灵等；
- 含有动物或动物器官，如蝎子、蜈蚣、蟾蜍、穿山甲、水蛭、熊胆、虎骨、蛇胆、蛇蜕、蝉蜕、鹿茸、麝香、牛角、犀角、龟壳、燕窝、牛黄、阿胶等成分的中药或中成药。

2. 海关入境检查方式

世界各国海关对外国旅客或非当地居民的检查，常有以下四种情况。

（1）免验

西欧一些机场在海关写明"无须报关"，或者海关柜台根本无人值守。

（2）口头申报

旅客不需要填写海关申报表，过海关时，海关人员只口头询问旅客带了什么东西，通常不用开箱检查。

（3）填写海关申报单

在交海关申报单时，海关人员只是询问是否携带了海关所限制的物品，很少开箱检查。

（4）填写海关申报单并开箱检查

每位入境旅客在交付申报单后，也需要打开行李接受检查。

通常是前三种做法会较普遍遇到，而最后一种做法较少遇到。

3. 领队带团通过海关

通常的海关会设置在移民局后，如法国的机场入境，游客在办完入境边检手续、提取行李后，才进入海关检查区域。一般海关检查为例行抽查，领队带游客经过海关的时候，把申报单交付海关人员后，即可直接走出。

美国 2003 年新成立的"美国海关与边境保护局"（U.S. Customs and Border Protection，简称 CBP），将边境口岸的边检与海关合并在一起，入境人从美国陆地口岸、机场口岸或海港口岸入境的访客在出入境柜台前同时进行边检及海关检查，因而入境人入境美国时只要将护照与海关申报单一起交给入境检查官即可。

海关工作人员的权力比较大，可以直接对当事人进行搜身检查。领队应当告诫游客，如海关人员进行抽查，应当服从配合检查而不要与之争执。

海关人员要求查验旅客证件时要予以服从，如要求开箱检查，要立刻配合自行打开行李接受检查,不要迟疑。如果海关人员示意通过,则要立刻带行李迅速离开柜台。按照一些国家的法律规定,海关人员无权私自打开旅客的行李,但是如果他们要求旅客打开时遭到拒绝,他们就有权当面打开旅客的行李。

(五)与负责接待此团的导游会合

办完上面的各项手续,领队就可以举起领队旗,带全体游客到出口与前来迎接的导游会合了。在有些国家(地区),旅行社导游会被允许到机场里面游客入境柜台前接团。这样旅游团就会更早与导游见面,避免在出口处寻找导游的麻烦。旅游团在提取托运行李、过海关等环节,可以由领队与导游一起带领游客通过,使团队一踏上不同的国度,就有一种亲切之感。

与导游见面后,领队应主动与导游交换名片,并与导游进行简单的工作交流。内容包括如下几方面。

(1)团员人数有变化须告诉导游。

(2)问清是否由机场直接去下榻饭店。

(3)了解从机场与下榻饭店的距离与车辆行驶时间。

(4)与导游约定时间对团队行程进行会晤。

领队在接到导游的名片后,应对导游的手机电话进行确认。为方便工作,应立即输入自己的手机中备存。

在走出机场、上车之前,领队须先清点人数,并请所有游客清点自己的托运行李和随身行李。

(六)他国(地区)入境时容易出现的问题及解决办法

1. 以往旅游团在他国(地区)入境时出现的问题案例

相对于在中国出境口岸可能遇到的旅游安全障碍,在抵达外国口岸、等待办理入境手续过程当中可能遇到的问题会更多,因为这中间存在着不少的变数,非旅行社领队或游客所能控制。近些年曾在一些国家(地区)入境口岸发生的一些非正常事情,已经让一些带团领队或随同旅游团到境外旅游的中国游客,因各种原因在外国入境口岸受到生理和心理的伤害,因而造成了较严重的旅游安全问题。据中国驻丹麦使馆报告,2006年下半年以来,丹麦哥本哈根机场就先后发生数起中国公民入境受阻并遭遣返事件。而受阻的主要原因,只是中国游客未随身携带国际旅行保险单或邀请函原件。2005年7月29日,我国浙江省的一个17人旅游团在南非开普敦机场,因被告知签证失效而被禁止入境,次日该团被机场移民局原机遣返。签证失效的原因,是因为经办此团的我国旅行社在向南非驻上海总领馆申办签证时,系由南非一家旅游公司提供邀请函和担保。后因两家合作方之间出现商务纠纷,旅行社改与南非其他公司合作。为此南非出具邀请函的公司致函开普敦机场移民局,称其不再对该团在南非境内的任何活动负责。根据南非新移民规定,开普敦机场移民局因而拒绝了该旅游团入境。

2006年4月24日,外交部在其网站发布消息,提醒中国公民入境欧盟申根国要注意签证的问题。据中国驻慕尼黑总领馆报告,中国6名持因私护照的企业人员在慕尼黑转机时因入境签证问题受阻,时间长达5个小时,险些耽误行程,后经总领馆大力协助才得以顺利前往目的地国。受阻的原因主要是:除该团无人懂外语外,他们所持签证种类为商务,但在德无正式商务活动,也没有在德的活动日程,前往国家只有希腊、意大利两个国家。

2003年10月3日,一个由中国重庆出发的旅游团抵达韩国旅游,不想却在韩国机场无端被禁9个多小时。据此团游客介绍,他们参加的韩国4日旅游,全部的护照、签证等手续都符合法定要求。当日下午5点从重庆江北机场起飞,并于当地时间晚上9点30分顺利抵达韩国仁川机场。按照惯例,办理入境手续最多只需半小时。但在仁川机场入境口,此团一行却等了1个多小时也未获得入境批准。领队出面进行交涉时,韩国方面则告知,由于重庆旅行社没有将旅行团名单传到韩国,所以他们暂时不能入境。领队拿出入境相关手续的原件,但韩方人员根本不加理会。当晚10点30分,旅游团成员被带到韩国移民局设在仁川机场的一间办公室内,按照非法入境的嫌犯进行囚禁,由6名警察对他们的行动进行限制。次日凌晨1点,所有人随身携带的所有物品、通信器材被强行搜走后,被关押到了条件极差的拘禁室度过了漫长的一夜。一直到第二天早晨8点多钟,拘禁室大门打开,在没有办理任何手续,也没有做任何说明的情况下,旅游团不明不白突然被获准入境。经过苦难折磨的游客已经没有心情再继续旅游,找到中国驻韩国大使馆寻求帮助后回国。

在西方一些国家的入境口岸,入境的移民局官员往往会向入境游客提出一些简单问题,诸如到访的目的,住宿在哪家酒店,停留几天等。而仅仅是因为回答入境官的提问不合要求,就有可能受到阻挠。曾有这样的事情出现过:一个参加旅游团、持旅游签证的中国游客在某国入境柜台前,被入境官问及到访目的时,得意扬扬地宣称自己是来此地考察,看看有什么投资机会。入境移民官则据此判定此人所获取的签证种类与实际逗留目的不同,因而拒绝其入境。

近些年,因受非法移民问题困扰,欧洲一些国家的入境移民官也往往变得过度敏感,入境审查执行起来十分严格,常常使得中国旅游团在踏入欧美国家的大门时,正常入境过程无端受阻,影响到了整个旅游的行程,同样为中国游客的旅游安全造成不小的影响。2005年11月28日发生在希腊的一个中国旅游团受阻的事情较为典型,持合法签证入境的中国旅游团因受到入境官的怀疑,58名中国游客在雅典机场受阻25小时,最后得到的仅仅是一声道歉。这类事件给旅游的正常程序、旅游安全带来的损害是显而易见的。但相比之下,比受到来自某些外国警方公开的敲诈勒索要好得多,因为这样的敲诈勒索,会让游客内心真正感到恐惧和不安。

2006年2月12日,19名西班牙国民警卫队队员在该国南部旅游胜地马拉加被逮捕,警方怀疑他们在马拉加机场检查行李过程中以"通关"为名勒索中国游客。据来自西班牙华文报纸《华新报》的消息,这些警卫队员在机场向旅客收取一定的现金,作为允许他们携带超量烟酒的代价。如果这些警卫队员在检查行李时发现旅客携带有过量的香烟、酒或者其他物品,他们就会向旅客索取小额贿赂,然后放行。他们还对一些中国旅客声称,如果不交给他们50欧元的"通关费",那么行李就会被扣留。西班牙官方通讯社"埃菲社"在对这一事件进行的报道中称,向旅客收取"通关费"的行为在该机场部分警员中已成"惯例"。警方几个月来通过录像资料、旅客的证词以及其他材料掌握了大量的受贿证据。西班牙警方在后来发表的一份声明中说,他们接到线报后经过调查,逮捕了19名嫌疑人。西班牙国民警卫队的发言人马蒂姆·桑迪约(Mardim Sandijo)少校说,他对发生这一事件表示"遗憾"。这19名被逮捕的国民警卫队队员,将被送交西班牙司法机构接受进一步的调查。

2. 对他国(地区)入境受阻问题的解决方法

2006年先后发生数起中国公民入境丹麦受阻并遭遣返事件之后,外交部于2006年5月29日发布出国提醒,要求赴丹麦的中国公民须携带国际旅行保险单或邀请函原件。

为避免类似事件再次发生,外交部领事司提醒赴丹麦中国公民:第一,入境时,须携带经丹麦驻华使领馆确认的有效的国际旅行保险单原件;第二,如持商务签证访问丹麦,丹麦边防警察时常查验邀请函,并向访问团组成员及丹方邀请单位核实有关情况。请注意携带丹方邀请函原件、活动日程及丹方接待单位的联系人姓名和联系方式,同时确保团组每位成员均了解商务活动的有关安排。如丹麦警方拒绝中方人员入境,请立即向中国驻丹麦使馆寻求协助。

对中国公民赴欧洲旅游出现的一些问题,2015年9月30日外交部特别发出入境欧洲的四条提醒:"一,一些国家采取随机抽查方式,核实入境游客是否有足够的资金能力支持其旅行。大体上,各国标准在每人每天50欧元至150欧元之间。国际通用信用卡、旅行支票、现金等均可接受;二,为安全起见,建议尽量携带国际通用的信用卡和适量现金;三,根据各国规定,持有超过一万欧元现金(包括等值外汇)或有价证券(如旅行支票等)等实物资金入境时须按规定主动申报;四,鉴于各国边防部门并无统一的入境查验标准,建议径向各国驻华使馆了解详细信息。"

如果旅行社领队带领旅游团持有效签证在目的地国入境、出境或过境受阻,应该如何寻求帮助呢?按照中国外交部在《中国境外领事保护和服务指南》中的提示,正确的操作方式应该这样:

您首先应向该国(地区)主管部门如实说明有关入出境或过境的事由,同时了解受阻原因。如果您的请求仍然得不到有关部门的许可,也可要求与中国驻该国使、领馆联系,寻求帮助。领事官员将向有关当局了解情况并视情况反映请求人的要求,或进行必要的交涉,但不能保证您一定会被放行。如交涉未果,您应接受当地主管部门的决定;如确系受对方不公正对待,要注意收集和保存证据,以便您日后投诉之用或通过法律程序处理。

思考与练习

1. 在经过海关时,什么情况下要走红色通道?
2. 乘坐飞机时,领队还应为游客提供哪些方面的服务?
3. 旅客被禁止入境的主要原因有哪些?

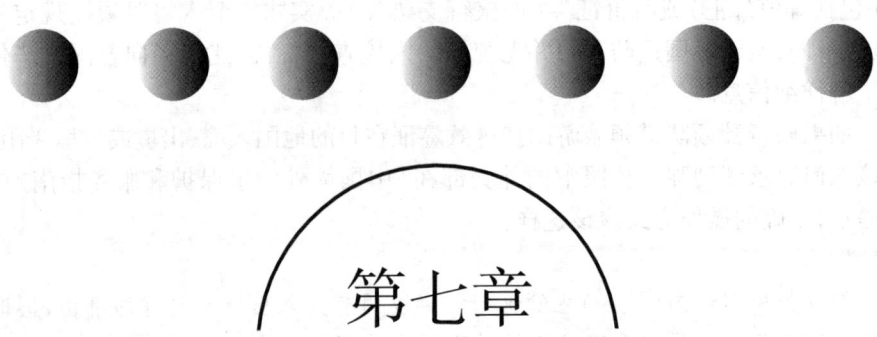

第七章

领队在境外带团期间的主要工作

 **本章要点**

领队在境外带团期间的主要工作，围绕着为游客安排好食、宿、行、游、购、娱等几项旅游要素进行。每一项工作的完成，都需要领队做到心中有数。团队在境外旅游期间要在以导游为主、领队为辅的前提下按部就班地开展，保证接待计划的圆满实现。

游客参加出境旅游的终极目的，是为了享受在境外国家（地区）的实地旅游的过程，经过出入境、乘坐飞机等繁复的过程抵达另外的国家，就是为了寻找和体验在境外游览观光、住宿用餐、购物逛街等的真实感觉。

在旅行游览的整个过程中，领队为游客的服务要得到最集中的体现。

《旅行社出境旅游服务质量》中"旅行游览服务"一节，对领队的具体要求是：

领队应按组团社与旅游者所签的旅游合同约定的内容和标准为旅游者提供接待服务，并督促接待社及其导游员按约定履行旅游合同。

在旅游途中，领队应积极协助当地导游，为旅游者提供必要的帮助和服务。

境外的接待旅行社,是中国国内组团旅行社生意上的合作伙伴。整个旅行计划的完成,必须要有合作伙伴间的有效配合。

在境外旅游期间,领队对游客服务,许多要通过与当地导游的配合一道完成。旅行计划中所涉及的食、宿、行、游、购、娱各项要素的实现,都需要在以当地导游为主、领队为辅的合作过程中进行。

领队在境外带团期间的主要工作,简单图示如下。

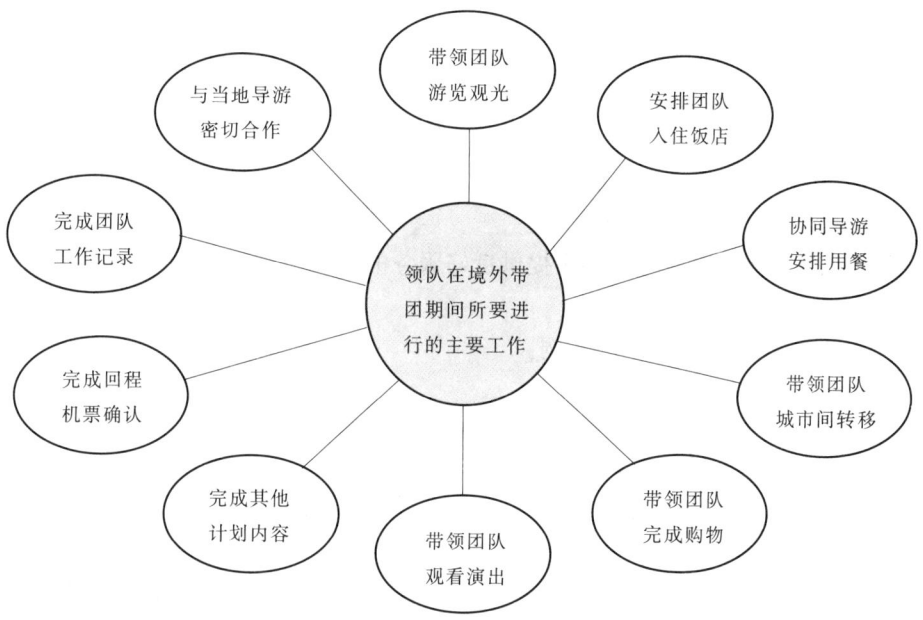

一、领队与导游的工作配合

为确保旅游计划的实施和完成,领队应尽力配合当地导游的工作。但是,领队也应当始终记住自己所担负的"督促接待社及其导游员按约定履行旅游合同"的责任。

领队与导游的良好合作,应该始于双方的充分沟通。从抵达此地与当地的导游见面开始,一直到在此地的旅游结束,自始至终都有领队与导游的沟通问题。

（一）领队要以欢迎词引出导游

领队是一个出境旅游团队的核心，因而团队运行程序中的所有环节衔接，都应由领队来做。旅游团队的游客经过一堆烦琐的手续入境他国（地区），面对一个陌生的环境，自然会有一种陌生的感觉。此时，就需要团队中的核心——领队——出场来给大家进行开场定心。

旅游团抵达任何城市的时候，最先讲话的都应该是领队。

从机场出来，来到旅行车上坐定，领队就应当开始第一次的正式讲话。这个讲话需要领队认真对待，内容可以借鉴中国国内导游服务程序中的"欢迎词"的大致式样。讲话大致包括如下几项内容。

（1）代表组团旅行社感谢游客参加旅游团。

（2）对游客经历了漫长的旅程顺利抵达目的地表示祝贺并预祝在此地的旅行顺利愉快。

（3）表达领队本人愿为游客提供良好服务的真诚愿望。

（4）向游客介绍导游。

下面是一个"欢迎词"的实例：

> 大家下午好！首先我代表××旅行社欢迎大家参加我们这次的"泰国5日游"旅游团。经过6个小时的空中飞行，我们现在已经顺利抵达了泰国的首都曼谷。我们5天的泰国旅游已经正式开始了。我相信在5天时间里我们大家能一起度过一个愉快的假期，预祝大家的旅行能有很大收获。
>
> 我是本次旅游的旅行团领队，我叫×××，在行前说明会多数游客已经见过面。在今后的几天时间里，我将陪伴大家一起度过美好的假期。大家有什么事情需要我来帮助，尽管跟我说，我将非常乐意为大家服务。
>
> 我们此行在泰国的接待旅行社是××旅行社，×小姐是我们在曼谷的导游。下面我们欢迎×小姐为我们来做曼谷的城市导游，为我们介绍曼谷这座迷人的城市。

导游在这样的情形下出场，就会显得十分自然流畅。

需要避免的是，机场出来，导游指挥大家上车后，直接就开始介绍城市。这样的做法会使领队的作用削弱，程序的衔接上也显得生硬。

领队与导游刚一见面，就需要悄悄地叮嘱导游，在与其进行工作沟通之前，先不要匆忙向游客宣布日程。

（二）领队与导游进行沟通的内容

通常是安顿游客入住饭店后，领队就应该与导游一起小坐，对此团接待的具体事项进行面对面的沟通交流。

1. 按照日程表逐项对照

领队与导游首先应对照双方所持的行程计划表是否一致。下榻饭店、游览景点、停留天数、离开时间等大项，应首先确认，如果发现有不一致的地方，应当马上请导游与接待社联系。

然后需要对行程表当中所涉及的住宿、用餐、购物、观看演出等诸多细项进行沟通，可以按照旅游团在此地停留的天数逐项叙述。导游有时会提出对行程进行调整的建议，如其建议对整体计划无大碍，领队应同意，并在原有的计划表中进行勾画记录。

2. 领队需要将所带团队的特殊性向导游介绍

为方便导游及时安排准备，此团的特殊性领队应向导游介绍说明。比如：此团是教师团，对异国历史文化兴趣较浓，喜欢提问题；团员中老人较多，团队行动不能过于急促；团员中有几人要用清真餐，应提前与餐厅打招呼。

（三）行程当中领队与导游的交流

1. 领队为方便与导游的沟通应在车上第一排就座

平日游览期间，领队应始终在旅行车的第一排就座。距离导游较近，可以方便与导游之间随时进行沟通。

有些领队喜欢坐在车的后面，其实是不妥的。领队与导游的沟通，有时需要近距离小声商量，如在介绍团队构成、团队中游客的特点等情况时，都需要稍稍避开游客。如果领队要与车内的游客进行交流，可以在车辆行驶时不时地到后面走动。

2. 行进中出现问题要即时商量

游览当中，如果遇到交通严重堵塞、天气转坏视野极差等情况，领队与导游就需要即时商定解决的办法，对当日行程需要进行必要的调整。调整如果仅是在前后次序上，领队仅与导游商定即可，但需要向游客说明；调整如果牵涉行程游览项目的取消，则必须由领队在征询游客的意见后再行决定。

3. 领队应向导游反馈游客意见

因领队地位的特殊性，领队与游客的关系比导游与游客之间的关系更为密切，因而游客的意见和要求，可以由领队向导游进行反馈。

二、下榻饭店及用餐

(一) 安排游客下榻饭店

《旅行社出境旅游服务质量》对抵达饭店后领队应该采取的服务,援引了《导游服务质量》中的"入店服务要求"。

  地陪服务应使旅游者抵达饭店后尽快办理好入店手续,进住房间,取到行李,及时了解饭店的基本情况和住店注意事项,熟悉当天或第二天的活动安排,为此地陪应在抵饭店的途中向旅游者简单介绍饭店情况及入店、住店的有关注意事项,内容应包括:
  a) 饭店名称和位置;
  b) 入店手续;
  c) 饭店的设施和设备的使用方法;
  d) 集合地点及停车地点。
  旅游团(者)抵饭店后,地陪应引导旅游者到指定地点办理入店手续。
  旅游者进入房间之前,地陪应向旅游者介绍饭店内就餐形式、地点、时间,并告知有关活动的时间安排。
  地陪应等待行李送达饭店,负责核对行李,督促行李员及时将行李送至旅游者房间。
  地陪在结束当天活动离开饭店之前,应安排好叫早服务。

领队应熟悉这项质量标准中的具体要求,在当地导游未能给予游客以准确回答的时候,应及时代游客向导游提问,部分问题也可以由领队自己为游客作答。质量标准中所涉及的一些服务,领队应当与导游一起实施。如核对游客的大行李,并督促行李员将行李送至游客的房间等。

领队在团队入住饭店时要进行的工作,除了以上标准规定的之外,还另有多项工作。

1. 抵达饭店后为游客办理入住手续并分配房间

在境外旅游期间,入住饭店办理手续的工作,常常是由领队亲自担任,导游只是在一旁协助。因为分房名单在领队手中,填写房号、分发钥匙的工作由领队直接来做更为方便。分房名单是领队带团必须携带的一份工作文件,此时拿出一份来,将房间号码填上即可。然后需要请饭店前台服务员帮助复印若干份,领队留底后将复印件交导游及饭店前台留存备查。

2. 针对中国游客的特点对饭店的设施要进行特别介绍

中国游客许多是第一次出国,对国外饭店的一些设备并不熟悉。即使是出国多次的游客,入住不同的饭店,也需要了解饭店的各项情况。领队在发钥匙给游客之前,要对饭店的基本设施、餐厅位置和一些中国游客可能不熟悉的特殊地方(如门卡、房间电话等)进行详细介绍。

(1)付费服务

如收费电视问题、电话通知服务生送热水要付小费问题等,都需要一一介绍。国外有些饭店的卫生间中,除了毛巾和小香皂外,其他物品都需要向服务生索要并付出另外的费用。领队及导游一定要向饭店了解清楚并向游客说明。

(2)可能发生的问题

对中国游客可能出现的一些问题,要进行有针对性的提醒。如游客使用热水杯注意不能烫了房间桌面;不能用房间台灯烘烤洗过的衣物;不能用房间内的热水器煮方便面;欧洲饭店浴室多没有地漏,洗衣、洗澡不能将水流淌出来湿了地毯等。

3. 把自己的联络方式、房间号码告诉所有游客

领队在分发钥匙之前,应当首先宣布自己的房号。在全部钥匙分发之后,再重复告诉大家自己的房间号码。一定要让全体游客记住领队的房间,这样双方心里都会感到踏实。

4. 将饭店的卡片发给游客每人一张

领队可以从饭店的前台拿到饭店的卡片,把它们发给每一位游客,以便游客自由活动离开饭店后可以安全返回。领队要告诉游客,乘坐出租车时可将此卡片交给司机看;如果迷路,可将卡片拿出来以寻求他人帮助。

(二)游客就餐时的服务

1. 游客就餐时领队的服务要求

旅游团就餐时的领队的服务,《旅行社出境旅游服务质量》援引的《导游服务质量》包含了如下内容:

  a)简单介绍餐馆及其菜肴的特色;
  b)引导旅游者到餐厅入座,并介绍餐馆的有关设施;
  c)向旅游者说明酒水的类别;
  d)解答旅游者在用餐过程中的提问,解决出现的问题。

游客用餐当中,领队应当随时走动,看游客是否需要添饭、菜量是否够。游

客如要购买啤酒、饮料,领队应提供语言翻译上的帮助。

中国旅游团队通常吃饭速度较快,领队应适应这种快节奏。领队通常会安排与导游一起用餐,在照顾完游客后,要加快吃饭速度,以免游客吃完饭后走散。

2. 对游客用餐的提醒

领队应当将国外的一些用餐规矩告诉游客。如在吃自助餐的时候,一次不要拿太多,拿的食物一定要吃完;餐厅中的食品饮料不能带走;开放有冷气空调的房间,一般不允许吸烟。注意用餐文明,用餐时不能大声喧哗,避免影响餐厅中的其他客人。

欧式早餐较简单,而美式早餐较丰盛,但中国游客多数对欧式早餐和美式早餐的区别不甚清楚,因而往往会因此而引发争议。以往的中国旅游团在欧洲旅游期间用欧式早餐,曾多有与餐厅发生争吵的先例,因此,如果旅行社为游客预订的是欧式早餐,一定要提前给游客打好招呼。

(三)离开下榻饭店

旅游团离开下榻饭店赶赴下一段旅程,领队应提前将一些注意事项告诉游客。在旅游团离站的前一天,领队应与导游磋商并确定第二天的离店时间,将移交行李和出发集合时间等通知游客。

1. 提醒游客与饭店结账

游客在饭店打电话、看付费电视、饮用冰箱内的饮料、洗衣、使用房间内的付费物品等个人消费,应当提前与饭店结清。最好避开团队要匆忙赶路之前和早餐后的游客结账高峰时间。领队应负责催促游客办理并协助游客完成结账。

国外饭店多实行"诚信式结账",即由房客自报使用过或消费过房间内物品,饭店一般不会安排服务生当时查房而让游客在柜台前久等。

2. 提醒游客带齐全部私人物品并清点游客托运行李

每次离开饭店,领队都要提醒游客检查私人物品是否有遗漏,尤其是游客的眼镜、假牙、头饰等头天晚上睡觉时摘下来放到床头或抽屉里面的物品。

在离开饭店赶赴机场时,还应当对游客拟托运的行李数量进行清点。

3. 提醒游客交还饭店的房间钥匙

国外的许多饭店依然使用传统的房门钥匙,游客离开饭店前,应将钥匙交还给饭店前台服务员。一些饭店,对卡片钥匙也要求交还。

游客忘记交还饭店房间钥匙的事情,以往曾多有发生。以致有旅游车离开饭店后又折回来送钥匙或饭店派人追赶旅行车取钥匙的事情发生,影响到了旅行团的行程时间。这其实与领队未能强调提醒也是有关系的。

三、购物及观看演出

(一)完成计划行程中的购物安排

中国游客多数会很喜欢购物,这是世界上许多接待中国游客的商店共同认识到的一个特点。据有关报道,中国游客在德国的日平均购物消费为110美元,在瑞士日均消费为400瑞郎,约合313美元,分别位于外国人在当地消费的前列。根据环球退税公司公布的调查报告,2009年中国游客在法国购买的免税品总额达1.58亿欧元,比排在第二位的俄罗斯多出0.47亿欧元。2010年美国商务部亦发布统计数字,平均每个中国游客在美国花费高达6000美元。

购物作为出境旅游中的一项重要活动,国内的组团旅行社的团队旅游正常行程当中一般都会着重安排。因而,顺利完成购物,也是旅游行程中的约定之一。领队在完成这项工作时,应努力使游客在购物活动中得到满足和愉悦。

1. 购物期间领队的服务

《旅行社出境旅游服务质量》援引的《导游服务质量》中,对旅游团(者)购物时,领队和导游应为游客提供的服务包括如下几方面。

● 向游客介绍本地商品的特色。
● 向游客讲清购物停留时间。
● 向游客介绍购物的有关注意事项。
● 随时向游客提供在购物过程中所需要的服务,如语言翻译、介绍托运手续等。

领队在购物场所往往也需要自行购物,一些女性领队对购物也十分钟情,但需要注意的是,领队应当将为游客提供购物的帮助放在首位,不能仅顾自己购物而疏远了团内游客。

2. 告诉游客购物退税的规定

领队应当了解欧洲等一些国家的退税规定,提前向游客介绍。在游客到商店购物时,要提醒游客别忘记要发票。

欧洲退税的简单要求是:在有退税标志的商店购物,购物要超过一定的限额,开具退税专用发票,盖有海关章。

3. 尽量使游客买到心满意足的商品

游客出国往往会需要购买许多礼物带回,领队应充分考虑到游客的心情,尽可能地在时间上予以保证,并在游客挑选时予以帮助。对商店不按质论价、抛售伪劣商品、不提供标准服务时,领队应出面与商店交涉,以维护游客的利益不受侵害。

游客尤其是女性游客在买到可心的商品后,往往愉悦的心情会持续很多天。游客的这种愉悦心情的出现和保持,对领队带团会十分有益,因而需要努力制造和着意延长。

如果游客不满意买到的商品,需要退换,领队及导游应帮助游客进行办理,但事先须向游客讲清注意事项。如中国香港的商店"百分百退款保证"规定:旅客在旅行社安排的购物活动中消费后感到不满可先通过导游处理,或于购货日起计14天内将完全未经使用的货品连同包装完整退回,即可办理全数退款手续,但必须保留好购物单据。

游客如在街头遇到小贩强拉强卖商品时,领队有责任提醒游客不要上当受骗,而不能不闻不问、放任不管。

4. 保持对购物安排的警戒

领队应监督导游将安排购物的次数限定在行程中规定的范围之内。如导游拟增加购物次数,事先须与领队商量,并且必须征得游客的同意。

购物场所的环境应当是良好、舒适、安全的,如果导游带领游客到反锁大门的商店购物,领队应以游客安全为由立即向导游提出质疑。

(二) 观看演出

1. 观看演出时领队的服务

《旅行社出境旅游服务质量》援引的《导游服务质量》中,对旅游团观看文娱节目时领队及导游的服务要求主要有两点:

　　a) 简单介绍节目内容及其特点;
　　b) 引导旅游者入座。

质量标准另外也强调,在旅游团(者)观看节目过程中,领队及导游应自始至终坚守岗位。这意味着,领队不能以演出看过多次为借口擅离职守。

2. 提前告诉游客观看演出的注意事项

室内剧场演出多会有许多限制,领队或导游应了解并事先告诉游客。比如观看演出时是否允许照相、摄像,演出结束后游客与演员合影是否应付小费、该付多少等。

一些正规的芭蕾舞、歌剧等演出,对观众的服装会有要求,领队及导游也需要提前告诉游客以便有所准备。

在国外的剧场观看演出时通常不允许吃零食、喝饮料,要特别提醒游客,不要违反剧场的相应规定,以免受到处罚。

四、领队在游览当中的主要工作

(一)让游客清楚了解每日的计划行程

1. 抵达某地首日领队与导游就应将本地的计划行程告诉游客

团队如果要在一个城市停留3天,那么抵达当日领队及导游就应将在当地的完整行程告诉游客。

旅游团在某地的游览观光,常常会因为交通、天气等原因进行调整,未必会原原本本完全按照游客手中的行程表来进行。领队在与导游进行行程磋商后,要将调整后的日程及时通知到每一位旅游者。

2. 每天上车后第一件事就是告诉游客当日行程

旅行团当日计划行程要让游客心里有数,因而领队及导游每天上车后,向游客问好之后,最先要讲的事,就应该是当日的计划行程。并且,在一天当中,还要有多次提及。如在午后,对当日下午的行程,应再予重复,以便使游客始终有清晰的认识和遵循计划的意识。

3. 对次日行程要提前预告

当天游览结束后,领队或导游应该将次日的全部行程、出发时间和注意事项提前告诉游客,特别是如果第二天的行程中有对着装的要求(比如参观泰国大皇宫),或晚上有活动安排返回饭店时间会很晚的时候,更应该着重提醒游客。

(二)辅助导游完成游览计划

1. 领队应协助导游完成对旅游景点的讲解工作

进行景点及团队行进中的导游讲解,是当地导游的最主要工作。领队应监督当地导游完成这项工作。

在前往景点的途中,导游应向游客介绍当地的风土人情、自然景观,回答游客提出的问题。抵达景点后,导游应向游客详细讲解该景点,尤其是景点的历史价值和特色。

领队在导游的讲解过程中,应给予辅助。如果导游对其中的部分内容讲解不清,或因导游可能会对涉及的人名、地名的中文翻译不清楚,领队在旁可轻声向导游进行提醒。

2. 游览过程中领队的站位位置和主要作用

每抵达一处景点,领队及导游都应告诉游客在景点停留的时间,以及参观游览结束后集合的时间和地点,还应向旅游者讲明游览过程中的注意事项。要告诉游客,如果没有跟上团队走散以后,在哪里可以和大家会合;并希望游客能把手机打开,以便在游客落队后进行联络。

导游在游览中主要的工作任务,是率领游客向前行进并进行现场讲解;领队在此刻所担当的主要任务,应该是组织协调。领队应随时清点人数,以防游客走失。因而,领队的站位,应该始终是在团队的最后,与导游形成首尾呼应。

五、其他工作

(一) 返程国际机票确认

按照国际航空惯例,对于往返和联程机票,如果在某地停留时间超过72小时,无论是否已订妥后续航班机位,客人均需要提前至少72小时在该地办理后续航班的机位再确认手续。一般方法是:打电话给航空公司告知是否按时乘坐后面航班继续旅行。否则,航空公司有权取消机位。

领队在境外旅游期间,不能忽略了对全团的回程机票进行确认的工作。确认回程机票有两种方式。

1. 领队自己打电话给航空公司办理确认

领队应事先准备好所乘坐的航空公司在当地的办事处的电话,在工作时间内打电话进行电话确认即可。通常返程机票的确认手续较为简单。只需要将机票预订号码、乘机日期、人数、领队或团队中一人的姓名告知即可。

2. 请导游或境外的接待旅行社代为办理确认

领队在对当地情况不太熟悉的情况下,可以请接团的导游或者接待旅行社的OP帮助确认团队的回程机票。在出境旅游团队的实际操作当中,通常采取此种方式居多,即请导游或接待社代为办理回程机票的确认手续。

(二) 督促旅游计划的执行

1. 督促旅游计划的执行是领队的主要任务

"督促境外接待旅行社和导游人员等方面执行旅游计划",是《出境旅游领队人员管理办法》规定的领队带团的主要工作任务之一,领队应牢记在心,时时给自己提醒。

2. 维护组团旅行社及游客的利益

领队应时刻不忘自己是中国组团旅行社派出的代表,有权对境外的旅行社进行接待计划的执行情况和接待质量进行监督。

如果接待旅行社的安排与组团旅行社下达的计划不符,或导游的行为对旅游团队的接待质量有直接损害,领队都应该以组团社的名义进行交涉。

出境旅游团在境外期间,领队同时也是游客的代表。领队可代表游客对境外旅行社或导游提出合理要求,并要时时处处维护游客的合法权益。

(三)完成工作记录

1. 填写领队日志

领队日志是领队的每日工作记录,需要认真填写。领队要养成良好的工作习惯,无论当日的行程有多紧、身体有多劳累,也要将每天的最后一项工作——领队日志填写——完成后才能休息。

领队日志中应当包含领队带团工作中对每天接触和经历的接待社、导游、酒店、用餐、景点游览等的简要记录和评价。

2. 回收《旅游服务质量评价表》

领队除了自己需要完成领队日志外,在全部行程结束时,还需要敦促游客填写《旅游服务质量评价表》,将此表收齐后应带回组团旅行社。

(四)进行总结发言

1. 领队总结致辞

在结束一地的旅行,与当地导游、司机告别的时候,领队都应以组团社代表与游客代表的双重身份,即席发表一段总结发言。发言通常会是在赴机场(车站、码头)途中,形式可借鉴国内导游的"欢送词"。

领队进行的简单的总结发言内容一般包括以下内容。

(1)简单回顾在此地的整个旅游过程,游览了哪些好的景点,品尝了哪些美味。

(2)感谢全体团员的合作。

(3)对后面旅途的憧憬,表达美好的祝愿。

(4)若前段旅游活动中有不顺利的地方或服务有不尽如人意之处,向游客道歉。

(5)代表团员向为此团服务的导游及司机表示感谢。

2. 将小费交给导游与司机

领队在总结致辞的时候,对导游和司机表示感谢的同时,要当着全体游客的面将小费交给导游及司机。事先应将导游与司机的小费分开放在不同的信封当中。

有些国家的司机小费是由导游负责来给,领队应事先问清,尊重其习惯做法,将应给司机的小费一并交给导游即可。

思考与练习

1. 如何用欢迎词引出导游的出场？
2. 游客就餐时对领队的服务要求有哪些？
3. 游览过程中领队的站位位置应在哪里？游览中领队应起到什么作用？

第八章

他国(地区)离境及中国入境

 **本章要点**

他国(地区)离境及中国入境的程序,与他国(地区)入境、中国出境的程序有相似之处,但也不完全相同,并不是简单的入境换出境、出境换入境的倒序。领队应掌握所有程序的要点,把带团工作后期阶段的工作做好。

在完成了团队行程表所列的全部旅行活动之后,旅游团的活动就从旅游的中期转到了后期。领队的带团工作,也应从安排组织团队在境外期间的活动慢慢转向组织旅游团返程回国的活动中来。

从离开他国(地区)到入境中国,还有许多程序需要一步步进行。领队基于已经经历了的中国出境、他国(地区)入境的经验,应能较好地对待下面的步骤。

稳定心态,掌握好节奏,按部就班,就能保证一次出境旅游的带团工作能在有条不紊中圆满结束。

一、办理他国(地区)离境

在搭乘离境飞机前,要办理他国(地区)的各种离境手续。
办理他国(地区)的离境手续的流程,大致如下图所示。

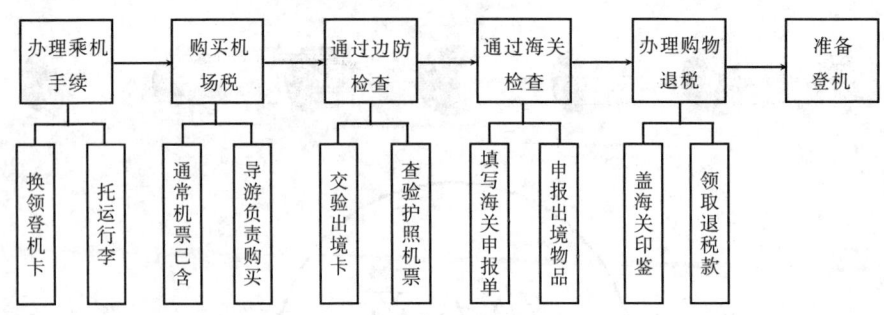

（一）办理乘机手续

旅游团在结束境外的整个旅游行程后，需要搭乘飞机返回中国。领队及导游应对从城区到机场的用时进行充分估算，按照许多国家（地区）国际机场的要求，离境客人通常都需要提前两个小时赶到机场。如果需要统一办理登记手续，在行驶到机场的路上，领队就应当将全团的护照、机票收齐。

境外各国（地区）机场的航空公司办理乘机手续，整个程序与出境时在国内的航空公司柜台办理手续基本一致。领队有了中国出境时办理乘机手续的经验，此刻应从容对待。

按照旅行社间的常规协议，境外接待社的导游应当负责帮助所接待的旅游团办理出境乘机手续。

1. 行李托运

进入乘机手续办理区域，一般会先进行托运行李的安全检查。领队须带领游客一起将拟托运行李放在传送带上接受检查。之后由安检人员贴上"已安检"封口贴纸后，领队及游客携带自己的行李到航空公司值机柜台前准备办理乘机手续。所有托运行李均应排列整齐，领队首先进行行李数量清点。待机场的行李员将托运行李系上行李牌后，领队需要再次清点数量并与行李员核实。在习惯上收取小费的国家，行李托运完成后，领队应准备小费付给行李员。

2. 换领登机卡

来到值机柜台，领队须首先礼貌回应航空公司工作人员的问好，然后主动报告乘机人数，交付全部的护照和机票。

办完乘机手续，领队应不急于立刻离开柜台，而要当面将护照、机票、登机卡、行李牌数清。确定无误后，礼貌向工作人员致谢后再行离开柜台。

3. 将证件、机票发给游客

进入出境边防检查之前，领队需要将全体团员召集到机场中相对安静的一隅开一个短会。短会的内容主要包括如下内容。

(1)向大家介绍接下去所要办理的离境手续。

(2)讲解机票、登机卡上的信息,如航班号、登机时间、登机门等,希望游客在机场出境手续办完自由购物时,掌握好时间以免误机。

(3)其他重要的提醒,如不要给其他不认识的游客携带物品等。

在讲清主要事项后,领队将护照、机票、登机卡逐项分发给游客。

(二)购买离境机场税

1. 多数情况下机场税包含在机票中

通常的国外机场收取的机场税,在购买机票的时候会一起付清。机场税的具体税项及金额会打印在机票上以为凭据。但也有一些国家的国际机场,机场税是不在机票当中代收的,需要在乘机前现场购买。

2. 机场税不能向游客再行收取

按照中国国内组团旅行社与出境旅游游客签署的出境旅游合同的规定,境外机场税一项应包含在正常的旅游收费当中,应由旅行社予以支付。领队出团前应当对此项费用如何支付有所了解,如需要领队支付,则领队就需要在购买后将机场税凭据发给每位游客,以便游客应对关口检查。机场税如需交还旅行社报账,在应对关口检查之后,领队还应不忘把机场税收据从游客手中收回并妥善保管。

3. 通常机场税应由境外接待社支付

通常情况下,在境外机场发生的机场税,是由境外当地接团社来支付的。境外接待社与国内组团社的包价旅游报价当中,一般会包含有机场税一项。因而,一般情况下,机场税是由境外接团社的导游来代为支付购买。

(三)办理移民局离境手续

1. 填写出境卡

许多国家的出境卡是与入境卡印制在一张纸上,旅客在入境时就需要填写完成。入境时,入境官员会将入境卡部分撕下留存,然后把出境卡部分订在或夹在护照里还给旅客。因而旅客在出境时,无须再重新填写出境卡,只要交护照给入境官员即可。但如果游客不慎将夹在护照中的出境卡丢失,此时就需要补填一张。

并非所有国家(地区)的出境都需要填写出境卡,比如瑞士的出入境就没有填写出(入)境卡之说;美国以前曾经有出入境卡,但目前也已经将出入境卡全部取消,为入境与出境者节省了不少时间。另外,持另纸团体签证的旅游团,在他国(地区)离境时,通常也不需要填写出境卡。

2. 通过离境边检

各国(地区)的边防检查,相对入境的严格来说,出境的手续办理较为宽松。

游客因有了入境时的经历,出境时也不会特别紧张。

(1) 不要忘记与导游道别

在进入离境边检区域前,领队需要带领全体团员与导游道别。无论导游工作是否令大家满意,此时领队都应代表大家向导游道一声感谢。

(2) 依次办理离境手续

领队带领游客进入离境边检区域后,在出境检查柜台前排队,依次办理离境手续。

游客向边检官员交上护照、机票、登机卡后,站立等待查验。如查验无误,护照将被盖离境印章,或将签证盖过"已使用"(USED)的章,然后将所有物品交还游客,离境手续即告完成。

边检出境官员检查旅客的护照及签证的时候,通常会按照旅客签证的有效期及准许停留天数进行推算,如超出,旅客将可能会得到惩罚。比如,我国内地游客到香港特别行政区旅游,所办理的个人旅游签注,规定在香港停留天数只能是7天,如超过,在香港出境时就会受到香港边检警察的盘问和惩处。

从整体上说,各个国家(地区)的出境边检手续的办理,通常都会比入境边检手续要快。美国各口岸出境现在已经不设边检与海关柜台,出境者可以省却办理这类手续直接登机。

(四) 办理海关手续

1. 不同国家(地区)的海关有不同的出境限制

游客到其他国家(地区)旅游,对各个国家(地区)海关规定的出境禁止携带的违禁物品清单必须事先掌握。2003年曾发生过在非洲工作回国的中国医生携带象牙在比利时出境时,被比利时海关扣押逮捕的事件,原因就是因为中国旅客对比利时海关的出境违禁品规定不了解。

出团前领队应到相关国家的驻华使馆、旅游局网站上进行查询,也可在当地国家向导游询问,应竭力避免出现游客因携带违禁物品被他国(地区)海关扣押的事件发生。

把目的地国家(地区)的海关违禁物品事先告知游客,应是领队的责任和义务。

大致来说,各国(地区)海关对离境携带物品的限制主要有以下几种情况。

(1) 游客入境时申报过的物品必须携带离境

如印度尼西亚海关就有此类规定:外国游客自用的照相机、摄像机、卡带式录音机、望远镜、运动器械、笔记本电脑、手机或其他类似设备入境时必须申报,离境时必须带回。

（2）许多国家（地区）的海关对携带金钱离境有限额

比如塞舌尔，其机场入境时虽不设外汇申报点，但在出境时对外汇检查非常严格，一旦发现旅客所携外汇超过其规定数量（400美元），即予没收。土耳其海关规定，携带相当于100美元的土耳其货币出境就必须申报。

（3）对动物、植物实物及骨骼的离境有限制

如坦桑尼亚海关就规定：出关者禁止携带象牙、犀牛角等物品。海关对此会查堵严密，旅客如违规，将被处以重罚。海椰子是塞舌尔的特有物种，被视为国宝。携带海椰子在塞舌尔离境时，必须持有塞舌尔有关部门颁发的编号和许可证，否则也将被重罚。

（4）其他类型的各种限制

还有一些海关限制，并不典型，多是某一个国家（地区）的特有规定。如土耳其海关规定，携带贵重物品或电器离境要申报，而古董、红茶、咖啡和香料禁止携带离境。

另外，在考虑境外国家（地区）离境的海关限制携带物品的时候，一定不能忘记我国海关的入境物品限制。各个国家（地区）与我国的海关边检在限制入境的物品上有许多不一致的地方。如在境外购买的一些印刷品书刊、鲜花水果等物品，就不被我国的边检海关允许入境。以往常有游客在有"自由港"之称的我国香港购物，买了大量的烟酒，在香港出境一切顺利，但却因违反我国内地的海关规定而不能携带入境的事件发生。

2．通过海关柜台

国外多数国家（地区）的机场海关，检查是以抽查的方式进行。通常是无申报物品的游客无须填写海关申报单，径直走过海关柜台即可。但如果携带了限制出境的物品而没有申报，则会受到惩处。因而，如游客携带了限制出境的物品，应主动申报，以免出现麻烦。

通过海关前，领队应当就海关的规定及申报的利害向游客说明，要求游客主动向海关申报限制携带出境的物品。领队应帮助游客填写海关申报单并协助游客与海关人员进行交涉。

（五）办理购物退税手续

欧洲、澳大利亚以及南非等许多国家或地区，都有对游客购物实行退税的规定。如南非就规定：外国旅客在南非购买纪念品，凡金额超过250兰特，从购物之日起90天内，可在离境时到机场退税处申请退还增值税。欧洲国家中对退税的规定更加普遍。如丹麦规定，来丹麦的旅游者出境时，可凭"免税商店"开具的特制发票，在机场退13%的税。克罗地亚规定，外国公民在克罗地亚购物超

过500库纳可以申请退税。拉脱维亚规定,游客在机场、码头和公路海关边境检查站,凭护照、机票或船票或车票,并出具本人3个月内的商店购物正式退税发票和包装完好的所购商品(金额超过50拉特),经海关边境检查人员签字盖章确认后,可退回增值税。

在各个机场办理退税,方法不一,需要事先弄清楚,如在德国的法兰克福机场办理退税,过了出境关卡(Passport Control),必须到退税海关(Custom/Export Certification)出示申请退税的物品和发票,海关人员需要在免税购物支票上盖章。之后,旅客要到离境处的退税柜台(Cash Refund)出示支票,才可以完成整个退税手续,拿到退还的欧元或美元。

在欧洲各个机场究竟是先办理乘机手续还是先办理海关退税,各个机场的规定也都有不同,领队可先向机场查询,再转告游客。

领队应该事先了解不同国家(地区)的退税规定和操作方式,以便为游客提供帮助。

对多数中国游客来说,在国外离境时办理消费退税,都会有语言交流方面的种种不便,而且在短暂的时间里常常无法完成退税,故领队可建议游客回到国内来办理退税手续。目前已经有一些退税公司在中国开展了退税业务,在北京、上海、广州等大城市设立了退税点。

(六)准备登机

1. 领队应核实登机闸口向游客提醒

领队应注意收听机场内的广播,或向机场内的咨询台询问,或从电脑屏幕上查询了解所搭乘的航班登机闸口是否改变。在确信无误后,要将登机闸口及登机时间告诉游客,并提醒每一位游客不要误机。对年老游客和无购物需求的游客,领队应直接带领他们到登机闸口等候。

2. 避免游客因购物而误机

喜欢购物的中国游客多数不会放弃候机过程中在机场的免税店购物的机会,此时领队应当及时提醒游客,一定要注意收听广播或查看机场的显示屏中的提示,在机场规定的时间内登机。

许多航空公司规定,航班起飞时间一到,舱门就会按时关闭。如有旅客没能按时登机,飞机也并不会拖延等待而会照常起飞。以往曾有中国赴韩国、日本的游客发生过因此误机的事情,故游客对此不能疏忽大意,掉以轻心。

为避免出现游客误机的事情发生,领队应及早赶到登记闸口,清点人数,与未能及时赶到的游客联系,让领队对游客的悉心关照,在临上飞机回国前的一刻也能得到体现。

二、带团归国入境

回国入境时的工作流程,大致如下图所示。

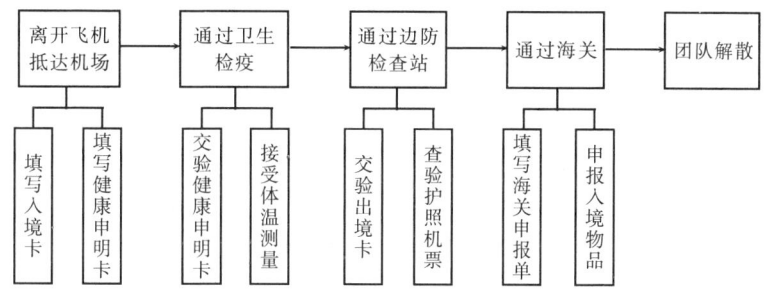

(一)接受检验检疫

1. 了解国家有关卫生检疫的有关法规

中国边防口岸的卫生检疫机构,是依照《中华人民共和国国境卫生检疫法》为法律依据设立的。目的在该法的第一条就已经阐明,是"为了防止传染病由国外传入或者由国内传出……保护人体健康"。我国所列的传染病,包括鼠疫、霍乱、黄热病以及国务院确定和公布的其他传染病。

出入境检疫对象包括:入境、出境的人员、交通工具、运输设备以及可能传播检疫传染病的行李、货物、邮包等特殊物品。《食品卫生法》规定的出入境检疫对象有进口食品、食品添加剂、食品容器以及包装材料、工具设备等。

2. 《入境健康检疫申明卡》的内容

《中华人民共和国国境卫生检疫法》第十六条规定:"国境卫生检疫机关有权要求入境、出境的人员填写健康申明卡,出示某种传染病的预防接种证书、健康证明或者其他有关证件。"

SARS 期间,口岸卫生检疫十分严格。在全国各口岸检验检疫部门将 SARS 防治工作纳入常态管理后,国家质量监督检验检疫总局发出通知,要求自 2004 年 6 月 25 日起,对健康申报、体温检测等工作制度作出新的调整和规定。健康申报方面,入境旅客继续实施填报《入境健康申明卡》制度;深圳、珠海口岸的入境持回乡证的港澳居民和持往来港澳通行证的内地居民不必再填报《入境健康检疫申明卡》。体温检测方面,出入境旅客继续实施体温筛查制度。《入境健康检疫申明卡》自动识别通关系统已经在国内主要口岸启用。

2009 年《入境健康检疫申明卡》进行了修订。修订《入境健康检疫申明卡》是为了适应甲型 H1N1 流感防控工作的需要。修订后的《入境健康检疫申明卡》增加了入境人员须填报在中国七天内的行程和翔实联系地址、联系电话、继续旅行方式和航班（车、船次）号等项目，而且入境人员申报的症状由八种增加为十一种。启用新版《入境健康申明卡》的填报项目和内容比以往有明显增加，是为了掌握更多关键信息，以便更有效地防控疫情。新版《入境健康检疫申明卡》于2009年5月18日起启用。

中华人民共和国出入境检验检疫
入 境 健 康 检 疫 申 明 卡

★★：本申明卡为机读卡片，请勿揉折，以免影响您正常通关。请将您选中项前的 ○ 涂黑 ●

姓名：_____ 性别：○男 ○女

出生日期：_____年_____月 国籍（地区）：_____

护照号码：_____ 车（船）次／航班号：_____

1. 此后14天内的联系地址和电话：_____
   _____

2. 如您有以下症状或疾病，请选项申报。
   ○ 发烧　　　　○ 呼吸困难
   ○ 咳嗽　　　　○ 性传播疾病
   ○ 精神病　　　○ 艾滋病
   ○ 腹泻　　　　○ 开放性肺结核
   ○ 呕吐

3. 过去14天内是否与传染性非典型肺炎患者或疑似患者有过密切接触？
   ○ 是　　○ 否

4. 如您携带有以下物品，请选项申报。
   ○ 动物　　　　　　○ 动物尸体、标本
   ○ 动物产品　　　　○ 人体组织
   ○ 微生物　　　　　○ 生物制品
   ○ 植物繁殖材料　　○ 血液或血液制品
   ○ 土壤　　　　　　○ 植物
   ○ 植物产品

我已阅知本申明卡所列事项，并保证以上申明内容正确属实。

日期：_____　　旅客签名：_____

体温（检疫人员填写）：_____℃

《入境健康检疫申明卡》（正面）

ENTRY-EXIT INSPECTION AND QUARANTINE
THE PEOPLE'S REPUBLIC OF CHINA
HEALTH AND QUARANTINE DECLARATION FORM ENTRY

★★: This is machine-read card. Please do not knead or fold the card for affecting your pass. Please Mark ● before the items selected.

Name: _____ Sex: ○ Male ○ Female

Birth Date: ___ mm ___ yy Nationality(Region): _____

Passport No: _____ Vehicle/Ship/Flight No: _____

1. The contact address and telephone number in the next 14 days:

2. Please mark ● before the items of following symptoms or illness if you have any now.
   ○ Fever   ○ Difficulty breathing
   ○ Cough   ○ Venereal disease
   ○ Psychosis   ○ AIDS/HIV
   ○ Diarrhea   ○ Active pulmonary tuberculosis
   ○ Vomiting

3. Have you had close contact with any probable or suspected SARS case in the past 14 days?
   ○ Yes   ○ No

4. Please mark ● before the items of following articles if you bring any of them.
   ○ Animal   ○ Animal carcasses and specimen
   ○ Animal products   ○ Human tissues
   ○ Microbes   ○ Biological products
   ○ Plant   ○ Blood and blood products
   ○ Soil   ○ Plant propagating materials
   ○ Plant products

I hereby declare that all the information given above is true and correct.

Date: _____ Signature: _____

Body temperature (quarantine official use only): _____ ℃

《入境健康检疫申明卡》(背面)

《入境健康检疫申明卡》的查验内容主要内容如下。

(1) 对于申明精神病、麻风病、艾滋病(包括病毒携带者)、性病、开放性肺结核的外国人阻止其入境。

(2) 对在入境时发现的患有发热、咳嗽、腹泻、呕吐等症状或其他一般性疾病患者,进行医学观察和流行病学调查、采样,实施快速诊断,区别情况,隔离、留验或发就诊方便卡,采取其他预防、控制措施。

(3) 对来自黄热病疫区的人员,查验黄热病预防接种证书。对于无证者或无有效证件者,应现场予以黄热病预防接种并发给证书。

(4) 检疫传染病的监测:发现鼠疫、霍乱、黄热病染疫人,必须立即隔离检疫;对染疫嫌疑人应按潜伏期实施留验;对染疫人、染疫嫌疑人的行李、物品,实施卫生处理。

(5) 对在国外居住3个月以上的中国籍人员(海员、劳务等重点人群)实施艾滋病和性病监测。

3. 交付《入境健康检疫申明卡》

领队带领游客返回国内,通常在返程的飞机上就可以拿到《入境健康检疫申明卡》。这份申明卡用中文填写即可,领队可指导游客完成。

由于一些领队和游客因对《入境健康检疫申明卡》填写制度不够了解,因而在入境口岸常常有入境人员特别是团队游客没有填写《入境健康检疫申明卡》的情况出现,不仅延缓了旅客本身的入境速度,也造成其他旅客入境的不顺畅。就此,海关总署网站特别列出"团队游客《入境健康检疫申明卡》不可免"的提醒:"旅游团队的领队、导游及出境游的旅客,应按规定在飞机上提前填写申明卡。同时,也提醒所有入境者仔细阅读卡上的所有内容,并完整填写,以免发生入境时补填现象。"中国国家质检总局发言人也曾谈及填写《入境健康申明卡》的重要性:"认真、如实填写健康申明卡内容是一项法律义务,希望公众共同遵守,按规定如实填报,如有隐瞒或虚假填报,造成疫情传播,将依据法律追究相关责任。"

2010年4月28日,国家质检总局通知全国口岸对《入境健康检疫申明卡》填写措施进行调整。除规定症状或情况外,入境人员不必填写《入境健康检疫申明卡》。但有如下"规定症状或情况"的,如发热、持续咳嗽,以及呕吐、腹泻、皮疹、呼吸困难、不明原因皮下出血等症状的;已经诊断患有传染性疾病的;携带微生物、人体组织、生物制品、血液及其制品等,这些人群仍然需要填写《入境健康申明卡》。对于出入境人员有上述症状或情况之一的,须主动口头向出入境检验检疫官员申报,并接受检验检疫。国家质检总局要求对入境人员继续采取红外线体温检测、医学巡查、电子监管等无干扰检疫措施,对出入境人员携带物品继续进行 X 光机检查,防止传染病传入。

飞机落地后,领队带游客在经过"中国检验检疫"的柜台时,将填写完成的《入境健康检疫申明卡》递交,如无特殊情况,就可以通过检疫柜台继续前行。

(二)接受入境边防检查

1. 通过入境边防检查

领队带领游客在边检柜台前排队,接受边防检查站的入境检查。将护照一起交入境检查员。入境检查员核准后在护照上加盖入境验讫章,将护照还给旅客,则入境边检手续完成,旅客即可入境。

领队应指引游客在"中国公民"入境柜台前排队,并提醒游客,进入边检口岸,不得摄像摄影,需保持安静。

持有新版电子护照的游客,可按照入境现场引导员指引,自助办理入境手续。

我国法律规定的被禁止入境的情况有以下几种。

(1)入境后可能危害中国的国家安全、社会秩序者。

(2)持伪造涂改或他人护照证件者。

(3)未持有效护照、签证者。

(4)患有精神病、麻风病、艾滋病、性病等传染病。

(5)不能保障在中国期间所需费用者。

2. 持另纸团体签证要走团队通道

如果出境旅游团队是持《中国公民出国旅游团队名单表》和另纸团体签证,须走团队通道。《中国公民出国旅游团队名单表》中的入境边防检查专用联由边检收存。游客按照名单表顺序排队办理入境手续。

(三)领取托运行李

1. 领取托运行李

完成入境边防检查后,进入中国境内。领队及游客可按照行李厅的电子指示牌的标志,在行李转盘上找到自己的托运行李。

2. 行李遗失的处理

当游客发现自己行李遗失时,领队应协助游客与机场的行李值班室进行联络。

根据国际航空协会的"终站赔偿法则"规定,转机旅客的行李遗失,应由搭乘终站的航空公司负责理赔。这类赔偿,通常会在查找超过 21 天仍无下落后进行。

3. 团队解散

通常在游客取回自己的托运行李后,团队就可以就地解散了。领队应与每位游客致谢道别。

(四)接受海关查验

1. 了解中国海关对入境物品的限制规定

(1)中国海关规定禁止进境的物品

对中国海关明令禁止携带入境的物品,领队需要事先向游客说明,以免游客携带入境时遇到麻烦。禁止携带入境的物品主要有以下几种。

①各种武器、弹药、爆炸物;伪造的货币、有价证券以及制造设备。

②对中国政治、经济、文化、道德有害的印刷品、胶卷、照片、录音带、录像带、CD、VCD 及计算机存储介质等。

③烈性毒药。

④鸦片、吗啡、海洛因、大麻等能致人成瘾的麻醉品、迷幻药品、精神药品等。

⑤带有危险病菌、害虫及有害生物的动、植物及其产品。

⑥有碍人、畜、植物的,能导致传播病虫害的水果、仪器、药品或其他物品。

(2)中国海关限制入境的部分物品

在游客经常会买的烟酒方面,中国海关对到港澳地区旅游和到国外旅游的游客有不同标准的限制规定,如下表所示。

旅客类别	免税烟草制品限量	免税12度以上酒精饮料限量
来往港澳地区的旅客(包括港澳旅客和内地因私前往港澳地区探亲和旅游等旅客)	香烟 200 支或雪茄 50 支或烟丝 250 克	酒 1 瓶(不超过 0.75 升)
当天往返或短期内多次来往港澳地区的旅客	香烟 40 支或雪茄 5 支或烟丝 500 克	不准免税带进
其他进境旅客	香烟 400 支或雪茄 100 支或烟丝 500 克	酒 2 瓶(不超过 1.5 升)

根据中国海关总署 2010 年 8 月 19 日颁布的 2010 年 54 号公告,进境居民旅客携带在境外获取的个人自用进境物品,总值在 5000 元人民币以内(含 5000 元)的;非居民旅客携带拟留在中国境内的个人自用进境物品,总值在 2000 元人民币以内(含 2000 元)的,海关予以免税放行,单一品种限自用、合理数量,但烟草制品、酒精制品以及国家规定应当征税的 20 种商品等另按有关规定办理。烟

进境旅客行李物品申报单(正面)

中华人民共和国海关

填表须知

一、重要提示：

1. 进境旅客应使用海关所提供申报单的语种如实填写申报单,并将填写完毕的申报单在海关申报台前向海关递交（按照规定享受免验礼遇和海关免予监管的人员以及随同成人旅行的16周岁以下旅客除外）。
2. 在设置"双通道"的海关旅检现场,携带有本申报单9至17项下物品的旅客,应选择"申报通道"（又称"红色通道",标识为"■"）通关,其它旅客可选择"无申报通道"（又称"绿色通道",标识为"●"）通关。
3. 本申报单第9项下所称"居民旅客"系指其通常定居地在中国关境内的旅客,第10项下所称"非居民旅客"系指其通常定居地在中国关境外的旅客。
4. 本申报单第9、10项所列物品价值以海关审定的完税价格为准。
5. 携带需复带出境超过折合5,000美元的外币现钞或有分离运输行李时,旅客应填写两份申报单,海关验核签章后将其中一份申报单退还旅客凭以办理有关外币复带出境或分离运输行李进境手续。
6. 不如实申报,海关将依法处理。

二、中华人民共和国禁止进境物品：

1. 各种武器、仿真武器、弹药及爆炸物品；
2. 伪造的货币及伪造的有价证券；
3. 对中国政治、经济、文化、道德有害的印刷品、胶卷、照片、唱片、影片、录音带、录像带、激光唱盘、激光视盘、计算机存储介质及其它物品；
4. 各种烈性毒药；
5. 鸦片、吗啡、海洛因、大麻以及其它能使人成瘾的麻醉品、精神药物；
6. 新鲜水果、茄科蔬菜、活动物（犬、猫除外）、动物产品、动植物病原体和害虫及其它有害生物、动物尸体、土壤、转基因生物材料、动植物疫情流行的国家和地区的有关动植物及其产品和其它应检物；
7. 有碍人畜健康的、来自疫区的以及其它能传播疾病的食品、药品或其它物品。

进境旅客行李物品申报单（背面）

草制品、酒精制品、照相机、摄像机等20种商品不在免税范围内。进境居民旅客携带超出5000元人民币的个人自用进境物品,经海关审核确属自用的;进境非居民旅客携带拟留在中国境内的个人自用进境物品,超出人民币2000元的,海关仅对超出部分的个人自用进境物品征税,对不可分割的单件物品,全额征税。

(3)中国海关允许入境但须申报检疫的物品

根据农业部、国家质量监督检验检疫总局第1712号公告,中华人民共和国禁止携带、邮寄进境的动植物及其产品,内容如下。

动物及动物产品类:活动物(犬、猫等宠物,需具有输出国家或地区官方机构出具的动物检疫证书和疫苗接种证书,每人仅限一只),包括所有的哺乳动物、鸟类、鱼类、两栖类、爬行类、昆虫类和其他无脊椎动物,动物遗传物质;(生或熟)肉类(含脏器类)及其制品;水生动物产品;动物源性奶及奶制品,包括生奶、鲜奶、酸奶,动物源性的奶油、黄油、奶酪等奶类产品;蛋及其制品,包括鲜蛋、皮蛋、咸蛋、蛋液、蛋壳、蛋黄酱等蛋源产品;燕窝(罐头装燕窝除外);油脂类、皮张、毛类、蹄、骨、角类及其制品;动物源性饲料(含肉粉、骨粉、鱼粉、乳清粉、血粉等单一饲料)、动物源性中药材、动物源性肥料。

植物及植物产品类:新鲜水果、蔬菜;烟叶(不含烟丝);种子(苗)、苗木及其他具有繁殖能力的植物材料;有机栽培介质。

其他检疫物类:菌种、毒种等动植物病原体,害虫及其他有害生物,细胞、器官组织、血液及其制品等生物材料;动物尸体、动物标本、动物源性废弃物;土壤;转基因生物材料国家禁止进境的其他动植物、动植物产品和其他检疫物。

2. 游客自行接受海关查验

如旅客有需要申报的物品,应在入境飞机上填写海关申报单。如果没有物品需要申报,则无须填写。可推行李直接到海关柜台前接受X光检测机检查。

出境时旅客经过申报的旅行自用物品,如照相机、摄像机、个人电脑等,旅客复带入境应出示出境时填写的申报单。

思考与练习

1. 他国(地区)离境时,离境机场税应该如何办理?
2. 乘坐离境航班准备登机前领队应注意哪些问题?
3. 中国的《入境健康检疫申明卡》的主要内容有哪些?

第九章

领队带队归来后的交接工作

 **本章要点**

领队带团归来后的工作，包括与组团旅行社的工作汇报和账务交接等项内容,也包括保持与游客的继续联系。每一次带团工作，都要力求善始善终，使带团工作不至于变成简单的机械重复，而是不断有所收获、有所提高。

领队带团结束归国后,整个的带团工作并没有结束,领队应该尽快到旅行社完成工作交接。领队的一次完整的接团工作,是从团队出发前与 OP 的工作交接开始,也一定要到团队归来后与 OP 的工作交接完成后才算结束。只有完成了交接工作,才代表着一次完整的带团工作的结束。

带团归来后的工作交接相对出团前的交接相比,虽然要简单许多,但仍然需要领队能以善始善终的态度来认真对待、妥善完成。

领队带团归来后的工作简单图示如下。

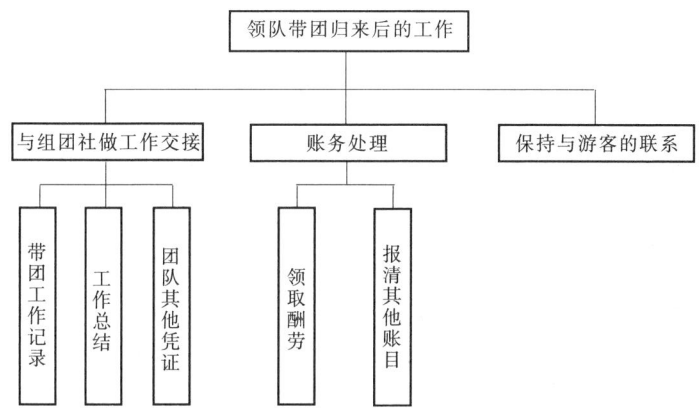

一、与组团社 OP 进行工作交接

领队与组团社 OP 之间的工作交接,分口头工作汇报和书面报告两部分。

进行口头的工作汇报时,领队需要对所带的团队进行简单的过程描述和基本评价,对发生的问题及解决过程分项进行概要汇报。领队如果有对团队的行程安排、地面接待的改进意见及其他合理化建议,也可以一并提出。

领队向 OP 交接的文字资料,除组团旅行社所要求填写的《领队日志》《旅游服务质量评价表》之外,也包括此团运行过程中产生的其他资料。

(一)将《领队日志》和《旅游服务质量评价表》交予 OP

1.《领队日志》

领队按照要求每日填写的《领队日志》,记载了团队从出发到归来的每天主要情况。包括住宿酒店、用餐、游览、导游、当日交通工具的运用等,是团队运行的原始记录,领队将其交给 OP 后,应当归入该团的档案中。

领队交回来的《领队日志》应当保持完整,所有应该逐日填写的内容均已经按照要求填就,没有空白未填写页。

OP 应对领队交回的《领队日志》当时就进行认真翻阅,如发现其中有缺失的内容,应要求领队进行填补。对领队在《领队日志》中反映的问题,要及时进行处理,避免同样的问题在下一团的时候再重复出现。对其中的重要问题,应报出境部部门经理知晓。

2.《旅游服务质量评价表》

《旅游服务质量评价表》通常是在行前说明会上发给游客,领队在旅程中回收后应带回交给 OP。《旅游服务质量评价表》集中了游客对旅行社提供的境外的旅游、食宿、导游等多项服务的评价意见,是来自游客的最直接的反映,对旅行社改进工作会很有帮助。

《旅游服务质量评价表》通常由旅行社的客户服务部门收存。

(二)将特殊事情的书面报告和接团工作总结同时交付

1. 领队对带团期间发生的特殊事情应进行书面报告

对带团当中团队在旅游期间发生的一些重要情况,领队应当提供单独的书面报告。团内发生过的一些事情包括团队游客过生日、游客之间发生的争吵、行李丢失、游客被窃等,只要是领队认为有必要进行汇报的问题,或在旅行当中发生的较重要事件,领队都应以书面报告的形式进行详细记录,以备日后查询。

2. 领队的接团个人工作总结

领队的接团工作总结,应当包括领队本人的对所带领的出境旅游团的认识、对目的地国家的讲解要点以及对改进线路产品的一些建议。

总结经验,对于领队的认识提高和业务能力增长十分重要。领队在总结中提出的对线路产品的建议,也可以使领队的业务智慧得到很好的体现。

以上两种文字资料是作为领队对 OP 的口头带团工作汇报的补充,需要一并上交存档。旅行社的部门经理应当对领队的总结及报告及时批阅,避免其中提及的问题拖延。

(三)交齐其他与该团有关的资料凭证

1. 有证据作用的凭证

团队在旅行期间,如果有行程变更、增加自费项目、取消景点游览等,按照要求,都应有游客的签字确认。如团队发生过这些情况,有游客签字的单据,领队均应该保存起来,带回交付 OP 归档。这些凭证可以留作证据,以作为应对争议诉讼等不测之用。

2. 游客来函等资料

有些游客对旅行社的安排不太满意,会写成文字,让领队带回。领队应将这些资料认真收妥,带回交给 OP。凡游客反映的所有问题,旅行社都应有专人负责给予答复。

《领队日志》以及领队为特殊事件所写的书面报告等领队上交的所有资料,都应由 OP 收齐归卷入档,要将其作为此团的原始资料档案进行编号登记并收存。按照国家有关要求,旅行社的全部业务档案应当至少保存三年才能进行处理。

二、做好所带团队的账务处理

（一）按照旅行社的要求按时进行报账

按照各家旅行社的不同规定，领队应在带团结束后及时到旅行社财务部门进行报账。通常各家旅行社规定的时效为一周，领队应问清时间，遵照执行。

（二）领取带团酬劳并报清其他账目

报账时领队要交付出团计划，按照各家旅行社的规定领取出团补助。

领队在带团期间，有否借款，或因特殊原因得到组团旅行社批准个人垫付的房费、餐费、交通费或其他费用，也需在报账时一并结清。

三、保持与游客的联系

（一）带团归来不应与游客彻底告别

1. 将游客作为旅行社的人脉资源加以重视

许多领队带团回来，就与游客彻底告别，其实是一种工作的闪失。出境旅游短则几天，长则数周，领队与游客之间，日日相见，同甘共苦，共同经历了旅游的风雨，一起感受了异国他乡的美丽，因此可以有许多共同的感受一起交流。

2. 争取将一次性游客变成常规游客

游客多会有再次参加出境旅游的可能，领队应保持与游客建立起的信任关系，为游客介绍新的旅游线路，争取让游客成为旅行社的常客。

（二）用多种方式与游客保持联系

1. 将照片发送给游客

领队应将游客视为朋友，将旅途当中为游客拍摄的照片通过邮箱、微信等形式送给游客。游客看到照片后，也会将领队视为朋友。

2. 通过多种手段与游客进行情感交流

打个电话，或者通过 E-mail 等信息交换方式，与游客交流感受、表达问候并感谢游客参加了旅游团，可以让游客对旅程的甘甜进行回味，对领队及组团旅行社留下良好的印象，为游客下次参加同一家旅行社的出行起到很好的铺垫作用。

思考与练习

1. 领队带团归来后还有哪些工作要做?
2. 领队带团归来后进行个人工作总结的意义如何?
3. 为什么领队带团归来后仍要保持与游客的联系?

第三篇

领队职业修养

第二篇

农民启蒙时期

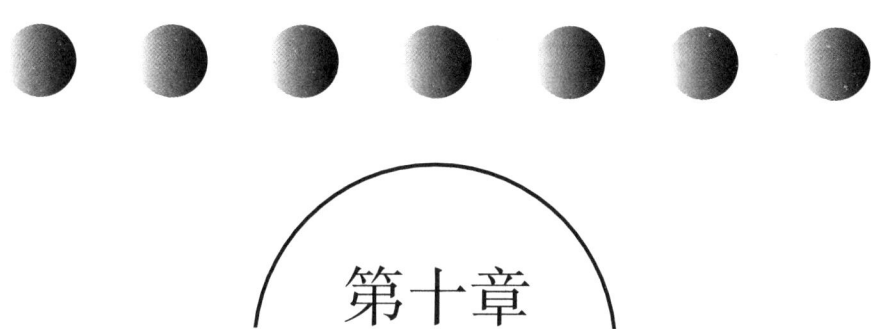

第十章

领队的各项知识储备

本章要点

领队担负着传播知识的重任,领队自身也面临着掌握知识学习带团技能的问题。本章介绍的一些目的地国家的相关知识、海关规定以及注意事项、欧洲购物退税、旅游团出现意外时如何急救以及对旅行中的一些特殊问题应该如何处理等方面的知识,都应该为领队所了解掌握。

领队拿到带团计划要进行的带团准备,不仅应该有业务的准备和生活的准备,也应该包含有知识的准备。在带团的整个过程中,领队出色完成任务,得到游客的好评,并赢得游客的尊重,不仅会是因为领队的业务操作能力强,更会是因为领队知识运用能力好。领队的各项知识丰富,更容易让游客感到佩服。在以往领队的带队实践中,凡游客得出"不虚此行"的印象,多半是由于领队及导游在整个旅程中给游客带来了知识的愉悦。

领队不应该把自己当成是按部就班完成任务的机械工具,而是应该认识到自己作为知识传播者的重要作用。只有在进行这样一个层面的思考之后,领队才会感到工作本身的快乐。

要想完成对知识进行传播的使命,领队本人的职业修养十分重要。要提高职业修养,就必须从丰富自己的知识开始。

一、学习掌握目的地国家(地区)的相关知识

中华人民共和国文化和旅游部(原国家旅游局)1995年制定并颁布的《导游服务质量》(GB/T 15971-1995)在"知识"一节中,进行了如下规定:"导游人员应有较广泛的基本知识,尤其是政治、经济、历史、地理以及国情、风土习俗等方面的知识。"《出境旅游领队人员管理办法》虽然没有对出境旅游领队所应当掌握的知识进行范围圈定,但由于出境旅游领队的工作范围与导游的趋同性,因而在知识的掌握上,出境旅游领队应该比照《导游服务质量》的规定,对知识的掌握提出更高的要求。

《出境旅游领队人员管理办法》的第三条,更是将"掌握旅游目的地国家或地区的有关情况",列入对申领领队证人员的要求当中。由此可见,学习和掌握目的地国家的相关知识,对出境旅游领队来说,应该是一项必不可少的基础工作。

(一)对目的地国家(地区)的文化层面的了解

在世界上对"旅游"所下的各种定义当中,以突出旅游的文化含义的定义最接近旅游的初始本意因而最为人们愿意接受。法国学者让·梅特森就认为:"旅游是一种休闲活动,它包括旅行或在离开定居地点较远的地方逗留。其目的在于消遣、休息、丰富经历和文化教育。"在这样一个定义当中,对旅游的描述,除了旅游的休闲本质以外,就特别强调了它的文化特性。

人们参加旅游,应该是基于对不同文化的了解而出行。而出境旅游的目的,则理所当然应该包含对目的地国家(地区)文化层面所作的探索。

随着中国开放的目的地的不断增加,一个斑斓的世界呈现在人们的面前。不断了解这个世界,是领队这种特殊职业的要求。领队作为出境旅游团队的引路人,自然比起旅行社其他岗位的人来说更需要深入地了解世界。

对目的地国家(地区)的了解,应当重点放在以下几个方面。

1. 目的地国家(地区)的概要

面对一个新的目的地,尤其是一个平日不熟悉的国家(地区),首先需要对其进行迅速、准确的概要了解。如目的地国家的首都及主要城市、气候、经济、人口、历史等。这些资料在各国使馆、国外旅游局所印发的资料或者旅游网站中可以很容易找到。平日里要养成积累并分类保管信息资料的好习惯,查找的时候就会很方便。

比如我们要了解欧洲国家马耳他,就可以从它的概况开始。

国名：马耳他共和国(The Republic of Malta)

独立日：9月21日(1964年)

国庆日：3月31日(1979年)

国旗：呈长方形,长与宽之比为3∶2。旗面由两个相等的竖长方形构成,左侧为白色,右侧为红色;左上角有一镶着红边的银灰色乔治十字勋章图案。白色象征纯洁,红色象征勇士的鲜血。乔治十字勋章图案的来历：马耳他人民在"二战"期间英勇作战,配合盟军粉碎了德意法西斯的进攻,于1942年被英王乔治六世授予十字勋章。后来,勋章图案被绘制在国旗上,1964年马耳他独立时,又在勋章图案四周加上红边。

国徽：为盾徽。盾面为马耳他国旗图案。盾徽上端是一顶王冠,两侧为橄榄枝和棕榈枝,底部的饰带上写着"马耳他共和国"。

自然地理：位于地中海中部,有"地中海心脏"之称,面积316平方公里,是闻名世界的旅游胜地,被誉为"欧洲的乡村"。全国由马耳他岛、戈佐、科米诺、科米诺托和菲尔夫拉岛五个小岛组成,其中马耳他岛面积最大,为245平方公里。海岸线长180公里。马耳他岛地势西高东低,丘陵起伏,间有小块盆地,无森林、河流或湖泊,缺淡水。马耳他属亚热带地中海气候。

人口：37.4万人(1997年3月)。主要是马耳他人,占总人口的90%,其余为阿拉伯人、意大利人、英国人等。官方语言为马耳他语和英语。天主教为其国教,少数人信奉基督教新教和希腊东正教。

首都：瓦莱塔(Valletta)

简史：公元前10~前8世纪,古代腓尼基人到此定居。公元前218年受罗马人统治。9世纪起先后被阿拉伯人、诺曼人占领。1523年,耶路撒冷圣·约翰骑士团从罗得岛移居这里。1789年,法国军队将骑士团逐出。1800年被英国英领,1814年沦为英国殖民地。1947~1959年及1961年起获得一定程度的自治,1964年9月21日正式宣布独立,为英联邦成员国。

政治：1964年7月21日颁布的独立宪法规定,马耳他为君主立宪制政体,英国女王为马耳他国家元首。1974年12月13日修改宪法,马耳他成为共和国,总统为国家元首,由议会选举产生,任期五年。议会为一院制,称众议院。

对外关系：马耳他奉行中立不结盟政策,重视同西欧发展政治经济关系。不允许外国在马耳他设立军事基地,是欧洲委员会成员国。

与中国关系：1972年1月31日,马耳他与中国建交。

类似《各国概况》一类的书,因为较为简约地介绍了世界上不同国家的情况,读起来省时省力,因而应当是作为领队的案头书,买来供自己时时查阅。我国台湾的领队协会对领队的推荐中,就将类似的一本由我国台湾出版的《世界年鉴》收入领队的工具书之列。

在网络发达的时代,上网去寻找所需要查找的资料既方便又快捷,是许多领队更愿意采用的形式。以下列出的是部分目的地国家(地区)的旅游局网站,可以为我们了解这些国家(地区)的概况提供很好的帮助:

(中国)香港旅游发展局:http://www.discoverhongkong.com/login.html

(中国)澳门旅游局:http://www.macautourism.gov.mo/index_cn.phtml

泰国政府旅游局:http://www.tourismthailand.org

新加坡旅游局:http://cn.visitsingapore.com

马来西亚旅游促进局:http://www.chuguo.cn/travel/destination/my/tm/default.htm

澳大利亚旅游局:http://www.tourism.org.au

新西兰旅游局:http://www.newzealand.com/travel/simplifiedchinese

韩国观光公社:http://chinese.tour2korea.com

日本观光振兴会:www.jnto.go.jp

越南旅游局:http://www.vietnamtourism.com

印度尼西亚旅游局:http://www.tourismindonesia.com

马耳他旅游局:http://www.visitmalta.com/cn

土耳其旅游局:http://www.turkey.org

埃及旅游局:http://www.touregypt.net

德国旅游局:http://www.germany-tourism.de

南非旅游局:http://www.southafrica.net

希腊旅游局:http://www.gnto.gr

法国旅游局:http://www.franceguide.com

荷兰旅游局:http://www.nbt.nl

意大利旅游局:http://www.itwg.com

瑞士旅游局:http://www.myswitzerland.com.cn

冰岛旅游局:http://www.icelandtravel.is/Internet/Innanl/Innanwebguard.nsf/key2/frontpage.html

尼泊尔旅游局:http://www.travel-nepal.com

巴基斯坦旅游局:http://www.travel-nepal.com

捷克旅游局:http://www.muselik.com/czech

波兰旅游局:http://www.gopoland.com

奥地利旅游局:http://www.austria-tourism.at

需要特别提醒的是,在对资料的采集之前,需要对所涉及的内容进行核实。许多网站和出版物中,都存在一些不准确的信息。

领队对目的地国家(地区)概况的了解,只是领队职业入门的基本要求。在提高自身的职业素养方面,领队不应只满足于对各国的概要的了解,而需要对目的地的认识更深。除了俯视纵览之外,也应该有细部观察。比如,对加拿大的国旗的了解,不能只满足于知道今天的枫叶旗(The Maple Leap)的式样,还需要了解加拿大历史上三面国旗的历史,知道英国米字旗(The Royal Union Flag)和(Canadian Red Ensign)到今天的枫叶旗的演变过程。

2. 与目的地国家(地区)相关的重要人物和事件

人类历史主要是由人物和事件构成。我们在了解一个国家的时候,自然也离不开对其中的人物和事件的探究。除了一些写就了辉煌历史的古代帝王和英雄的名字,构成目的地国家世界范围影响力的一些文学家、思想家、艺术家的名字,我们也应该知道。

到南非旅游,无论如何也不能忽略了对南非前总统曼德拉的关注和了解;到印度旅游,对甘地以及甘地家族的认识就不应当仅仅满足于一般性的了解,当然还要了解泰戈尔这样伟大的天才诗人。如果领队的知识准备当中能记住几句泰戈尔的诗句,不仅会使自己的文学修养得到提高,而且还会在实际带团的工作中,更深刻解读并感受印度历史的厚重。

印度尼西亚旅游,我们需要知道著名的"万隆会议"。这样一次让中国人为出席付出了血的代价的会议,对今天中国的中年游客来说,自然更具有特别意义。领队对"万隆会议"了然于心后,在带团时便能将这段历史原原本本讲给游客听,带团的效果无疑会非比寻常。

3. 目的地国家(地区)与中国的关联

为什么要着重了解目的地国家(地区)与中国的关系往来,原因很简单,因为我们将要面临的服务对象是中国百姓。

中国人对目的地国家(地区)的了解,大多是从新闻媒体和书刊杂志中得来。比如斯里兰卡,有相当多的中国人对这个国家的了解和关注,是从20世纪70年代初斯里兰卡的总理班达拉奈克夫人访华的时候。斯里兰卡作为中国旅游目的地开放后,人们首先就会由此产生对那个国家的联想。目的地国家与中国的关联与往来,不仅包括历史上的,也应该包括刚刚发生和正在发生之中的。如对马来西亚的知识进行系统掌握的时候,我们不仅需要了解600多年前的郑和下西洋经过马来西亚的历史,也应该知道马来西亚与中国今天的一些国际合作。

了解目的地国家(地区)与中国的关联,大致需要从以下诸方面进行有意识的资料搜索。

(1)两国建交的年代和背景。

(2)目前两国关系和往来。

(3)两国领导人近年来的互访信息。

(4)两国的文化交流信息。比如到法国、俄罗斯、加拿大旅游时,应当对两国近年开展的"中法文化年""中俄旅游年""中加旅游年"等文化、旅游活动有一个较清楚的了解。

(5)中国援助的信息。比如到坦桑尼亚、赞比亚等非洲国家旅游,一定要对中国援建坦赞铁路的事件及过程进行了解。

(6)中国的医疗救助信息。比如到海啸过后的东南亚受灾地区去旅游,应当对中国有史以来最大的一项国际援助有一个通盘了解。

政治往来、文化交流、经贸往来、重要的双边协议签署,领队对所有这些与现实联系紧密的话题的认知,都有可能在与境外国家(地区)当地的导游、当地的人民进行交流的时候,寻找到可以迅速亲近的话题。而如果不了解或事先未做准备,则不免会在别人提及这些问题时犯窘。

4. 目的地国家(地区)的社会时政

既然要到目的地国家(地区)去旅行,那么这个国家(地区)近来所发生的一些大事就无法绕开。

这个国家(地区)的治安环境如何,是否曾发生过对游客的伤害,当地的原教旨主义、新纳粹主义是否会对游客构成危险等,了解这些资讯后,既可以让我们的心里增加防范意识,也能加深我们对目的地国家(地区)的现状解析。比如对土耳其,我们在了解了土耳其为什么经过十多年的努力也不被欧盟接纳,伊斯坦布尔连续争办了多次奥运会却始终未果的事实和原因后,对于我们理解这个国家、这个民族就会有很大帮助。

(二)对行程表中所有景点的充分了解

旅行社的线路产品在市场推销当中,对产品的宣传往往会只选取其中的几个最著名的城市、景点推荐给游客。这是广告语中要突出亮色和言语简洁的技术要求,但却不应该成为领队为自己勾勒出来的知识范围。领队带团前的知识准备,应该是旅行社的线路产品行程表当中包含的所有城市、所有景点。

1. 不能忽略对行程中小城市的熟悉

很多领队多次去过法国,但能知道详细一点的城市只有巴黎。中国旅游团队到法国旅游,通常不会仅仅去巴黎一个城市。按照法国旅游局的统计,中国旅游团队去的最多的城市中,除了巴黎之外,就是第戎这座小城。但对于第戎这个小城,中国多数领队都十分生疏。

第戎(Dijon)位于勃艮第地区葡萄酒乡而为富庶之地,保留了许多旧时贵族的豪华宫殿和遗迹,市内几座博物馆有众多意识品及宗教圣物,值得细细观赏。第戎现为勃垠第首府,从巴黎搭乘 TGV 只需 1 个小时左右的时间,车站距离市中心很近,加上主要观光点十分集中,跟着地图走即可,相当适合安排一天的徒步之旅。芥末是第戎的特产,风味极为特殊,是由高级的芥末子与未成熟葡萄经发酵制作而成,通常有颗粒状和糊状两种。1747 年就成立的 Grey Poupon 芥末店在法国久负盛名,是观光客喜欢购买的当地名品。

第戎的城市主要景点有许多,圣母院(Notre Dame)是整个勃艮第地区最小的哥特式教堂;RUDE 广场(Lace Francois Rude)中心的喷水池和 Bariuzai 雕像是当地人最常约会碰面的地点,也是最能感受欣赏第戎之美的地方。Bareuzai 以脚踩葡萄的传统姿势,反映第戎以及整个勃艮第葡萄产业的地位;玻璃厂街(Rue Verreie)和冶金街一样都是旧时商业街道,半木造房屋和拼花瓷砖屋顶是主要特色;圣米谢教堂(St. Michel)正面为火焰哥特式建筑,其东翼现为美术馆 Musee des Beaux Arts,收藏许多法兰德斯(Flemst)的艺术珍品。教堂内的菲力普的石棺也是参观重点之一,送葬者雕刻表情极为生动。

一些小的城市资讯,在领队的带团知识储备当中不应当忽略。因为游客对新的目的地国家(地区)的熟悉,往往仅局限在几个最有名的城市。以埃及为例,对参加埃及游的游客的调查表明,绝大多数人对埃及首都开罗最为熟悉,对亚历山大、卢克索的熟悉程度就已经大大降低,而对阿斯旺、库姆贝、阿布辛贝勒这些城市和地点,则几乎是完全陌生。领队应该以自己的充分准备,弥补游客对这些地方了解的不足。

2. 新线路的出现促使领队要不断学习

深度旅游是伴随着游客对出境旅游的熟悉而出现的。一些旅行社在制作并推销"千湖之国"芬兰旅游线路产品的时候,开始只有芬兰首都赫尔辛基一个城市,在对市场需要进行调查后,逐步推出了芬兰的深度旅游产品,将芬兰最北边可能看到北极光的一个中国游客并不太熟悉的小镇伊瓦洛(Ivalo)包含了进来。行程的改变,当然就需要领队再去学习。对于领队来说,每一次线路产品的更新,都意味着又需要有新的功课去做。例如 2005 年随着美洲及加勒比的一些国家的开放,领队应当学习的目的地知识就增加了美洲和加勒比的知识范围。

3. 对带团有帮助的资料都可以选择

对城市、景点知识的学习，不应当仅仅局限在一般的概要介绍上面，与其相关的许多其他资料，包括电影、电视、小说等，只要能帮助我们理解并提高，就无须排斥。有些辅助材料可能会比我们通篇去读大厚本的《欧洲史》《亚洲史》更加有效。

比如，要到土耳其的特洛伊游览时，一定要找来与之相关的书籍资料学习。找来的这些资料就不应仅仅是一些历史性读物，也可以包括好莱坞的电影《特洛伊》、著名的传记小说家欧文斯通的《希腊宝藏》等。

要对柬埔寨吴哥古迹进行了解时，记录并描写柬埔寨吴哥王朝辉煌鼎盛时期的唯一存世之作、我国元代的周达官所写的《真腊风土记》一书就需要找来认真一读。这本只有8500字的书与吴哥在湮没于原始森林里400多年后重回人间有重要关联。领队要带团去吴哥旅游并期望做好，理应需要先在这种历史的烟云之中进行自身的文化浸润。

二、了解目的地国家（地区）海关规定及注意事项

不同国家（地区）的海关规定和注意事项，是进入那个国家（地区）之前必须了解的内容。这种了解，对于避免在进入或离开这些国家（地区）时遇到麻烦，是十分必要的。尤其是考虑到领队还需要将这些规定和事项讲述给游客，领队对这类知识的掌握，就不仅是必要的，更应该是认真的了。

（一）部分目的地国家（地区）的海关规定

以下选择介绍了部分中国游客常去的一些国家（地区）的海关简要规定，更详细的资料到这些国家驻华使馆的网站上多可以查到。领队应养成一种习惯，在带团进入某个国家（地区）之前，应当有针对性地对这个国家（地区）的海关规定再次进行强化学习，以确保不会触犯该国（地区）的法律规定。

1. 菲律宾海关规定

非法进口严禁物品（武器、爆炸物等）、管制物品（无线电收发机、光盘、录像带等）和控制物品（麻醉剂、化学物、没有医生药方的处方药等），无论数量多少，均违反菲律宾海关法。严禁携带植物、植物产品、肉类、肉产品、鸟类、蜗牛以及其他活动物和动物产品。未经菲律宾中央银行批准，任何入出境旅客带入或带出超过1万比索的纸币、硬币、在菲律宾银行提取的支票或其他汇票，均构成违法，并可能导致资金被没收，且被处以民事处罚或刑事起诉。携带外币则不违法。

2. 马来西亚海关规定

入境前，访客必须申报所有需纳税或违禁的物品。海关根据需要有权要求

旅客打开行李物品进行检验。在东马、西马间旅行不征收关税。沙巴州纳闽岛和吉打州的浮罗交怡岛系免税区,除进口橡胶、石油制品等需缴付关税外,其他物品无须缴纳。根据1996年关税法,纳税额以物品实际价值(或估价)的30%征收。免征税物品如:自来水笔、打火机、书籍、报刊、香水、化妆品、便携式收音机、手表、照相机、摄像机、电脑、渔具、球类(除高尔夫球)、各种音乐器材(除钢琴)等。外籍旅客如能满足下列条件可享受下列若干商品的免税待遇:有关物品是由旅客随身或放在行李中携带;有关物品是平时经常使用的私用物品;旅客需为非马来西亚居民并打算访问马国不少于72小时;旅客不能将有关优惠配额转赠他人使用。这些物品包括:酒类(不超过1升)、香烟(不超过225克,相当于200支)、火柴(不超过100根)、化妆品、香皂、牙膏、新衣物(不超过3件)、新鞋(不超过1双)、用于保健和清洁使用的便携式电动商品(每种不超过1件)、礼品(价值不超过400马币)、私用便携式商品和设备。

3.尼泊尔海关规定

海关限量:香烟200支,烟草50克,烈性酒1.5升,胶卷15卷,望远镜、摄像机、录音机、照相机、笔记本电脑等各1个。所有携带物品入境时需向海关申报。随身物品不超过海关规定者免税放行。严禁携带致幻药品、武器和军火。游客可携带纪念品回国,文物出境须出示由考古局发放的特别证明。游客出入境可携带现金2000美元,超过须报关。

4.文莱海关规定

通过航空、海上和陆路交通进入文莱,每位入境者均需向海关申报所携带的物品,在必要情况下,需打开行李接受检查。禁止入境的物品:大麻、海洛因等毒品和与伊斯兰教义相违背的任何其他物品(17岁以上的非穆斯林入境时可携带2瓶以下的白酒或12罐以下的啤酒)。

5.越南海关规定

入境时如携带3000美元以上(2万元人民币或其他等值货币)、300克以上黄金等必须申报,否则出境时,超出部分将被越南海关没收。

6.日本海关规定

带入日本国内的物品需要以口头形式或用申告书形式向海关申报;携带物品超过免税范围者,要提交"携带物品托运物品"申告书。免税范围包括:酒类3瓶;卷烟400支或雪茄100支或烟丝500克;香水3盎司。禁止带入日本境内的主要物品有:鸦片、可卡因、海洛因、大麻、兴奋剂(冰毒)、减肥茶;枪支弹药;黄色杂志、录像带等;假名牌商品等侵害知识产权的物品。限制带入日本境内的主要物品有:有必要检疫的动植物;气枪、刀剑、发烟筒等;医药品、化妆品(有数量限制);根据《华盛顿条约》限制进口的动植物。

7.法国海关规定

入境时带入够用一年时间的日用品可以免税。欧盟国家制造的某些商品50%~100%可以免税带入,可带入香烟200支、葡萄酒5升、不超过价值300法郎的礼品。2架普通照相机、10卷胶卷、1台摄像机、10盘摄像带、1台电唱机、盒式录音机、收音机、打字机、计算器和1副望远镜。非法药品、盗版书籍和法国政府查禁的书籍的图片禁止入关。除了打猎和练习射击用的武器外,武器和爆炸物被禁止带入。

8.比利时海关规定

比利时可免税携带物品入境的数量如下:从欧盟入境旅客可携带卷烟200根,雪茄50根或烟草250克,酒1瓶(1千克以下);从欧盟外国家地区入境旅客可携带卷烟400根,雪茄100根,烟草500克,酒2升以下。

9.意大利海关规定

个人物品可任意携带出入境。禁止携带麻醉剂、毒品、武器、水货入境。可免税携带入境物品有:香烟200支或雪茄100支,或500克烟丝;2瓶葡萄酒、其他酒类1升以下;香水1瓶、照相机2架、摄像机1架、底片10卷,订书机、手提式收录音机、电视机各1部;携带外币入境、数额不限。但出境时须申报所持外币数额。

10.爱尔兰海关规定

出入境所带货币不受限制。可免税携带的物品:200支香烟,或者100支小雪茄或者50支雪茄烟,或者250克烟草;酒2千克以下。允许携带1千克被完全煮熟且密封的肉,包括咸肉、火腿、腊肠、蛋、奶和奶油。除违禁书籍外,其他书籍均可带入。违禁品有:禁药,如海洛因、吗啡、可卡因、大麻、安非他明、巴比妥酸盐和LSD;进攻性武器;有下流和猥亵内容的物品,包括书、杂志、电影、录像带、激光唱片和软件;狗、猫、兔子、老鼠等动物。

11.德国海关规定

凡是经合法授权的物品可以随意携带出入境。禁止携带麻醉剂、毒品、武器、盗版图书或电脑软件入境。免税出入境物品有:纪念品和礼物:经德国认证的,作为纪念品或礼品出售的物品。50毫升香水或0.25升花露水。总价值不超过350马克的商品,不超过2磅的鲜肉。照相机2架、摄像机1架、底片15卷、CD机1个。17岁以上人士入境可被允许携带200支香烟或100支小雪茄或50支雪茄250克烟丝以及1升酒精度在22%以下的酒或2升开胃酒或2升酒精度在22%以下的酒精饮料或2升利口酒。15岁以上可被允许携带200克咖啡或100克茶叶。除违禁书籍外,其他书籍均可带入。

12.西班牙海关规定

入境西班牙每人允许免税携带物品的金额不得超过175欧元(15岁以上旅客)或90欧元(指15岁以下旅客),以下物品的限额分别为:200支香烟或50支雪茄烟或250克烟草;1升酒精度数超过22度的烈性酒或2升酒精度数低于22度的葡萄酒及酒饮料;50克香水或0.25升花露水;500克普通咖啡或200克浓缩咖啡;100克茶叶或40克浓缩茶。

13.约旦海关规定

进入约旦海关,除自用的衣物、食品等行李外,可携带香烟2条、酒类1升、价值200JD(第纳尔,为约旦货币)的礼品、自用的电脑、摄影和摄像器材等。海关对旅客携带的行李进行检查,超过免税范围的物品须缴纳关税。出关无特别限制,进出关携带货币种类和数额也无须申报。

14.坦桑尼亚海关规定

以下不用于销售的物品不必申报:望远镜、照相机、胶卷、1升酒精饮料、200支香烟、50支雪茄、250克烟草以及250毫升香水;录像摄影器材、收音机、录音机、乐器须出示海关凭证,以证明日后将带出关。其他需申报的物品,须保留购买发票或收据,以便申报物品价格。禁止进口的物品:毒品、白磷火柴、枪支。控制进口的物品(须得到相关政府部门许可):动物(包括蛋)、动物捕提器、武器弹药、爆炸物。出关者禁止携带象牙、犀牛角等物品。海关查堵严密,如查出,将予以重罚重处。

15.赞比亚海关规定

根据赞比亚海关管理法,所有出入赞比亚的旅行者均需填写海关申报表,如实申报携带的物品。海关人员有权检查旅客的行李,如发现有超量、违禁物品不报,将被罚款、没收,乃至监禁。赞比亚海关规定可免税带入境的物品为:400支香烟、0.5千克散烟或0.5千克雪茄;1.5升烈酒,2.5升葡萄酒和2.5升啤酒;价值150美元的其他非商业用途的物品;可自由带出(入)一定数额的任何货币,但价值不得超过5000美元,否则将被没收。下列物品属违禁品,禁止携带:伪币或其他非法货币;毒品;黄色音像制品、胶片、出版物等;枪支、军火、弹药、弹簧刀、匕首;某些珍稀动植物;偷盗及伪造的物品。

16.埃及海关规定

入境旅客可携带下述免税物品:个人服装;1升酒精饮料、1升香水、200支香烟、25支雪茄或200克烟草;参加国际比赛获得的勋章、奖牌和奖品;相机、打字机、计算器、收音机、录音机、摄像机、个人珠宝和首饰等物品,上述物品须在入境时办理有关海关手续,持有人离境后,若上述物品滞留埃及,将以走私罪论处。外交人员、公费或外国资助留学人员及自费学者,其个人财物、药品、家具、汽车入境时享受免税。旅客在入境24小时内,可在免税商店购买200美元以内的免税商品。

17. 南非海关规定

旅客允许携带400支香烟、50支雪茄、2升红酒、1升烈酒及不超过500兰特的个人礼品入境。如携带超过2万美元现金入境,必须向海关申报。

18. 澳大利亚海关规定

入境时不要携带任何形式的食物,包括干鲜食物、熟食、腌制食品等;不要携带木制品、植物的根、茎、叶、果、籽等任何部分。不要携带中草药、稻草制品等;不要携带动物、动物的任何部分及与动物有接触的产品,其中包括设备、蛋类、生物样本、鸟、鱼、昆虫、珊瑚、贝壳、蜜蜂产品、宠物食品等;不要携带泥土或沾有泥土的物件,如体育设备、运动鞋等;不得携带药物、类固醇、枪械、各式武器、毒品等。限制携带物品:酒类不得超过1125毫升;香烟250支以内(烟草250克以内)。有商业用途的货物或样品要申报,总额超过或等于1万澳元的澳币或等值外币要申报,在海外获得的物品、礼品、在澳洲购买的免税物品总值超过澳币400元者要申报。

(二)部分目的地国家(地区)的注意事项

1. 一些国家的民俗禁忌

摆头或头歪到一边表示"yes":在多数国家,人们习惯用点头表示同意、认可,摆头表示否定、反对;但在斯里兰卡、印度、尼泊尔等国,人们却以摆头表示同意,点头表示不同意。印度人表示赞同时,总是先把头往左或右轻轻地斜一下,然后立刻恢复原状,令人以为是"不要"或"不愿意",其实是表示"知道了"或"好的"。

不用左手递交东西:在东南亚诸国,人们认为左手是不干净的,握手时若伸出左手或以左手递东西给对方,对方会认为你是蔑视他,或是对他怀有恶意。因此握手或递交东西时,必须使用右手或是用双手为妥。

不跟身份悬殊的人进餐:印度、尼泊尔人很重视身份。在印度若身份不同或所属阶级有异,就不能同席共桌,一起吃饭;尼泊尔人也同样有类似的阶级划分,在其国内,对"身份"的重视,超过了一切。

不要摸小孩的头:印度等地的人们不希望别人摸自己头上的任何一部分,他们也不喜欢去摸别人。他们认为,头部是人体最高的部分,也是人体中神圣无比的部分,尤其是孩子的头,被视为神明停留之处,所以,在任何情况之下绝不允许触摸。

被邀去吃饭不必客气：在印度人的观念中，吃东西时要大家一起分享，独食是小气而不礼貌的行为，所以印度人邀请人共餐，绝不是碍于情面假惺惺，而是诚心诚意地邀请，拒人于千里之外的回绝当然令人不高兴。

买酒有时间限制：在泰国部分地区有个规定，凌晨两点以后不准再买酒，否则会被警察处以罚款。在印度新德里，星期二、星期五、公休日以及每月第一天为禁酒日。

与和尚交谈时要保持低姿势：到斯里兰卡等佛教国家旅行，经常看到有人与和尚交谈，只要仔细观察便会发现一般人绝不会坐在高过和尚的座位上，他们必定设法使自己的头低过和尚的头，贵如总统、总理，也要谨守这个原则。

不可骑在佛像上拍照：在东南亚的佛教国家，游客如果对寺庙、佛像、和尚等作出轻率的行动，被视为"罪恶滔天"。有些不明利害的游客，曾经由于跨坐在佛像上大拍纪念照而被刑罚。对想带回去的佛像纪念品，也不可放置地上。因为在信奉佛教的国家购买的佛像虽然归自己所有，但必须对它有一份敬意，如当它是一玩物，随意放置或粗手粗脚地动它，会引起该国人的不快。

2015年10月22日中国驻马来西亚哥打基纳巴卢总领馆针对中国游客发出的一条旅游提醒，即关系到尊重所在国当地风俗习惯之事："据马来西亚当地媒体报道，近期有多名外国游客在仙本那军舰岛游玩时裸露拍照，引起当地社会普遍反感，仙本那警方已介入调查。今年6月，曾有4名西方游客因在沙巴州基纳巴卢山拍摄裸照，被判处3天监禁和5000林吉特罚款并被驱逐出境。中国驻哥打基纳巴卢总领馆提醒赴沙旅游的中国游客文明出游，遵守当地法律法规和风俗习惯，避免因不文明行为造成不必要麻烦，自觉维护中国游客的良好形象。"

2. 部分国家（地区）的旅游注意事项

领队带团出国，需要事先对所要去的目的地国家（地区）的注意事项事先进行了解。特别是去一些治安状况较差、社会动荡的地区旅游的时候，就更需要提前了解注意事项。比如南非的治安近些年一直较差，但南非因其特有的旅游资源，又不断会诱发人们前往。到南非旅游之前，了解这个国家的注意事项以及可能遇到人为灾难时的处置办法，就显得十分必要。

南非旅游局的一份约翰内斯堡城市导游小册子上有这样的介绍：

天黑后或街上无人时，不要一人走在街上；夜间外出要坐出租车或乘私人车，要向声誉好的出租汽车公司租车；在街上不要拿照相机或佩戴贵重首饰；将贵重物品存在旅馆的保险箱内（包括现钞美元、机票和护照等）；在市中心行车时要关上车门，锁上车门，车座上不要摆有任何提包；如果遇到抢劫，奉劝你不要抵抗，否则后果不堪设想。

虽然这样的城市介绍读上去会有几分恐怖的印象,但却不失为一份实用有效的信息。对于想去或正准备出发到南非旅游的领队及游客来说,了解这样的内容应是有益无害。

中国外交部网站(http://www.fmprc.gov.cn/chn/zxxx/t162796.htm)发布有"赴部分国家和城市注意事项",领队可从那里获得信息。譬如2018年11月外交部发布的旅游安全提醒就包括"提醒近期谨慎前往尼日尔蒂拉贝里大区萨伊省、托罗迪省及泰拉省""提醒近期谨慎前往乌克兰东南部地区""再次提醒:近期暂勿前往土耳其东南部地区""再次提醒:近期暂勿前往缅甸北部冲突地区"等项内容。

(1)印度旅游注意事项

出行前应了解所去地方的最新社会治安情况,掌握当地的报警电话,所住饭店的详细地址及电话及使馆和总领馆的联系电话等,有可能的话让别人也了解自己的行程;尽量避免单独前往较偏僻的地区,尤其是女性;如当地社会治安较差,晚上最好不要外出;尽量避免到人群较密集的地区,特别是宗教活动的集会及有争议的地区和寺庙等敏感场所;妥善保管好个人的行李物品,特别是在飞机场、火车站和汽车站等人流量大的地区;护照最好随身携带,不要放在行李包中;随身携带一定的现金以备不时之需;注意饮食卫生,尽可能饮用矿泉水,不要随便在外就餐。

(2)南非旅游注意事项

南非是世界上犯罪率最高的国家之一。犯罪形式主要是持刀、枪抢劫财物、车辆及施暴、强奸等。建议性防范措施:尽量结伴而行,不要单独行动;贵重物品、宝石饰品、名牌服装要保管妥当,最好不要外露;避免出入特定居民区和无人的街道、场所;日出前、日落后,尽量少出门;最好使用信用卡或旅行支票,避免在公共场所兑换钱或出示大量现金。

2015年10月20日,外交部领事司和中国驻开普敦总领馆曾发出中国公民在开普敦要注意安全加强防范的警示:"近来,南非开普敦地区接连发生中国公民遭武装抢劫案件,2名中国公民不幸身亡。中国驻开普敦总领馆与开普敦华人警民中心第一时间向警方报案并提出交涉,要求其尽快破案,采取切实措施维护当地中国公民安全。圣诞节、新年临近,外交部领事司和中国驻开普敦总领馆提醒当地中国公民加强安全防范,采取切实措施保护人身与财产安全。遇突发事件冷静应对,确保自己及家人生命安全,并及时报警。"

(3)坦桑尼亚注意事项

避免单独外出;不要携带大量现金;带好通信工具,备好急救电话。到坦桑尼亚旅行最好自备抗疟药、防蚊药及其他常用药,行前需注射黄热、流脑、乙肝和霍乱疫苗。

3. 一些国家(地区)针对领队的告诫

因为出境旅游领队是一支旅游团队的带团人,一些国家(地区)的边检、卫检部门,往往会把针对旅游团的要求,向领队直接提出。这类专门针对旅游团的告诫,往往事关重大,领队应特别注意,务必按照其要求去做,避免出现意外。

如2003年SARS时期,中国香港政府的入境处在2003年7月9日就发布了一份入境领队须知:

接待抵港旅客——领队、导游须知
预防严重急性呼吸系统综合征

建议团友在旅程后留意自己的健康状况。若团友在旅程后的14天内出现传染病症状如发热、腹泻等,应速往就医,并告诉医生有关最近的外游地区,以便正确诊断。

给予团友以下数据,以便旅客遇有身体不适或紧急事故时联络:

领队/导游姓名、房号及联络电话

酒店旅客部电话

团友身体不适时的处理措施

领队/导游协助该团友量度体温

若该团友体温在摄氏37.5度(华氏99.5度)或以上,病者及其照顾者应立即戴上口罩;尽快安排医生诊治。要咨询医生的专业意见,以确定患病团友是否适合与其他团友一起,继续余下的行程。

若团友没有发热,但有其他身体不适,亦应安排他前往注册医生处诊治。

若患病团友可能染上严重急性呼吸系统综合征(非典型性肺炎),而需要留在医院作进一步检查,领队/导游必须实时联络卫生署热线1872222。

旅程后保存团友的个人数据及联络电话最少两个星期。

4. 外交部针对特殊事件或特殊时段发出的旅游警告和注意事项

有些时候,中国外交部会针对某些特殊事件或者在某些特殊时段,向中国公民发出旅游警告或注意事项,对进入该地区的中国公民进行提醒。领队如恰逢此时需要带团进入该地区,就需要特别关注这样的信息。

譬如,2015年9月11日,外交部领事司就曾"提醒中国公民尽量避免前往叙利亚、伊拉克、土耳其和叙利亚边境及也门等地"："近期，叙利亚、伊拉克、土耳其和叙利亚边境以及也门等地安全形势复杂敏感，恐怖袭击、爆炸、绑架等恶性事件频繁发生。外交部领事司再次提醒中国公民，尽量避免前往上述地区。"

2004年12月26日印度洋海啸发生后，受灾国积极组织灾后重建，努力恢复道路交通和旅游设施，重振旅游，发出了欢迎包括中国在内的所有外国公民前往旅游的呼吁。为保障中国游客的安全，外交部适时地在其网站上公布了到印度尼西亚、斯里兰卡、马尔代夫这3个重灾国的旅游注意事项。

印度尼西亚：

该国亚齐特区和北苏门答腊省受到海啸严重破坏，印度尼西亚政府严格限制外国人前往亚齐。棉兰靠近灾区，是印度尼西亚的救灾指挥中心和救灾物资集散地，建议尽量避免前往棉兰，以免干扰当地救灾工作。首都雅加达及旅游热点日惹、巴厘岛等地没有受影响，可正常前往旅游。

使馆热线值班电话:0062-811812344

使馆网址:www.chinaembassy-indonesia.or.id

斯里兰卡：

旅游业遭受严重打击，东部和东南沿海地带的旅游饭店大都受创，中西部地区没有受到海啸影响，一切正常。灾区目前没有发现疫情。

使馆电话:0094-11-2688610

使馆网址:http://lk.china-embassy.org，http://lk.chineseembassy.org

马尔代夫：

该国87个旅游岛中19个受到严重破坏，其余仍继续营业。灾区目前没有发现疫情。近期我公民赴马旅游应尽量到没有遭受海啸袭击的旅游岛居住。

使馆电话:0094-11-2688610

使馆网址:http://lk.china-embassy.org/chn/maldives/default.htm

（三）了解欧洲旅游的相关知识

自2004年9月起，欧洲作为中国公民的旅游目的地正式开放，到欧洲旅游的中国游客人数始终持续增长。

领队事先学习了解欧洲购物退税的相关知识,以及到欧洲多数国家(地区)旅游需要办理的申根签证的相关知识,是实际带领欧洲团出行所必需的。

1. 欧洲购物退税规定

欧洲的多数国家(地区)都有法定的购物退税的规定。按照这些规定,非欧盟国家(地区)的游客在欧洲购物,如果所购物品不在当地使用并在3个月之内携带离境,便可以享受到退税的优惠,即有资格在离开欧盟国家时将购物时交付的增值税款(VAT,即 Value Added Tax)退回。

办理购物退税的详细步骤如下。

(1)在有退税购物标志的商店购物

并非在所有的欧洲商店购物都可以获得退税,能够退税的商店一定要有蓝、白、灰三色的退税购物(Tax Free Shopping)专用标志。只有在标有退税专用标志的商店购物,才能获得退税。目前欧洲共有20多万家这样的退税商店,多数是设立在各个城市内或口岸国际机场内。

(2)购物时索要退税支票

旅客在有退税标志的商店购物时必须要向商店索取退税支票(Tax-free Shopping Cheque)。退税支票上面的各项内容要用英文填写,要写上自己的详细邮寄地址(含邮编),及有效的国际信用卡的号码。支票必须要保证填写正确,才能确保获得退税。如果商店的全球退税支票(Global Tax Free Cheque)第一联是蓝色的,则可以现金方式退税;如果是绿色的,则只能以邮寄银行支票或信用卡划账的形式退税。为便利中国游客退税,目前许多国家已经开始采用微信或支付宝退税的方式了。

(3)海关在退税支票上盖章

全球退税支票(Global Refund Cheque)必须由海关盖章后方可生效,而旅客携带购买的商品在不超过3个月离开欧洲时才符合要求。

(4)领取退税款额

只要以上手续齐全,退税支票上有欧洲海关检验商品盖章,游客就可以直接完成退税手续,领取退税款额。取款可以在欧洲的出境海关,也可以在中国国内。目前在国内北京、上海、广州、香港等地的机场,有了欧洲的退税公司设立的退税柜台。游客可以在这些地方完成退税的最后手续。

国内办理退税还有一些具体的规定需要了解:在退税的币种上,北京、上海、广州现金退税的币种只能为美元,在香港只能为港币;国内退税时退还金额将按退税支票上的金额四舍五入,只退还整数金额。

欧洲各国的退税率因国而异,可退税的最低购物金额也不尽相同。退税款额中还将扣除手续费。德国一般的退税百分比为7%~17%不等,要视购物金额的多少而定。

欧洲退税的各种规定较为繁杂,如需要了解欧洲退税的详细规定,可以参见如下网址:www.globalrefund.com 或 www.international-shopping-guide.cn。

2. 欧洲申根签证

欧洲申根签证(European Schengen Visa)源于1985年6月14日在卢森堡的一座名叫申根的小城签署的一份国际条约。该条约由德国(联邦德国)、法国、荷兰、比利时和卢森堡5国最先签署。"申根协议"的成员国亦称"申根国家"或者"申根协议国",成员国的整体又称"申根区"。"申根协议"的目的是取消相互之间的边境检查点,并协调对申根区之外的边境控制。即在成员国相互之间取消边境管制,持有任一成员国有效身份证或签证的人可以在所有成员国境内自由流动。根据该协定,旅游者如果持有其中一国的旅游签证即可合法地到所有其他申根国家。

随着欧盟国家一体化进程的发展,申根协议的签署国不断增加。1994年12月22日波恩会议决定次年申根条约生效。1995年3月26日德国、法国、荷兰、比利时、卢森堡、西班牙、葡萄牙7国开始正式实施申根签证。此后,意大利、奥地利、希腊也相继批准实施该项条约,其后又有北欧5国(丹麦、瑞典、挪威、芬兰和冰岛)以及摩纳哥、安道尔、列支敦士登也加入进来。目前申根协议国的范围,覆盖了西欧、中欧、北欧和南欧等一共26个国家,它们是:奥地利、比利时、丹麦、芬兰、法国、德国、冰岛、意大利、希腊、卢森堡、荷兰、挪威、葡萄牙、西班牙、瑞典、爱沙尼亚、拉脱维亚、立陶宛、波兰、捷克、匈牙利、斯洛伐克、斯洛文尼亚、瑞士和马耳他。

目前,中国的旅行社所组的欧洲旅游团赴欧洲多个国家旅游,即采取办理申根签证的方式,只向申根国家中的最先入境的一国提出签证申请。

三、旅行社责任险及保险相关知识

2004年年末印度洋海啸灾难的发生,使参加出境旅游的人们再度关注起了出境旅游的保险问题。在印度洋地震海啸中不幸受到损害的游客,虽然参加的是中国有特许经营出境旅游资质的出境旅行社组织的出境旅游团,但却无法得到旅行社、保险公司给予的赔偿。因为,海啸事件的发生并非是由于旅行社的责任造成,它超出了旅行社责任险所规定的范围。

旅行社责任险,是目前国家规定的旅行社企业需要投保的唯一强制险种。按照《旅行社投保旅行社责任保险规定》所作定义,旅行社责任险是指旅行社根据保险合同的约定,向保险公司支付保险费,保险公司对旅行社在从事旅游业务经营活动中,致使旅游者人身、财产遭受损害应由旅行社承担的责任,赔偿保险金责任的行为。

2001年4月25日经原国家旅游局局长办公会议审议通过,2001年9月1日起施行的《旅行社投保旅行社责任保险规定》,是旅行社责任险的操作指南,包含了对旅行社责任险险种的细致解答。

出境旅游领队带团出行,与旅行社责任险的关系十分密切。领队应认真对旅行社责任险的内容、范围等进行学习,以便在实际问题发生时进行清楚解释和有效处理。领队带团中针对游客所提的涉及旅行社责任险的各类提问,也应该在对此险种充分了解的基础上作答。

(一)旅行社责任险的投保范围

旅行社投保的旅行社责任险是一种有限责任,而不是无限责任。《旅行社投保旅行社责任保险规定》的第二章第五条,对旅行社责任保险的投保范围进行了详细阐释。

> 旅行社应当对旅行社依法承担的下列责任投保旅行社责任保险:
> (一)旅游者人身伤亡赔偿责任;
> (二)旅游者因治疗支出的交通、医药费赔偿责任;
> (三)旅游者死亡处理和遗体遣返费用赔偿责任;
> (四)对旅游者必要的施救费用,包括必要时近亲属探望等需支出的合理的交通、食宿费用,随行未成年人的送返费用,旅行社人员和医护人员前往处理的交通、住宿费用,行程延迟需支出的合理费用等赔偿责任;
> (五)旅游者行李物品的丢失、损坏或被盗所引起的赔偿责任;
> (六)由于旅行社责任争议引起的诉讼费用;
> (七)旅行社与保险公司约定的其他赔偿责任。

《旅行社投保旅行社责任保险规定》列出了旅行社责任险的六项赔偿责任及一项承担的费用,我们可以从中看出,旅行社责任险负责的,只是旅行社正常的行程表中写明的各项活动中由于旅行社的责任造成游客损失的赔偿。游客在行程表之外的活动中的损失,不在此保险的范围之内;游客虽然参加的是行程表之内的旅游活动,但如果是因游客自身的原因(比如自身疾病)造成损失,也不在此保险的范围之内。

(二) 纠正对"旅行社责任险"的认识偏差

1. 旅行社责任险不同于旅游意外险

许多游客认为旅行社投保了"旅行社责任险",就已经是为自己购买了全程旅游的保险,这是一种认识的偏差。而一些旅行社在线路产品的宣传单中,将"已投保旅行社责任险"作为招徕顾客的手段之一,也存在误导游客的嫌疑。

从旅行社责任险险种的名称和内容中也可以看出,旅行社责任险这个险种,是旅行社作为经营主体为自身所应当负担的责任所进行的投保,完全区别于以往旅行社代游客投保的旅游意外险。旅游意外险所包括的旅游活动中出现的各种意外的内容,并没有被包含在旅行社责任险之中。

2. 旅行社责任险规定的旅行社不承担赔偿的范围

《旅行社投保旅行社责任保险规定》第二章"旅行社责任保险的投保范围"当中,在规定了旅行社所应当承担赔偿的责任外,对旅行社不承担赔偿责任的几种情况也予以明示。

> 第六条 旅游者参加旅行社组织的旅游活动,应保证自身身体条件能够完成旅游活动。
>
> 旅游者在旅游行程中,由自身疾病引起的各种损失或损害,旅行社不承担赔偿责任。
>
> 第七条 旅游者参加旅行社组织的旅游活动,应当服从导游或领队的安排,在行程中注意保护自身和随行未成年人的安全,妥善保管所携带的行李、物品。
>
> 由于旅游者个人过错导致的人身伤亡和财产损失,及由此导致需支出的各种费用,旅行社不承担赔偿责任。
>
> 第八条 旅游者在自行终止旅行社安排的旅游行程后,或在不参加双方约定的活动而自行活动的时间内,发生的人身、财产损害,旅行社不承担赔偿责任。

由此可见,游客由于自身疾病、个人过错或者是自由活动期间造成的人身伤亡及财产损失,是不在赔偿之列的,旅行社没有对这些问题进行赔偿的义务和责任。

以往许多旅行社在正常的行程之外,会把不少的自由活动的时间留给游客。游客在自由活动期间,会给自己安排逛街、购物、照相等活动。这种时候,领队就应该特别叮嘱游客注意安全。按照旅行社责任险的规定,游客在自由活动期间受到的损失也将无法得到旅行社责任险这项险种的赔偿。

与旅游保险、旅行社责任险事宜相关,2015年10月13日中国驻日本使馆也曾发出"提醒赴日本旅游中国公民行前购买适当旅游保险"的警示:"随着访日中国游客骤增,近期发生多起中国游客遭遇意外事故或突发疾病事件,日本高额医疗费用给游客及其家人带来沉重负担。据了解,旅行社责任险只承保旅行社在组织旅游活动过程中因疏忽、过失造成事故所应承担的法律赔偿责任的险种,意外事故或既往病史发作等不属承保范围。一些旅行社会为游客购买旅游意外保险,但保额较低,抵抗风险能力不高。中国驻日本使馆提醒赴日游客:在出行前确认旅行社购买的保险种类,并根据自身情况购买旅游意外保险及医疗保险,同时向保险公司了解国外理赔流程,以化解旅途中可能发生的风险。"

3. 高风险旅游项目需要另行保险约定

旅行社责任险所保的是旅行社的常规旅游线路,含有高风险旅游项目的特殊线路,还需要另外投保或附加旅行社特殊旅游项目责任保险。旅行社组织的赛车、赛马、攀崖、滑翔、探险性漂流、潜水、滑雪、滑板、跳伞、热气球、蹦极、冲浪等高风险旅游活动,均属于是常规线路以外的内容,因而需要另行投保。《旅行社投保旅行社责任保险规定》第十一条对此有所规定:

> 旅行社组织高风险旅游项目可另行与保险公司协商投保附加保险事宜。

在泰国等东南亚一些国家,中国游客在海边游玩时,常常会在导游的安排下参加深潜、冲浪、跳伞等有一定危险性的水上活动,在新西兰、斐济等国家旅游,也会参加蹦极等较危险的活动。按照《旅行社投保旅行社责任保险规定》,这些活动均需要旅行社与保险公司在通用的旅行社责任险之外再签署特殊旅游项目附加险。否则,游客在参加这类活动时发生意外,保险公司有理由不负责理赔。对于这一点,领队带团时必须十分清楚,必要时需要事先向游客作出解释说明,以免出现问题之后,游客对旅行社及领队产生不满。

(三)应建议游客主动投保旅游者个人保险

1. 向游客推荐保险是旅行社的责任

旅行社向游客推荐保险的做法,在《旅行社投保旅行社责任保险规定》第二十四条有如下规定:

> 旅行社在与旅游者订立旅游合同时,应当推荐旅游者购买相关的旅游者个人保险。

目前国内的许多旅行社的线路产品销售柜台,都有一些保险产品代卖,销售人员会向游客推荐多种保险产品。为了强调保险的重要性,行前说明会时,领队还应当就旅行者个人保险问题再作介绍,力求游客能为自己的旅游安全多作考虑。

2004年年末的印度洋地震海啸灾难,让人们认识到保险在外出旅游尤其是出境旅游中的重要性。游客在外出旅行时,投保一份人身意外险,就是为自己系上了一条"安全带"。一般情况下,人身意外险的保障范围都会涵盖自然灾害等不可抗力造成的损失。部分保险公司推出的人身意外险还涵盖了旅行期间的行李损失、行程延误以及旅行外出期间家庭财产盗抢损失等,如中国人民保险总公司的"神州游""四海游"险种等。以下是一家保险公司的境外旅行意外伤害保险的介绍,其保障的范围较为全面,有保险期间发生的意外身故、残疾,发生的意外医疗费用、境外紧急救援、旅行延误费用、旅行行李物品损失等主要内容。

"e-四海商务行" ——境外旅行意外伤害自助式组合保险

适用人群:境外商务出行的人士。
投保年龄:年龄范围在18~75周岁。
保障范围:保险期间发生的意外身故、残疾,意外医疗费用;
　　　　　境外紧急救援;
　　　　　旅行延误费用;
　　　　　旅行行李物品损失。
保险金额:每一被保险人可获得超过80万元的保险保障。
产品特色:保障范围广、保障程度高;
　　　　　保险期限、保障范围可自主选择组合;
　　　　　如果您选择了行李物品损失可免费获赠1000元的旅行证件损失保险保障。

2. 推荐游客购买的几类保险

目前我国各保险公司涉及旅游的保险条款多达几十种,游客可以根据需要自行选择组合。按照保险业内人士的推荐意见,一般游客出游可以从以下4种类型的保险中选择购买。

(1)旅游救助保险

这类保险是国内各保险公司普遍开办的险种,是保险公司与国际救援中心联合推出的,游客无论在国内外任何地方遭遇险情,都可拨打电话获得无偿的救助。

(2) 旅客意外伤害保险

这类保险主要为游客在乘坐交通工具出行时提供风险防范服务,游客所购买的车票和船票金额中的5%是用于保险的。每份保险的保险金额为2万元,其中意外医疗事故金1万元。保险期限从检票进站或中途上车上船开始,一直到游客检票出站或中途下车下船。

(3) 旅游人身意外伤害保险

对于参加探险游和惊险游的游客,最好应购买这类保险。这类保险每份保险费为1元,保险金额最高可达1万元,每位游客最多可买10份保险。保险期限从游客购买保险进入旅游景点和景区时起,直至游客离开景点和景区。

(4) 住宿游客人身保险

这类保险每份1元,从住宿之日0时起算,保险期限15天,期满后可以续保,每位游客可以购买多份。这类保险提供的保障主要有住宿旅客保险金5000元,住宿旅客见义勇为保险金1万元,为旅客随身物品遭意外损坏或被盗抢丢失的补偿金200元。

投保境外旅行人身意外险时,要注意选择投保具有全球紧急救援服务的产品。这样,一旦发生意外事故,投保人可通过保险公司的紧急救援系统展开"自救"。目前中国的一些保险公司,如平安保险、人保财险、友邦保险、美亚保险等,都已经推出境外旅游意外险,并且已开通了境外紧急救援服务。

四、急救知识

旅行当中,危及旅游者人身安全的可能无法完全排除。组织出境旅行的旅行社在对游客进行线路产品推销时,就应当让参团游客明白这一点。对此,《中国公民出国旅游管理办法》第十八条也有相应的规定:

> 旅游团队领队在带领旅游者旅行、游览过程中,应当就可能危及旅游者人身安全的情况,向旅游者作出真实说明和明确警示,并按照组团社的要求采取有效措施,防止危害的发生。

领队掌握一定的急救知识,可以在偶遇的各种事故中最有效地保护自己和游客,从而把损失降至最低。《旅行社出境旅游服务质量》中"领队素质要求"一节,对领队提出了明确要求:

> 领队应切实履行领队职责、严格遵守外事纪律,并具有一定的应急处理

能力。

将"具有一定的应急处理能力"作为对领队的素质要求,是基于对出境旅游领队的职业的高风险性的预估,有防患于未然的隐性含义在里面。

(一)意外伤害急救原则

(1)遇到意外伤害发生时,不要惊慌失措,要保持镇静,并设法维持好现场的秩序。

(2)在周围环境不危及生命的条件下,一般不要随便搬动伤员。

(3)暂不要给伤病员喝任何饮料和进食。

(4)如发生意外,而现场无人时,应向周围大声呼救,请求来人帮助或设法联系有关部门,不要单独留下伤病员无人照管。

(5)遇到严重事故、灾害或中毒时,除急救呼叫外,还应立即向有关政府、卫生、防疫、公安、新闻媒介等部门报告。报告时要讲明现场在什么地方、病伤员有多少、伤情如何、都做过什么处理等。

(6)对呼吸困难、窒息和心跳停止的伤病员,迅速将其头抬高到后仰位、托起下颌、使其呼吸道畅通,同时施行人工呼吸、胸外心脏按压等复苏操作,实施原地抢救。

(7)现场抢救一切行动必须服从统一指挥,不可各自为政。

(二)急救现场处理的主要任务

任何急救工作,首重生命征象的维持,应当遵守 ABC 三个原则:即 A(Airway,通风)、B(Breathing,呼吸)、C(Circulation,循环)。

1. 急救现场处理的主要任务

急救现场处理的主要任务是抢救生命、减少伤员痛苦、减少和预防加重伤情和并发症,正确而迅速地把伤病员转送到医院。在保证维持伤病员生命的前提下,应抓主要问题,分清主次,有条不紊地进行,切忌忙乱,以免延误和丧失有利时机。

(1)镇定有序的指挥

一旦灾祸突然降临,不要惊慌失措,如果现场人员较多,要一面马上分派人员迅速呼叫医务人员前来现场,一面对伤病员进行必要的处理。

(2)迅速排除致命和致伤因素

如搬开压在身上的重物,撤离中毒现场,如果是触电意外,应立即切断电源;清除伤病员口鼻内的泥沙、呕吐物、血块或其他异物,保持呼吸道通畅等。

(3)检查伤员的生命体征

检查伤病员呼吸、心跳、脉搏情况。如有呼吸心跳停止,应就地立刻进行心脏按摩和人工呼吸。

(4)止血

有创伤出血者,应迅速包扎止血,就地取材,可用加压包扎、上止血带或指压止血等,同时尽快送往医院。

(5)进行简单保护处理

如有腹腔脏器脱出或颅脑组织膨出,可用干净毛巾、软布料或搪瓷碗等加以保护。有骨折者用木板等临时固定。神志不清者,未明了病因前,注意其心跳、呼吸、两侧瞳孔大小。发现有舌后坠者,应迅速请医生将其舌头拉出或用别针穿刺固定在口外,防止窒息。

(6)迅速而正确地转运

按不同的伤情和病情,按轻重缓急选择适当的工具进行转运。运送途中随时注意伤病员病情变化。

2. 急救的几项禁忌

(1)急性腹痛忌服用止痛药

以免掩盖病情,延误诊断,应尽快去医院查诊。

(2)腹部受伤内脏脱出后忌立即复位

脱出的内脏需经医生彻底消毒处理后再复位,以防止感染造成严重后果。

(3)使用止血带结扎忌时间过长

止血带应每隔1小时放松1刻钟,并做好记录,防止因结扎肢体过长造成远端肢体缺血坏死。

(4)昏迷病人忌仰卧

应使其侧卧,防止口腔分泌物、呕吐物吸入呼吸道引起窒息。更不能给昏迷病人进食、进水。

(5)心源性哮喘病人忌平卧

因为平卧会增加肺脏瘀血及心脏负担,使气喘加重,危及生命。应取半卧位使下肢下垂。

(6)脑出血病人忌随意搬动

如有在活动中突然跌倒昏迷或患过脑出血的瘫痪者,很可能有脑出血,随意搬动会使出血更加严重,应平卧,抬高头部,即刻送医院。

(7)小而深的伤口忌马虎包扎

若被锐器刺伤后马虎包扎,会使伤口缺氧,导致破伤风杆菌等厌氧菌生长,应请医生清创消毒后再包扎,并注射破伤风抗毒素。

（8）腹泻病人忌乱服止泻药

在未消炎之前乱用止泻药,会使毒素难以排出,肠道炎症加剧。应在使用消炎药痢特灵、黄连素、氟哌酸之后再用止泻药,如易蒙停等。

（9）触电者忌徒手拉救

如发现有人触电后应立刻切断电源,并马上用干木棍、竹竿等绝缘体排开电线。

（三）病发和事故的现场处理

病发和事故现场处理的要点是:帮助病人保持最舒服的姿势,以减轻痛感;移动病人不要勉强硬搬,可以叫人帮忙,要小心、协调;让病人躺倒或移动时,注意不要加重病情;对意识清楚、脸色正常者,注意保暖。

要垫低枕头,找平坦的地方,让病人躺倒。对脸色正常者,只要盖棉毯保暖就行。对意识清楚、无休克症状者,可让病人保持原有姿势,不宜多搬动。

1. 部分情况的简单处理

(1) 对感到心脏、胸部痛苦的病人

用棉被垫在病人背后,让病人呈平卧姿势。面朝椅背坐下,让脚伸出,头搁在坐椅背上,这一姿势可以帮助减轻呼吸困难。

(2) 对脸色异常、有休克症状、下肢出血的病人

用棉被垫高下肢部。休克的症状表现为:脉搏、呼吸加快,脸色苍白,冒冷汗,血压下降,意识模糊,手脚发冷。

(3) 对处于昏睡状态的病人

要让病人侧身躺下,轻轻将脚弯曲,把自然弯曲了的左手腕压在右手心背,将下颌搁在上面,使下颌突出,舌伸出,这样有利呼吸道通畅。

(4) 必须马上转移伤者的情况

交通事故的现场人多,不利于急救,必须马上把受伤者转移到安全的地方作处理。火灾和煤气中毒现场,温度高和温度低,对受伤者影响甚大,易使病情恶化,也必须马上转移到能进行急救处理的地方。

(5) 暂时不动体位的情况

骨折病人,尤其是颈、胸、腰部和脊椎骨折,可用毛巾或布条简易固定,移动时要保持平稳。对脑中风者,绝对不能移动,如倒在狭小的厕所或浴缸里,也可轻轻地移至附近的可以开展急救的地方,让病人保持昏睡体位,注意保暖,等候救护车。

2. 出血的急救处理

对出血急救处理的要点是:用清洁的毛巾等压迫止血;迅速探明出血点;呼吸急促且无力时,预示着危险,应马上叫救护车。

(1) 手脚出血

如果伤口被泥沙污染,应首先用消毒凉水或冷开水冲洗,切忌用肥皂洗涤。出血伤口周围的血块、血浆等不要去擦洗,伤口内的玻璃片、小刀等异物也不要勉强拔出,因拔出后可能引起大出血,应马上送医院处理。

用清洁的布块、毛巾(最好是消毒纱布)等垫在伤口上,直接压迫 10~20 分钟止血。血止住后,用包带轻轻包扎,注意别包得过紧,以能压住出血为度,然后上医院处理。切忌用脱脂棉花、草纸垫在伤口处,也不能在伤口上涂药物。要在 6 小时内进行消毒处理,以防感染化脓。

出血、受伤后应马上用净水器过滤的自来水或消毒井水、冷开水清洗,没什么特别需要消毒的。伤口污染后,只要在 6 小时内能进行充分的消毒,一般不会出现化脓。但是,如果是刃物刺入等引起的伤口,以及刺入物残留体内,又未在 6 小时内作充分清创处理,会出现伤口化脓。另外,要记住,无论什么东西致伤的伤口,都有发生破伤风的可能,要即时采用预防措施。

(2) 体表动脉出血

要迅速探明出血部位,用手掌按住伤口约 20 分钟。如还不能止血,可用绷带缠绕压迫止血,同时找到伤口至心脏段内离心脏近、能感觉脉搏跳动的部位,用手指用力压迫(间接压迫法)止血。若手指、脚趾出血,则可用布垫着再用手指握紧止血。头部、腹部出血,可用直接压迫法,边压迫止血边上医院。通常是脉搏每分钟 120 次以上、呼吸每分钟 20 次以上(成人)、人体血液丧失 1/3 以上就面临生命危险了。

3. 休克的急救措施

(1) 放置平卧位

下肢应略抬高,以利于静脉血回流。如有呼吸困难可将头部和躯干抬高一点,以利于呼吸。

(2) 保持呼吸道通畅

尤其是休克伴昏迷者。方法是将病人颈部垫高,下颌抬起,使头部最大限度的后仰,同时头偏向一侧,以防呕吐物和分泌物误吸入呼吸道。

(3) 保暖或降温

注意给体温过低的休克病人保暖,盖上被、毯。但伴发高烧的感染性休克病人应给予降温。

(4) 必要的初步治疗

因创伤骨折所致的休克可采取止痛措施,对骨折部位进行简单固定。

(5) 迅速将病人运送至医院

需尽快将病人送往有条件的医院抢救。对休克病人搬运越轻越少越好。应送到离附近最近的医院为宜。在运送途中,应有专人护理,随时观察病情变化,最好在运送中给病人采取吸氧和静脉输液等急救措施。

(四)对部分意外事件的处理

1. 对交通事故的处置

车祸是旅游团最易遇到的意外事件。车祸所造成伤害的严重程度与乘客自我保护意识有关。坐车时按照规定系好安全带。欧洲的许多大型旅行车都有安全带的配置,车辆在高速路行驶时乘车人应当系好安全带。

当意识到或看到车祸即将发生的瞬间,要设法将身体牢牢地固定在坐椅上,比如用双手紧抓住扶手,或采用用手足使劲顶紧前排坐椅、全身绷紧等措施,就可有效地预防和减少伤害发生。

大多数车祸发生时车辆均处于高速行驶之中,给乘客造成的伤害大体可分为减速伤、撞击伤、碾挫伤、压榨伤及跌扑伤等,其中又以减速伤、撞击伤为多。减速伤是由于车辆突然而强大的减速所致伤害,如颅脑损伤、颈椎损伤,主动脉破裂、心脏及心包损伤,以及"方向盘胸"等。撞击伤多由机动车直接撞击所致。碾挫伤及压榨伤多由车辆碾轧挫伤,或被变形车厢、车身和驾驶室挤压伤害同时发生。高速的冲撞、挤压常可导致头部损伤、胸部损伤、四肢骨折甚至脊柱骨折。

(1)迅速报告并进行简单处置

车祸发生后,无论是司机还是乘客只要意识还清醒就要先关闭发动机,如撞车后车辆起火燃烧必须要迅速撤离,以防油箱爆炸伤人。此时当务之急首先是迅速报警,把出事的时间、地点、伤亡情况等报告警方,并设法通知就近的医疗卫生单位,请求派出救护车和救护人员前来救助。

(2)对伤者进行分类并进行简单处置

对于伤员则不必急于把他们从车上或车下往外拖,而应该首先检查伤员是否失去知觉,还有没有心跳和呼吸,有无大出血,有无明显的骨折。如果伤员已发生昏迷,这时可先松开他们的颈、胸、腰部的贴身衣服,把他的头转向一侧并清除口鼻中的呕吐物、血液、污物等,以免引起窒息。如果心跳和呼吸都停止了,应该马上进行口对口人工呼吸和胸外心脏按压。

如果伤者有严重外伤出血,可将其头部放低,伤处抬高,并用干净的手帕、毛巾在伤口上直接压迫或把伤口边缘捏在一起止血。如果发生开放性骨折和严重畸形则易于发现,但是由于穿着衣服有时难以发现,所以不应急于搬动病者或扶其站立,以免骨折断端移位,损伤周围血管和神经。如果病人发生昏迷、瞳孔缩小或散大,甚至对光反应消失或迟钝,则可能有颅内损伤情况,必须立即送医院抢救。至于一般的伤员,让他们采取各自认为恰当的体位,耐心地等待有关部门前来处理。

(3)不能给伤者任何饮料和食物

在等待转运的过程中,原则上不要给予伤者任何饮料和食物,不能将水、酒精、碳酸类的饮料作为应急医疗品给伤者饮用。如果强行给予饮料,神志不清的重伤者可能会因误吸饮料进入气管而发生窒息。那些头、胸、腹或四肢受到严重创伤需要手术治疗的伤者,因为手术时病人胃内存留的液体和食物可能发生反流误入气管造成窒息,故也不能给予饮料和食物。

如果伤者受伤不重,又自觉口渴难耐,可用小勺少量试喂给伤者。如果发现伤者出现呛咳、恶心、疼痛加剧的表现出现,应立即停止。

(4)不能拦截普通车辆运送危重病人

伤员在现场采取了简单急救措施后,要迅速根据轻重缓急由急救车运送至医院,千万不要现场拦普通车辆运送危重病人;否则由于其他车辆缺乏特殊抢救设备,伤员可能会因不正确的半坐位、半卧位、歪侧卧位等运送方式而加重伤势,甚至死于途中。

2. 空难的自救方法

全世界每年死于空难的有1000余人,而死于道路交通事故的达70万人。从这个意义讲,乘飞机也许是最安全的交通方式。然而一旦发生飞机失事,幸存者却寥寥无几。飞机起飞后的6分钟和着陆前的7分钟内,最容易发生意外事故,国际上通常称之为"可怕的13分钟"。据航空医学家统计,在我国有65%的事故发生在这13分钟内。因此乘坐飞机应按机上乘务员广播的要求,在起飞和降落、飞行危险最容易出现的时候系好安全带。

空中常见的紧急情况有密封增压舱突然低落、失火或机械故障等。一般机长和乘务长会简明地向乘客宣布紧急迫降的决定,并指导乘客采取应急处理。水上迫降时,空中小姐会讲解救生衣的用法,但在紧急脱离前,乘客仍应系好安全带。若飞机高度在3660~4000米,旅客头顶上的氧气面罩会自动下垂,此时应立即吸氧。如果机舱内失火,可用二氧化碳灭火瓶和药粉灭火瓶(驾驶舱禁用);非电器和非油类失火,应用水灭火瓶。乘客要听从指挥,尽量蹲下,处于低水平位,屏住呼吸,或用湿毛巾堵住口鼻,防止吸入一氧化碳等有毒气体引起中毒。

飞机失事前会有各种预兆,比如,机身颠簸、飞机急剧下降、舱内出现烟雾、舱外出现黑烟、飞机发动机关闭、一直伴随着的飞机轰鸣声消失等。在高空飞行时一声巨响,舱内尘土飞扬,这是机身破裂舱内突然减压所致。

作为防护措施,乘客登机后认准自己的座位与最近的应急出口的距离和路线,了解并掌握"应急出口"的打开方法。在事故来临的时候,要学会紧急处置的办法。首先,如果头顶部有重而硬的行李必须挪至脚旁。然后要保持一种最稳定的安全体位,即:竖直坐椅靠背,尽可能系紧安全带,弯腰躬身,双手抱住膝盖以下,把头放在膝盖上,两脚前伸紧贴地板。在机组人员的指挥下,尽可能坐到前舱,因为机尾跌毁的可能性较大。

在机舱内出现烟雾时,一定要使头部处于可能的最低位置,因为烟雾总是向上的,屏住呼吸用饮料浇湿毛巾或手绢,捂住口鼻后才呼吸,弯腰或爬行至出口。当机舱破裂减压时,要立即戴上氧气面罩,并且必须戴严,否则呼吸道肺泡内的氧气会被吸出体外。为了增加舱内的压力和氧浓度,飞机会立即下降至3000米高空以下,这时必须系紧安全带。若飞机在海洋上空失事,要立即换上救生衣。要注意千万不要在走出机舱前吹起救生衣,以免造成出舱门的困难。在飞机下坠时,要对自己大声呼喊:"不要昏迷,要清醒!"并竭力睁大眼睛,用这种"拼命呼喊式"的自我心理刺激避免震昏。当飞机撞地轰响的一瞬间,要飞速解开安全带系扣,猛然冲向机舱尾部朝着外界光亮的裂口,在油箱爆炸之前逃出飞机残骸。因为飞机坠地通常是机头朝下,油箱爆炸在十几秒钟后发生,大火蔓延也需几十秒钟时间,而且总是由机头向机尾蔓延。

3. 游泳发生意外的应急方法

一些人在参加游泳活动后,可能会产生不适之感,因而应当掌握有效的处置方式,减少或解除游泳所带来的痛苦。

(1)头痛

多因呛水或暂时性脑血管痉挛供血不足造成。发生头痛时应迅速上岸,用大拇指对准头部太阳、百会等穴位进行旋转按摩,并用热毛巾做头部保暖;喝杯热茶,头痛可以很快缓解。

(2)头昏脑涨

多因游泳时间过长,肌体能量消耗过大,导致血糖降低,加上身体疲劳、饥饿而引起。此时要立即上岸休息,给予全身保暖,用中指按压印堂、人中等穴位,并喝一杯淡盐糖水,头昏脑涨很快就能消除。

(3)眼睛痒痛

无论是天然还是人工游泳场所,其水中多少带有一些致病物质,导致急性结膜炎,引起眼睛痒痛。有的人在海滨游泳,眼睛承受不了咸水的刺激,也会使眼睛发涩、红肿痒痛。处理眼睛痒痛的方法是:应马上用清洁的淡水冲洗眼睛,然后用毛巾擦干,点些氯霉素眼药水。临睡前还可以做热敷。

(4)耳痛、耳鸣

多数由耳内灌水或鼻子呛水所造成。出现这种情况时,应上岸用盐水漱口,以疏通鼻腔、清洁耳道。

(5)恶心呕吐

多由于鼻子呛水,喝进脏水,疲乏劳累,精神烦躁,情绪紧张等造成,从而出现一时性的反胃而恶心呕吐。口服人丹7~10粒即可止吐。

游泳活动当中,也可能会出现一些意外,因此学会一些科学的应急方法是非常必要的。

游泳时如果发生意外,要沉着果断地进行有效处理。如在水中发生小腿抽筋,应立即上岸,伸直腿坐下,用手抓住脚拇指向后拉,并按摩小腿肌肉。若不能立即上岸,应保持冷静,屏住气,在水中做上述动作。

救护溺水者时必须用救生圈、球或木板等,除专职救生员外,即使会游泳的人也不要徒手接近溺水者。

溺水者获救后,应立即检查其呼吸、心跳。如呼吸停止,应马上做人工呼吸,在5秒钟内观察其有无恢复自主呼吸。如无反应,应接着再做,直至其恢复自主呼吸。如果溺水者呼吸、心跳完全停止了,应立即做心肺复苏。如果溺水者喝入大量的水,可在其意识清醒时,用膝盖抵住其背部,一手托住上腹部,另一手扒开其口;或救护者单腿跪着,让溺水者脸朝下伏于膝盖上将水吐出。

4. 野外活动中事故的处理

野外活动中事故处理的要点是:一旦发生事故需冷静作出判断,并迅速采取处置措施。

(1)中暑

应迅速将病人转移到树荫下凉快的地方。让病人躺下,解开衣服,或用冷水毛巾擦身,或边用酒精擦身边用口吹,促使酒精快速挥发散热。患者想喝水时可以给凉开水或盐水。重症中暑出现抽搐者,应马上叫救护车送医院。

(2)晒痛

皮肤被晒发红并出现疼痛时可用冷水毛巾敷在患部,直至痛感消失为止。也可以涂上防晒油脂。出现水泡时,不要去挑破,用冷水毛巾敷着去医院处理。

(3)冻伤

用37℃左右的温水慢慢地使患部温暖,若出现红肿,用纱布包后去医院处理。注意:冻伤后不能用火烘或用热水洗,也不可以按摩患部。

(4)误饮了毒水

要以手指挖喉,引起反射性呕吐,迅速让病人吐出毒水。如果是毒性强的毒水,应马上送医院灌洗胃肠。

(5)接触性皮炎斑疹

当接触某些物质而致皮肤出现奇痒、红肿时,要赶快离开引起过敏的物质,并用水清洗患部,马上更换衣服。红肿厉害时,可以涂肾上腺皮质激素软膏。容易引起斑疹的物质多种多样,比如有:化妆品、染发水、洗涤剂、涂料、野漆树、银杏树、各种花粉等。

(6) 晕车

调换到晃动轻微的位置,打开窗户呼吸新鲜空气,解开衣服,想吐时以吐出为好。可吐入塑料袋中。晕车有相当一部分是心理因素引起的,所以要尽量分散晕车者的注意力,必要时也可以服用药物来防止。

(7) 被狗或猫咬伤

被咬后应迅速用净水涂肥皂冲洗干净,包上纱布再去医院检查。被狗咬伤的伤口,容易化脓,所以必须进行彻底的伤口处理,并及时注射疫苗。

(8) 被蛇咬伤

应首先将被咬的肢体放低位置,在伤口靠近心脏的一端用领带等轻轻地扎起来。口内无舌、龈溃破或唇裂伤口者,可以用口对伤口猛吸多次,每吸一口后马上将吸出的血吐掉,最后还须漱口。被蛇咬伤后,伤口部位应保持不动,如是脚伤,应抬着去医院。被毒蛇咬伤是危险的,即使是被无毒蛇咬到,也必须去医院处理。

(9) 蜂刺

被蜂刺后,首先要把毒刺拔出,用手挤出毒液,然后涂上氨水和抗组织胺软膏。如果被刺后出现恶心、抽搐等症状,是危险的预兆,要赶紧上医院。若被刺后20分钟以内无异常反应,一般来说问题不大。

(10) 被毛虫刺伤

被带有毒腺的毛虫刺伤后,伤处立即变红肿,并有痛感。此时可用手挤出毒汁,并用肥皂、自来水擦洗干净。

(11) 蜈蚣咬伤

被蜈蚣咬伤后局部马上会出现红肿,并伴有剧烈疼痛。此时应马上用力将伤处的毒液挤出,在伤口的近心端部位用领带等扎起来。并用自来水冲洗,进行冷敷,涂上抗组织胺软膏,然后马上去医院。

五、对旅行团若干特殊问题的处理

出境旅游因受许多无法控制的不可抗力制约,出现意外事故某种角度看或是一种必然。以往的中国出境旅游团队曾多次在境外遇到意外。如2003年有几个旅游团在欧洲遇到抢劫;2004年春节,一个旅游团在泰国遇到车祸;2004年12月26日印度尼西亚地震引发的印度洋特大海啸中,我国在重灾区泰国遇险的游客就有近千人,仅浙江省就有4个旅游团队身陷其中。

日本的一家旅行社在对大量的出境旅游数据分析后得出结论,即每组织5万人,便会遇到一例游客死亡的事故。可见,旅游当中的事故是防不胜防的,只有从思想上和行动上有所准备,才能在意外来临的时候,处之泰然、沉着应对。

旅游团在具体的运作过程当中,更动计划、改变行程的事情也会发生,其他如游客护照丢失、机票丢失的事情也常常出现。一旦出现这些问题,领队带团应该如何面对、如何解决,必须事先经过学习和训练。

旅游团在境外出现一些非常事件,及时报告中国驻当地国的使领馆,实属必要。得到中国驻外使领馆的协助和保护,也是出境游客的一项权利,这在《中华人民共和国旅游法》第八十二条已经得以阐明:"中国出境旅游者在境外陷于困境时,有权请求我国驻当地机构在其职责范围内给予协助和保护。"

《中国公民出国旅游管理办法》第十九条也有类似规定:

> 旅游团队在境外遇到特殊困难和安全问题时,领队应当及时向组团社和中国驻所在国家使领馆报告;组团社应当及时向旅游行政部门和公安机关报告。

迅速向组团社汇报听取指示,向使馆报告以获取支持,是旅游团队在境外旅游遇到意外事件时,领队首先应该做的一项工作。在具体的处理方面,《旅行社出境旅游服务质量》也以"特殊情况的处理"一节,给出了一些原则性意见:

> 组团社应建立健全应急处理程序和制度。
> 旅游者在旅游过程出现的特殊情况,如事故伤亡、行程受阻、财物丢失或被抢被盗、疾病救护等,领队应积极作出有效的处理,以维护旅游者的合法权益。
> 必要时,向我驻当地使领馆报告,请求帮助。

在如何应对特殊情况的问题上,与《旅行社出境旅游服务质量》相关联的《导游服务质量》列出了一些解决方式,可以为领队在处理这些问题时提供一个很好的参考。

(一)路线或日程变更

1.游客要求变更计划行程

旅游过程中,游客如提出变更路线或日程的要求时,领队原则上不能同意。领队的任务就是要依照合同执行,特殊情况报组团社,由组团社来决定日程的改变。泰国海啸之后,部分在普吉岛的中国游客提出不等国内飞机接回而要领队率团改飞曼谷,领队坚持按照计划执行的情形就与此相似。

2. 客观原因需要变更计划行程

旅游过程中,因客观原因需要变更路线或日程时,领队应向旅游团(者)做好解释工作,并及时将游客的意见反馈给组团社和接待社,并根据组团社或接待社的安排做好工作。

北京及上海等地的范本《出境旅游合同》中规定,行程中因不可抗力或不可归责于出境游组团社的原因,导致无法按照约定线路、交通、食宿等标准,继续履行合同的,组团社可在征得团队内2/3以上成员同意后,对相应内容予以变更。因变更而超出的费用,由旅游者承担,节省的费用应当返还给旅游者。对由于航班延误或取消、第三方侵害等不可归责于组团社的原因,导致游客人身、财产受到损害的,组团社不承担责任,但应当积极协助解决游客与责任方之间的问题。

(二) 物件丢失或损坏

1. 丢失证件或物品

当旅游者丢失证件或物品时,导游人员应详细了解丢失情况,尽力协助寻找,同时报告组团社或接待社,根据组团社或接待社的安排协助旅游者向有关部门报案,补办必要的手续。

游客如将客票遗失,领队需要立即陪同游客一起到当地派出所或警察局报案,取得遗失证明。然后到航空公司当地办事处办理挂失手续。航空公司的对遗失客票的处理并不一致。有的航空公司会补给一张新票;但也有的航空公司会要求客人暂时先重新买一张票。遗失机票的乘客在回到原出发地后再到航空公司办理手续,大约要再等待一年至一年半的时间,如果原丢失机票未发生冒用、冒退,航空公司会通知客人或代理人办理退款。

2. 丢失或损坏行李

当旅游者的行李丢失或损坏时,领队应详细了解丢失或损坏情况,积极协助查找责任者。当难以找出责任者时,领队应尽量协助当事人开具有关证明,以便向投保公司索赔,并视情况向有关部门报告。

按照"旅行社责任险"的规定,保险公司应当承付"旅游者行李物品的丢失、损坏或被盗所引起的赔偿责任"。

(三) 旅游者伤病或死亡

1. 旅游者伤病

旅游者意外受伤或患病时,领队应及时探视。如有需要,领队应陪同患者前往医院就诊。病情不明的情况下,应严禁领队擅自给患者用药。

2. 旅游者病危

旅游者病危时,领队应立即协同导游或亲友送病人去急救中心或医院抢救,或请医生前来抢救。患者如系某国际急救组织的投保者,领队还应及时与该组织的代理机构联系。

在抢救过程中,领队应要求患者亲友在场,并详细地记录患者患病前后的症状及治疗情况。

在抢救过程中,领队应随时向当地接待社及国内组团社反映情况。领队还应通过组团社及时通知患者亲属,同时妥善安排好旅游团其他旅游者的活动。领队应继续随团旅行。

3. 旅游者死亡

按照前述日本旅行社关于每组织5万名游客就会出现一例死亡的概率统计,同时参照实际情况,旅游团中出现游客死亡,应该在预想之中,旅行社应提前做好相应的处理预案。

旅游者出现死亡,会有多种原因,如伤病所致、交通意外、自然天灾等,不管哪种原因,凡出现旅游者死亡的事件,领队都应作为重中之重的大事对待,尽全力去处理好。

出现旅游者死亡的情况时,领队应立即向组团社汇报,并通过导游立即向当地接待社报告,由当地接待社按照有关规定做好善后工作。同时,领队应稳定其他旅游者的情绪,并继续做好旅游团的带团工作。

如游客系非正常死亡,领队应与导游一起商量,注意保护现场,及时报告当地有关部门。

六、护照、签证与国际机票相关知识

(一) 护照

护照是一个主权国家发给本国公民出入国(境)在国外旅行、居住时使用的证件,它是证明持证人(拥有护照者)的国籍、身份的法律依据。

2006年4月29日第十届全国人民代表大会常务委员会第二十一次会议通过的《中华人民共和国护照法》(以下简称《护照法》)规定:"中华人民共和国护照是中华人民共和国公民出入国境和在国外证明国籍和身份的证件。"

中华人民共和国护照分普通护照、外交护照和公务护照几种。普通护照由公安部出入境管理机构或者公安部委托的县级以上地方人民政府公安机关出入境管理机构以及中华人民共和国驻外使馆、领馆和外交部委托的其他驻外机构签发;外交护照由外交部签发;公务护照由外交部、中华人民共和国驻外使馆、领馆或者外交部委托的其他驻外机构以及外交部委托的省、自治区、直辖市和设区的市人民政府外事部签发。

公民因前往外国定居、探亲、学习、就业、旅行、从事商务活动等非公务原因出国的,由本人向户籍所在地的县级以上地方人民政府公安机关出入境管理机构申请普通护照。公民申请普通护照时,应当提交本人的居民身份证、户口簿、近期免冠照片以及申请事由的相关材料。国家工作人员因《护照法》第五条规定的原因(办理普通护照的原因)出境申请普通护照的,还应当按照国家有关规定提交相关证明文件。

普通护照的登记项目包括:护照持有人的姓名、性别、出生日期、出生地,护照的签发日期、有效期、签发地点和签发机关。普通护照的有效期为:护照持有人未满16周岁的5年,16周岁以上的10年。

(二)签证

护照是持有人国籍和身份的证明,签证则是往访国家对持照人入出其国境的许可证明。进行国际旅行,通常需要同时持有效护照和签证。

签证是一个国家主管机关在本国或外国公民所持有的护照上的签注、盖印,表示准其出入本国国境。持有有效护照的我国公民,不论因公或因私出国,除了前往同我国签订有互免签证协议的国家外,事先均需获得前往国家的签证。签证一般做在护照上,和护照同时使用。未建交国,通常将签证做在另纸上,称为另纸签证,与护照同时使用。一些国家对中国的旅游团队,也给予整团一张的另纸签证。

1. 签证的种类

签证的种类很多。世界各国签发给外国人的入境签证,一般可分为外交签证、公务签证和普通签证。有的国家还有礼遇、旅游、非移民及移民签证。根据入出境情况还分别发给出境签证、入境签证、入出境签证、出入境签证或过境签证等。出境签证,只许出境;入境签证即准许持证入境,如需出境,须再申办出境签证;出入境签证,可以出境,也可以再入境;入出境签证,可以入境,也可以再出境;多次入出境签证,在证件有效期内可多次入出境;过境签证,只许在限定时间内在指定的入出境口岸经过国境,一般不得前往其他地区。有的国家还根据入境事由把签证分为探亲签证、留学生签证、定居签证、工作签证、旅游签证等。

2. 签证的有效期、有效次数及签证的有效期

各国签证内容不同,风格迥异,但签证上所列信息内容基本一致。签证上一般都注明:签证的种类、签证代号、入出境(过境)目的、停留期限、有效次数、签发机构、签发地点、签证官员签署、印章、签发日期和签证费用等。签证办好取回

后,应逐项仔细检查,避免信息失误,影响行程。

各国颁发护照和签证的机关,对不同的签证,规定有不同的有效期限。签证的有效期一般为1个月、3个月、半年或1年以上,也有的签证有效期不足一个月;过境签证的有效期一般较短,大多在1周以内。持证人必须在签证规定的期间内入、出或过境。签证过期,必须重新申办。签证除了有一定的有效期限外,还规定有效次数。有的签证一次有效,即这个签证使用一次后就失效;有的签证两次有效,还有的签证为多次有效。

(三)国际机票

1.机票的舱位标志

航空公司票价一般分为头等舱、公务舱和经济舱三种等级。每种等级又按照正常票价和多种不同特殊优惠票价划分为不同的舱位代号。头等舱代号一般为F、A;公务舱代号一般为C、D等。经济舱的代号,如:有的航线经济舱划分为Y、M、L、K、T五种代号,代表不同的票价,分别拥有不同的座位数量。世界上各个航空公司一般均自行定义使用哪些字母作为舱位代号,在舱位代号上无统一的规定。

我们拿到手的国际机票,上面可能还会有一些标记,也和我们的出行有关。比如:"NON-PRT"代表不能更改路线。"NON-REFUN"表示不能退票。不要放过这些标记,因为也许就因为我们没有看见或没有读懂,便会影响我们的行程和计划。

2.OK机票与OPEN机票

OK机票指的是去程和回程都已经确定了座位的机票,去程日期时间和回程日期时间都会在机票上清楚地标明。当我们此次旅行的行程非常明确,回程日期不会有提早或推后,到航空公司出票的时候,就可以出OK机票。因为去与回的时间、航班都已经定下来,所以,它很适合我们的旅行计划的严格执行。旅游团队的机票通常都会是OK机票,团队因而会按照计划往返。

OPEN机票与OK机票的不同,就在于回程日期和航班没有确定,在机票上不标明回程的日期和航班,而标注有OPEN的字样。持OPEN机票的游客如果确定下来回程时间和航班后,必须要到航空公司在境外目的地国家(地区)的办事处再进行登记。

OPEN机票的好处是回程时间暂时未定。游客如果在某个国家(地区)某个城市愿意多停留几天,那出票时要求航空公司出OPEN机票是十分合适的。自助游的游客到了某个地方,如果被当地的美景所吸引,难免会希望改变原来的旅行计划,延长在当地的停留时间。出发前预订好这样的OPEN机票,就可以把这种遗憾抛在脑后。

究竟是要出OK机票还是OPEN机票,最好在出发前就想好。因为如果出了OK机票,则航空公司肯定不会给你临时进行更改。OPEN机票虽然较为灵活,但也需要认真计算,因为有时会有航班密度或机位紧张的问题也需要放在里面进行考虑。你取消了在原定的日期乘机返回,可能就要到3天以后才有航班。你原本想的是延后一天,但却可能不得不延后3天。有时候,特别是旅游旺季,整月订不到机位的事情也时常会发生。订OPEN机票的旅客则往往会被迫或补交差价购买高舱位机票或另购其他航空公司的机票返回,经济上损失较大。

3. 机票的再确认手续(Reconfirmation)

按照国际航空惯例,对于往返和联程机票,如果在某地停留时间超过72小时,无论是否已订妥后续航班机位,客人均需要提前至少72小时在该地办理后续航班的机位再确认手续。一般方法可以是打电话给航空公司告知是否按时乘坐后面航班继续旅行。否则,航空公司有权取消机位。

4. 国外航空公司的不同种类机票

国外航空公司为适应不同地区的航线经营,会将机票分为许多种类。各种机票又各有不同的用途、票价和限制条件,以便与旅客的需求及消费能力相对应。

(1)普通一年期机票(Normal Fare)

这种机票有限期为一年,购买时不需指定航班,持票人如持有护照及签证,只需起程前订位。经确认机位后,便可按时登机出发。这种按票面价购入的普通一年期机票,也允许换乘其他航空公司的航班。一般来说,普通一年期机票票价较高但灵活方便,没有太多限制,时间上较易掌握。若预计途中可能随时改变旅行的线路、时间的话,以购买普通一年期机票较好。虽然票价较高,但物有所值。所节省的时间及其灵活可能比购买特价票更划算,且退票时较为有利。

(2)旅游机票(Eecursion Fare)

旅游机票的票价一般要比普通一年期机票更便宜,但同时限制也会很多。例如只能购买往返票而不能购买单程票、不能更改目的地等。旅游机票又分为中途停站及中途不停站两种。中途容许停站的票价较贵,持票人一定要在目的地停留一段时间,还要在规定机票有效期内回程。例如我国香港到伦敦的旅游机票,规定为90天内有效,即持票人必须在此限期内回程,否则机票失效。旅游机票的限制视每一条航线而有不同。有些旅游票也有最少停留目的地若干日的限制。例如有限期为7~30天的,即表示持票人在目的地最少必须停留7天,而必须在30天内有效期内回程;21天或60天内有效的以此类推。购买此种机票时,应该详细了解有效期,以免机票因过期失效而招致损失。

(3)团体机票(Group Fare/Group Inclusive Tour/GV Fare)

团体机票是旅行社特有的一种廉价机票。按照规定,旅行社作为航空公司的指定代理向航空公司订下的这些优惠机票,只能作为旅行社组织团体旅行之用,不能出售与散客游客。但实际上,在一些旅行社也能买到。购买这类机票时,应该注意机票的有效期以及是否允许退票。多数团体票会有不能退票的限制并在机票上注明。购买了此类机票后,如因签证或其他原因延误,导致不能按期出发,则一定会有损失。

(4)包机机票(Chartered Flight Fare)

包机公司或旅行社向航空公司包下整架或部分飞机座位,以供旅客乘搭。这类机票的票价及营运限制,均是由包机公司或旅行社自行确定。在购买此类机票时,需要事先向售票部门了解清楚。

5.部分航空公司二字代码

代码	航空公司	代码	航空公司	代码	航空公司
CA	中国国际航空公司	6U	乌克兰航空公司	MU	中国东方航空有限公司
CJ	中国北方航空公司	KA	港龙航空公司	F6	中国航空股份有限公司
HU	海南航空有限公司	CZ	中国南方航空有限公司	ZH	深圳航空公司
X2	中国新华航空公司	XO	新疆航空公司	8C	山西航空公司
MF	厦门航空公司	SC	山东航空公司	FM	上海航空公司
G8	长城航空公司	SZ	中国西南航空公司	WU	武汉航空公司
NX	澳门航空公司	3U	四川航空公司	AZ	意大利航空公司
AF	法国航空公司	AY	芬兰航空公司	CP	加拿大国际航空公司
BA	英国航空公司	BL	文莱皇家航空公司	GA	印度尼西亚鹰航空公司
ET	埃塞俄比亚航空公司	E5	萨马拉航空公司	JD	日本航空系统株式会航空公司
HY	乌兹别克斯坦航空公司	LR	伊朗航空公司	JL	日本航空公司
JS	朝鲜航空公司	KL	荷兰皇家航空公司	K4	哈萨克斯坦航空公司
KE	大韩航空	LO	波兰航空公司	LY	以色列航空公司
LH	德国汉莎航空公司	ML	新加坡航空公司	NH	全日空公司
MH	马来西亚航空公司	PK	巴基斯坦国际航空公司	OS	奥地利航空公司
NW	美国西北航空公司	QV	老挝航空公司	PR	菲律宾航空公司
OZ	韩亚航空公司	SK	斯堪的纳维亚（北欧）航空公司	RA	尼泊尔航空公司
QF	澳大利亚快达航空公司			SQ	新加坡航空公司
RO	罗马尼亚航空公司	TG	泰国国际航空公司	UA	美国联合航空公司
SU	瑞士航空公司	VJ	柬埔寨航空公司	VN	越南航空公司
UB	缅甸航空公司				

6. 国际机票的票面信息

字段名称	中文意义	字段说明
BY	航空公司名称	如 AIR CHIA 即指"中国国际航空公司"
ENDORSEMENTS/RESTRICTIONS	禁止背书转让和其他限制栏	NON-ENDO 意为不能转让, NON-RERTE 意为不能更改行程, NON-RFND 意为不能退票
PASSENGER NAME	旅客姓名栏	如 HU/SHUMING, 需与护照姓名完全一致
DATE OF ISSUE	发票日期	如 15MAY10, 即 2010 年 5 月 15 日
ORIGIN/DESTINATION	起点/终点	如 PEK PEK, 则是代表由北京出发, 回程终点亦是北京的机票
BOOKING REFERENCE	订位代号	
ISSUED IN EXCHANGE FOR		行程、舱位等改变需重新开票时填写原机票数据域
PLACE OF ISSUE	开票代理、开票地及日期栏	如 ZHONG HANG FU 即是指机票由广州中航服开出
×/O	停留限制栏	在行程栏的左边, 打×则表示此城市不能入境, 只能过境。前后段的机位需先订妥(Confirmed), 在抵达该城市后 24 小时内转机离开。若打 O 为停留点, 或者是空白, 皆可入境至该城市停留
FROM AND TO	行程栏	出发地及抵达地
CARRIER	航空公司代号	如 CZ 即中国南方航空公司
FLIGHT	班机代号	班机的号码。若回程未定时此处会打出 OPEN 的字样。VOID 是指此栏空白作废, 以防他人篡改
CLASS	机位舱等栏	通常 Y 是指经济舱, C 是商务舱, F 是指头等舱
DATE\TIME	起飞日期	由两位数与三个英文字母的月份代号组成, EX: 06SEP, 即 9 月 6 日; TIME 则为飞机起飞地的当地时间(Local Time)

续表

字段名称	中文意义	字段说明
STATUS	订位状况	OK 为订位完毕，RQ 为候补状，NS 则表示不占位子的机票，如婴儿机票
FARE BASIS	票价种类栏	依不同的票价可能出现的代号如下：①原始舱等代号 R、P、F、J、C、Y、K、M。② H 为旺季票，L 为淡季票。③W 为周末使用，X 为平常日使用，N 为晚上使用。④CH 为小孩，IN 为婴儿。⑤依票价高低而有 1、2、3 等级之分
NOT VALID BEFORE/AFTER	使用期限栏	通常越是便宜的特殊票，此栏标明的限制就越多
ALLOW	免费托运行李的限制	有两种表达方式：①计件式（PC）：美国、加拿大、中南美地区。②重制（K）：上述以外的地区采用，通常因舱等不同限制会不同，ex:F(40 千克)、C (30 千克)、Y (20 千克)
FARE	票价栏	即一般所谓的票面价，通常以购买地的货币单位表示，ex:RMB 即为人民币
EQUIV.FARE PD.	实际付款币值栏	若旅客实际要付的币值不同于购买地的币值时，此字段会写出实际付款额
TAX	税	有时经过某些国家或城市时，需加付当地政府规定的某些税，此字段即表示所代收的税款金额及种类
TOTAL	票面总价栏	即 FARE 栏及各项税金（TAX）的总和金额
FARE CALCULATION AREA	计算票价步骤栏	计算票价的流程细目
FORM OF PAYMENT	付款方式栏	标示旅客购买机票时的付款方式，ex:现金（Cash）、信用卡（Credit Card）等
AIRLINE CODE	航空公司票号栏	
ORIGINAL ISSUE		为旅客行程、舱位等有改变，而需重新开票时才会使用到，用以填写原始机票的数据

七、熟悉《中国公民出境旅游突发事件应急预案》

2006年4月25日,原国家旅游局公布了《中国公民出境旅游突发事件应急预案》(简本),这项预案"适用于中国公民出境旅游过程中生命财产受到损害或严重威胁的重大和较大突发事件的应急处置工作",首次对出境旅游当中的突发事件进行了预警、处置等工作程序的规范,值得与出境旅游相关的每一个人,尤其是出境旅游领队认真学习。

遵循《国家突发公共事件总体应急预案》和《国家涉外突发事件应急预案》明确的基本原则编制的这项预案,是为了"建立健全国家处置中国公民出境旅游突发事件应急机制,规范出境旅游突发事件应急工作,维护国家利益,保障中国游客的生命财产安全及其合法权益"的目的。

预案当中,第一次提出了提示、劝告、警告的三级预警机制。并在应急响应当中,提出了根据事发地点、性质、规模和影响,将中国公民出境旅游突发事件分为特别重大(Ⅰ级)、重大(Ⅱ级)、较大(Ⅲ级)和一般(Ⅳ级)四级应急响应的办法。

原国家旅游局和外交部在国务院应急办的指导下制定的这项预案,体现了国务院关于应急工作的基本原则。按照"以人为本,救助第一;迅速反应,减少损失;依法规范,协调配合;顾全大局,服从指挥"的要求,建立了由国务院统一领导、境内外协调和部门协调的出境旅游突发事件应急处置机制,提出了在境外进行应急处置工作的具体要求,设定了应急程序和措施。与以往政府旅游主管部门发出过的一些有关出境旅游安全的规定相比,这项预案无疑具有更强的可操作性,在一些具体环节的处理上也极具特色。

1.规定了应急处置工作的原则

预案规定了在中国公民出境旅游过程中生命财产受到损害或严重威胁的重大和较大突发事件后,应急处置工作的四条原则:以人为本、救助第一;迅速反应,减少损失;依法规范,协调配合;顾全大局,服从指挥。这样的原则规定十分明确,十分有利于事故发生后救助工作开展,能够避免因各部门扯皮或其他原因贻误抢救时机。

2.规定了组织指挥体系和责任

此项预案对政府部门在组织指挥中应如何协调,各自的责任等都进行了明确,确定了"部际联席会议"和"应急领导小组"的组织指挥体系,并将外交部、原国家旅游局各自责任进行了区分:"外交部和原国家旅游局按照各自职责,负责指导和协调现场救助、收集和发布有关信息、履行报告制度、组织和协调善后处理等应急工作。"

3.对旅游机构的培训演练有了明确要求

组织出境旅游的旅游机构对旅游安全的作为,在此项预案当中规定得更加细致,尤其是对旅游机构的培训演练的要求,是以往法规当中不曾出现过的:"旅游机构要组织中国公民出境旅游的安全保护和保险意识的教育,开展对部门、企业和从业人员的应急业务培训和演练。要面向广大游客做好出境前的安全教育,加强安全防范意识,提供有关境外目的国(地区)的驻外外交机构和电话、旅游救援电话、报警电话等应急救援信息。"这样的详细规定,可以让旅游机构在制定本企业应急预案时更加贴近实际,保证企业的旅游安全预案不会成为尘封在抽屉里面的一纸空洞文件。

思考与练习

1. 为什么要对目的地国家(地区)进行文化层面的了解?
2. 欧洲购物退税可否在国内办理?
3. 出现旅游者死亡的情况应该如何处理?

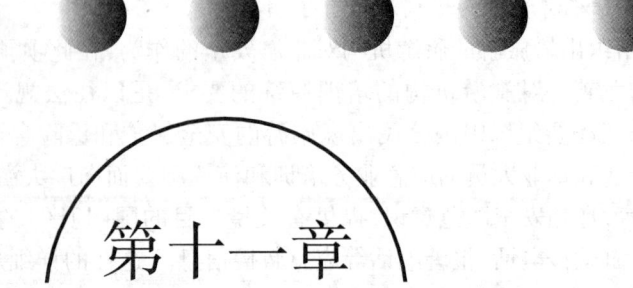

第十一章

领队服务的准则与技巧

 **本章要点**

领队服务的准则与技巧,是对领队的一些具体要求和具体指导。恪守时间与遵从计划,是说领队的工作责任心;认真解答与悉心照料,以及礼貌为先与善意行为,则是关乎领队与游客的关系处理;从善如流与见机行事,更多的是告诉领队如何在工作中保持灵活机智。

一、恪守时间与遵从计划,旅游团的所有行程环环相扣

从出行开始,领队就应严格掌握好时间,经常对全体团员进行提醒,以便使整个团队的行程得到有效完成。在乘坐飞机、火车、游船等有严格时间限制的交通工具之前,领队更要时时提醒、不厌其烦。为了保障旅游团的顺利,领队还要对不遵守时间的游客,以全体团员的名义对其实施口头的郑重提醒。通常来讲,不遵守时间的游客在领队的郑重提醒后会大加注意。团队的游览行程得到保证后,领队的威信也会因此得到加强。

(一)领队需培养团队的时间观念

出境旅游出行前的行前说明会上,领队就应当将团队的纪律进行重点强调,

而在团队正式出行、行程计划实施的过程当中,就更应该经常有对游客守时的提醒和要求。

培养全体团员有较强的时间观念,是领队在带团出行的整个过程中都应该想到的问题。从第一天的行程开始,领队就应该将此放在心上。

1. 领队自身须做遵守时间的楷模

领队作为旅游团的带队人,在遵守时间上必须严格要求自己。每次集合,领队都应该比游客更早出现在集合场地,绝不能在任何一次规定的集合时间迟到。因为集合的时间和地点均是由领队向游客宣布的,领队根本没有理由比游客晚到。

曾经有领队在团队出境的规定集合时间里迟到,立刻就给游客留下不好的印象。规定的是 12 点机场集合,但领队 12 点 10 分还没有出现,因而未出国门就引发了游客的投诉。

领队如果不能以身作则、做遵守时间的楷模,所带的团队多半会十分松散,使得机场误机、码头误船,行程无法完成的危险性大大增加。

通常情况下,领队应当比游客提前 10 分钟到达集合地点。然后每有游客到达,都应登记、默数,清楚地做到心中有数。领队如果能将准确的时间观念、干练的风格融入旅游团,则一定会使所带领的旅游团运行得十分流畅。

领队为保证时间、避免迟到,可以自我采取一些特别的措施。

(1)设定比游客早一些的铃声叫早(Morning Call)

为保证在宣布的出发时间之前出现,领队可以让饭店为自己的房间所设立的叫早时间比游客的房间早 10 分钟。

(2)提前准备好第二天的行装

第一天睡觉前将第二天要穿的衣服准备好,同时也需要整理好行李。第二天起床铃声一响,领队就可以十分麻利地起身投入新的一天的工作,而不会因个人准备不及时而影响团队整体的时间。

(3)有意识把时钟调快一点

领队把自己的时钟有意识调快 5 分钟,从客观上就可以取得 5 分钟的主动时间,从而会使自己在对团队各项活动的时间掌握上增加准确性。

2. 交通周转及参观预约景点都需要特别强调时间

旅行当中有不止一次的交通周转,遵守时间是保证每一次周转顺利的前提条件。因而,在旅行当中,尤其是执行两地间的交通周转的时候,整个旅游团务必严格按照规定的时间行事。在这一点上,遵守时间的要求,其重要性怎么强调都不会过分。因而在实际操作当中,领队在宣布集合时间,尤其是在宣布交通周转的时间时,不妨加强语气、着重强调。

国外的一些著名的热门景点,如法国的罗浮宫、凡尔赛宫等,旅游团的参观均需要事先预约并在现场排队。如旅游团时间耽误,则游览就极有可能会被取消。团队行程中的一项规定游览,因此就不能得以完成。以往的旅游团当中曾有因游客购物耽误时间,使得参观不得不放弃的事件发生。领队把这样的事例讲给游客来听,更会引起游客对遵守时间问题的警觉。

3. 对游客遵守纪律的鼓励不可少

正面的鼓励,是领队对游客自觉遵守时间、主动维护旅游团秩序应给予的一种肯定。领队不应疏忽这样的鼓励,要充分认识到鼓励的话语对游客所造成的正面的心理影响。

每一次集合准时实现时,领队都应不忘鼓励大家一句:"今天大家集合很准时,非常好!"往往是这样的一句鼓励及表扬的话,就会使得游客把时间观念与旅游团集体的荣誉感联系到一起,从而使游客将遵守时间转化为一种自觉意识,使接下来的旅程更加顺畅。

4. 对游客迟到的处理方式

个别游客因耽搁于照相、购物,在规定的集合时间内没能回到车上,因而耽误了团队的出发时间、影响到下面的景点的游览时间时,常常会引发车内等待的游客抱怨。但游客之间因为碍于情面,对迟到游客的指责多数并不会当面直言。但是对领队不按照时间出发的指责,却会毫不客气。面对游客的指责,此时领队的处理一定要温和并有度量,既不能为激动的游客火上浇油,也不能强调理由,进行是与非的直接争辩。领队处理此情况的最佳方式,是要一面为领队本身工作不到位向车内等候的游客道一声"对不起",一面迅速下车去寻找迟到的游客。

待迟到的游客回到车上的时候,领队不能以严厉的面孔、刻薄的语言去奚落或批评,而要以语调和缓的开玩笑的方式,以迟到的游客要接受惩罚、要为大家表演节目、请大家喝啤酒之类的较为轻松的方式来缓和车内气氛。这样既可以从侧面表达出对迟到游客的批评、避免迟到游客的尴尬,又可以平息久候游客的愠怒。

(二)宣布时间时要留有余地

领队在入住饭店后,每天要与饭店前台服务生交办的事情,是请饭店为旅游团所有房间提供叫早服务,为全体团员安排电话叫早(Morning Call)或请服务生敲门呼唤叫早。

考虑到中国游客多数没有严格守时的习惯,因而领队要将确定集合出发的时间留出余地、作出提前量。这种提前量既要考虑到游客的动作拖拉因素,也要考虑到游客集合时是否有忘记携带东西的可能,大约10分钟即可。

旅游团要离开饭店赶飞机的时候,领队在确定集合时间时,还应考虑游客的待办理托运的大件行李的清点以及游客房间的电话费、洗衣费是否结清等因素。有些境外的饭店,电梯十分狭小,早上出发时乘坐电梯拥堵严重。早餐时也常常会遇有多个旅游团同时就餐、场面杂乱的情况。因而,领队应见机行事,安排团队集合应当预留再多一点的时间,大约再加留5分钟即可。

影响旅游团无法准点集合的因素,在一个旅游团中会有许多,一些由于团员成分构成及旅游行程执行所造成的隐含性因素,也需要领队充分考虑。

1. 孩子较多、新婚夫妻较多的旅游团集合较慢

通常人数较多的大团,团体集合较慢应属正常。但孩子较多、年轻夫妇或新婚夫妻较多的团,比照普通旅游团,集合要占用的时间更长。领队在注意到团员成分构成的时候,要做好心理准备,并在宣布集合时间的时候,对小孩及年轻夫妇进行一些特别的善意提醒。

2. 头天疲劳过度,次日集合较慢

旅游团如果第一天活动较多,晚间回到饭店较晚,游客睡眠时间无法达到饱和,那么第二天的团队集合出发时间也往往不会很准时。过度疲劳的时候叫早的铃声往往也无法将游客唤醒,一些游客或许会以"灭此朝食"享受回笼觉而睡过头。领队应有去游客房间敲门通知游客出发的准备。

3. 购物往往会使行程拖延

中国游客多数会特别喜欢购物,因而购物常常会在整个旅程中占用大量时间。游客沉迷购物中的时候,时间观念自然就会淡薄。

宣布自由购物后回到车上的时间,不妨宣布两个时间,例如:"回到车上的时间是2点30分,最迟不能超过2点40分。"这样,既可以显示出纪律的严明,又能体现出对游客的宽容。

规定的购物时间要结束之前,领队应到商店里对正在选购商品的游客进行提醒。提醒的时候,要面带笑容、轻松小声,只要让游客意识到就好,不要疾言厉色给游客带来扫兴之感。

4. 旅程前期到后期团队纪律的遵守呈越来越差的趋势

随着旅游行程的开展,游客的时间观念往往会越来越淡,而不会越来越强。这种情况,多半与游客的疲劳周期相关。旅游初期,人们精力旺盛,旅游的热情很高,纪律执行的准确性也会同步处于高峰。随着旅途的进展,劳累开始呈现出来,对时间的把握也会在准确性上降低。

5. 老人团多会守时

另有一项超出人们通常判断的情况,也需要领队心中有数:凡老人为主的旅

游团,游客集合迟到的概率往往会很低。老人虽然动作缓慢,但多数老年人都会将守时作为自觉自愿的守则,总会提前来到集合场地。时间观念不强的游客,多是年轻力壮的团员,或者是有一定职务或身份的人。

(三)避免计划行程的正常进行受到干扰

1. 旅游计划的严肃性需得到保证

领队带团执行的是组团旅行社与游客签署的旅游合同,计划日程表是合同中经双方认可的法定文件,因而不能随意改变。通常在带团的过程中,部分游客会有改变日程的要求提出。比如,一些游客因疲劳,对当日尚未完成的游览景点要求取消,还有的游客会因对即将参观的博物馆不感兴趣而要求取消。当这种情况发生的时候,领队应当重申旅游计划的严肃性,用以说服游客。按照规定,游览日程表中的任何一项取消,都应该有全体团员的同意并进行签字认可。

2. 对固执的游客要用柔性的方式去说服

出境旅游团队在实际运作当中,或多或少总会有游客对行程提议改变。领队面对此种情况的发生,需要对提出建议的游客进行说服。说服工作需要采取柔性的方式,而不能施以铁面。任何时候,领队千万不能与游客硬碰硬搞对抗。

有些领队对如何说服游客也有很多体会,在遇到固执的游客的时候,建议的处理办法与这里提及的柔性方式相似,可为我们所借鉴。

很少出国旅行的人没有分辨是非的能力,如果他所坚持的是您职责不允许的,就应该比他更坚持。

才出过国几次的客人是很容易强制否决他们的。但常出国的客户,若他们以前碰到软弱领队而"有过先例",您最好和他到人少的地方,跟他讲理,或在那边等他闹完。

3. 对导游向游客推荐自费旅游项目的把握

目前很多境外接待社及导游都给中国游客提供一些可供选择的需要额外支付费用的附加旅游项目。自费项目可以帮助游客规划他们的空闲时间,满足游客的不同兴趣,因而许多游客愿意参加。

领队在对导游推荐的自费项目进行把握时,要特别注意以下方面。

(1)不能让自费项目挤占正常的团队行程安排。

(2)要杜绝导游推荐的自费项目与国家的出境旅游法规中禁止的行为有所冲突。

(3)要注意不得强迫或者变相强迫旅游者参加额外付费项目。

(4)需要对自费项目是否货真价实进行简单评估。

领队应重视导游向游客推荐自费旅游项目的问题,尽量避免给游客造成经济损失和不良影响,以免影响到组团旅行社的生意与信誉。

二、认真解答与悉心照料

(一)认真对待游客的提问

游客对领队的提问,有多种多样的形式,也有多种多样的心理驱使。

多数游客的提问,是想认真向导游或领队请教。因为游客参加出境旅游,就是想通过旅游增长知识,领队是他直接获取知识的最好老师。

也有的游客,向领队提问,是为了测试领队的知识水平。如旅游团中常常会有知识分子类型的游客,以提问题的形式,来对领队进行测评。在法国游览当中,一句"领队你能介绍一下法国历史上一共有过多少皇帝吗"的提问,就多半带有测试领队的可能。领队针对这样的提问,需要认真作答。如实在不会,也不妨直接承认,并向客人求教。因为领队答不出较深的或较偏门的问题也属正常,并不会影响领队的形象。但如果不懂还要强辩,则一定会使领队的形象受损。

还有另外一类游客是希望通过提问,能有一个表现自我的机会。在这种情况下,领队不妨顺势而为,让游客以自问自答的形式,将想说的话说出来。

1. 如何听取游客的提问

游客向领队提问题,领队应当认真听取。许多游客提问题是经过深思熟虑的,对领队的工作会有帮助;有些意见虽然没有多大意义,但也体现出游客的一种诚意;而更多的游客提问,是在向领队请教,为领队施展才华提供了一个机会。因而,领队理应认真听取来自游客的各项提问。认真听取意味着从外到内的认真,首先在外表上,通过身体语言就应当体现出来。

每有游客提问的时候,领队应当看着提问游客的眼睛,不分神、不斜视,以谦恭的态度,以正在认真听取的身体语言,让游客切实感到领队对自己的尊重。

对有知识的游客,领队必须施以敬重,在方便之时虚心向其进行讨教,以丰富自己的知识储备。

2. 对游客非合理要求的处理

团队游客当中各色人等都会有,有些游客会对领队不够礼貌并不稀奇。常常会有游客支使领队为他干这干那,也有的游客总是将领队作为出气筒对待,凡有用餐不可口、买东西不顺心的事就向领队撒气。对此,领队应有不卑不亢的态度,以淡化处理为佳,比如微笑不语不加应答、回答转入另外一个话题等。同时,为避免来自游客的非合理要求的出现,要选择合适的机会将这样的观念传递给游客,即领队虽然是服务人员,但却不是某位游客的私家保姆。

领队坚持职业操守,在一个旅游团中为全体团员进行服务,但对游客的非合理要求,却无法应允。即使是因此开罪了个别游客也是一种无奈之举。游客中有时也不免会有"要怎么做就非怎么做","要什么东西就非要到不可"的恶性执拗的游客,领队在处理上应与其讲清道理,并争取其他游客的理解,不做无原则的退让。领队在讲究敬业服务的同时,也应保持自己的职业尊严。

3. 对待游客漫不经心的提问

在认真听了导游的介绍后,游客往往会动脑筋进行一些联想,或者会就导游的介绍进行更深入的提问。问题多数会问向导游,但也不排除向领队提问。领队应该有此思想准备,对游客认真提出来的问题,一定要认真作答。

但游客的提问,并非任何时候都是认真的,因而领队的回答,有时也未必一定要言之凿凿。旅行几天后,游客将领队当成是百科全书,见到什么都问领队,多半是出于习惯了。然而领队又不可能像上帝一样一切都在掌控之中,因而在实际中,只要是无碍大局,有些问题的回答只能是采取模棱两可的办法。

曾有一位中国香港领队介绍说,在德国的汽车旅行当中,全车人都在昏沉沉入睡,忽然有一位游客迷迷瞪瞪向领队问道:"领队,刚才车右边村庄里的教堂叫什么名字?"此时的这个问题,可以说是一个高难度的问题。因为不要说车速100公里,领队全没留意窗外景观,即使看到了,一路经过那么多村庄,每个村庄都有教堂,在普通的旅游地图中,也很难查到高速路旁飞逝过去的这样一座乡村小教堂的名字。面对游客的漫不经心的提问,领队以"可能叫马格丽特教堂"的朦胧话语搪塞即可。因为回头再看那位提问的游客,他可能也早已经没有了听的兴致或早已经进入了梦乡。

当然,领队的搪塞应当仅限于在游客的漫不经心的提问时。领队面对游客的有一定深度的问题答不出来的时候,需要当时把问题记下来。如果晚上回到饭店查阅资料书籍有了答案,第二天再告诉游客效果同样会好。通过这样的提问,领队及游客双方的知识都会因此而提高。

(二)仔细的解答

在国内做过导游的领队,因为有了一些与游客打交道的经验,往往会在回答游客提问时采用许多方式和技巧。国内导游培训的各类书籍中,对导游的技巧问题有很多的介绍,不仅对导游,而且可以为领队提供很好的参考。

在各种技巧方法当中,有效并常用的有几种方式,下面择要作一介绍。

1. 一问一答的方式

这种方式可以是客问我答,也可以是我问客答。领队在回答游客提问时就是客问我答。如果领队觉得针对游客的问题还可以讲得更深一些,或者要引起游客的注意的时候,不妨采用我问客答的方式。

2. 向小孩提问

向小孩提问的目的其实是为了向大人讲述,只不过这样做可以避免直接向大人提问的尴尬。向小孩提问的另外好处是可以活跃团内气氛,对回答问题的小孩子进行适当的小小物质奖励,可以让孩子、大人皆大欢喜。

3. 以设问的方式讲解

领队如果以设问的方式向游客提问,其实多半是不需要游客作答的,结果是需要领队自己来自问自答。

这种方式大多用在领队希望游客对某些景点加深记忆的时候。设问的好处是可以引起游客的警觉和重视,对某些问题的认识更加深刻。

4. 情景再现式的故事讲述

说故事是领队应有的表演才能。领队要在对史实的透彻掌握中,用较为浅显的形式把深邃的历史表现出来。故事讲得越吸引人,游客接受的程度就会越高。

这就要求领队在给游客讲解过程中,注意技巧方式,求得游客的充分接受。对此,有经验的老领队也有一些好的经验总结出来。

不要念书,要让客人自己吸收,再从旅程中感受异国风情之美。避免团员只看不听或只摸不看的直觉行为模式,运用完整知觉来旅行。光吃喝睡觉在家里就好。

解说避免小丑式讨好的低俗表现,或杀时间催眠式宣告,气氛要宁静,配合优美风光,叙述亲切有味,用语浅白,具有"人文素养"。

声音放入感情,表达顺畅,根据正确资料,避免错误引导,不要以强烈声光色刺激团员,时时注意团员是否知觉迟钝、热情衰退,只要解说知性化、生活化、异国化,预祝您百分百成功!

(三)照料好游客的境外生活

1. 领队坐车时也应考虑到照顾游客的需要

乘坐交通工具时,领队也应从如何更好地照顾游客的角度出发来考虑问题,即使是在选定自己的座位的小问题上,也应当符合更方便地服务游客的要求。

乘坐飞机或火车时,导游人员应选择靠近通道的座位,而不应坐在靠近窗口的位置。这样可以方便起身,对照顾周围前后的游客都适合,可以让游客感到心里踏实。同时,与游客一起交谈方便,也可以融洽团内气氛。

乘坐旅游车时,领队最好应坐在司机后面的座位上。这里一方面与导游距离较近,可以一起进行工作交流;另一方面也可以看清路面的状况,对司机进行适时提醒。坐车行进过程中,领队也应不时到车后去,看看游客是否舒适,听听游客有何问题,把团队的祥和氛围进行传递。

2. 生活起居的时时提醒与照料

领队对游客在境外旅行中的照顾,不应仅局限在旅游行程的安排上,对游客的生活起居的照顾,也应该时时放在心上,不断向游客进行提醒。

天气变化、风寒状况,就是领队每天应关心并通报给游客的信息。要不时对游客进行增减衣服的穿着提醒,下雨的时候要提醒游客带雨具,阳光灿烂的时候提醒游客戴遮阳帽。在一些琐碎的具体事项中,让游客切实感受到来自领队的亲切关怀。

我国台湾的领队总结的一些对游客的日常生活需关照的地方,也可以让我们有所启发:

> 团员用餐时,要随侍一旁盛饭添菜。
> 入住旅馆,应建议游客如何快速简易自行洗衣。
> 老人洗澡前,帮其先试水温,并拿下"踏布"以免误用。
> 小姐上洗手间,要当保镖于门外护卫,且应慷慨代付清洁费。
> 老人累了,立刻捶背按摩,好言慰问。
> 辣妹"血拼"时,要鼓励有加,代提物品。
> 欧巴桑(老妈妈)请吃东西时,要赞不绝口,多吃一些,绝不可伤害友谊之善心。
> 大伙车上假眠时,要帮每人夏天扇风,冬天盖衣。
> 客户生小病了,要废寝忘食亲奉汤药。当然大病一定送医院。
> 恰逢团员生日,要代其随行亲友或无辜善良室友送花加菜,热闹庆祝。
> 自由逛街时,看守众人杂物要坚守岗位。

三、礼貌为先与善意行为

(一) 礼貌用语要时常挂在嘴边

1. 每日都向游客问好

领队与游客的相处,应采取主动的姿态,不能以"团队的领导"自居,期待游客来主动向自己示好。每天早上,领队见到游客都要主动打招呼、向游客问好。

每天早上领队向游客问好,可以为领队与游客当天的友好相处开一个好头。即使是头天游客对领队有些意见,领队的一声问好,也可以让游客气消一半。因而,领队带团当中的每一天,要从早上与游客见面后的主动问好开始。这样一件简简单单的事情如果做好了,无论是领队本人还是团内游客,一天的心情都会感觉很舒畅。

2. 称呼游客姓名时要加称谓

对游客如何称呼,不是一件简单的小事情,而是领队的职业素养和个人礼貌行为的实际体现。经常可以见到的是一些领队在点名时直呼游客姓名,甚至是对比自己年龄大的游客也毫无忌讳直呼其名。游客闻之,虽然没有谁曾提出异议,但心里面得出来的印象一定是"领队没有礼貌"和"缺少修养"。

直呼游客姓名的做法,是目前内地的许多领队所特有的,与近些年国内的伦理教育欠缺、礼貌知识不够普及有关。中国台湾、中国香港以及新加坡、韩国、日本的领队,都不存在这样的问题。对比这些国家和地区的领队,中国内地的领队在礼貌用语的使用上明显是相形见绌。

究竟应该如何来称呼游客呢?在国际旅游当中,以国际上通用的"先生"、"女士"的称谓称呼游客应为最佳。

点名时在游客的姓名后面缀以"先生""女士"的称谓,既可以让游客感到领队的礼貌修养,也可以让游客感到来自领队的尊重。游客在得到尊重之后,往往会受到感染,也会将自己的文明礼貌行为自觉带到团队当中,使旅游团的文明礼貌的氛围一直得到保持。

许多西方游客喜欢导游直接称呼自己的名字而不是加上姓氏的全名,无论是老人还是小孩,均没有忌讳,都可以"John""Mary"这样称呼。中国的传统却与此有较大距离,游客尤其是老年游客绝不会接受领队不加修饰的称名道姓的做法。领队一定要注意到中国的国情和中国的礼貌传统,在称呼游客姓名的方式上,不能省略、马虎。

3. 不要吝啬讲"谢谢"和"对不起"

"谢谢"和"对不起"是礼貌语言中最基础的用语,是国内多数服务行业的规范当中始终要求使用的规范用语。领队作为服务行业中的一分子,理应要对这些礼貌服务用语多加使用。

但在实际生活当中,"谢谢"与"对不起"这两句最平常的话,许多人使用的时候却十分吝啬。许多领队在带团工作中,几乎不会向游客说"谢谢"与"对不起"。这应该引起我们的警觉。

在带团过程中,领队应该把"谢谢"列为自己最常用的语言。无论是游客请领队品尝食品,或是帮助领队暂拿领队旗,哪怕是比这些更小的细微之处,只要是游客帮助了领队,领队都应以"谢谢"来表达谢意。并且不仅要在游客对领队提供了帮助时说"谢谢",领队需要游客进行帮助、配合的时候,也一定要以"谢谢"开头。

领队带团当中,凡有打扰游客的时候,都应主动向游客道一声"对不起"。

总而言之,领队要将"谢谢"与"对不起"的礼貌语言真正作为自己的日常的习惯用语,要让游客从"谢谢"与"对不起"当中,体会到领队所受到的良好教育和具备的礼貌修养。

4. 委婉语的使用

委婉语也叫婉言,意指讲话时出于对游客尊重的考虑,不是直接说明本意,而是用委婉的方式加以暗示。委婉语既能达到使双方意会的效果,又能避免尴尬局面的出现。

领队在带团当中的得体的委婉语的使用作用不可低估,它既可以使领队表达出对游客的尊重和善意,也能体现出来领队良好的语言素养以及文明、高雅的风度。

以"我能不能……""我可不可以……"的表达语式,委婉表达出自己的要求,应是领队在带团当中与游客交谈时要特意多加采用的形式。

(二)领队要起到文明礼貌的表率作用

由于近年来中国经济快速发展中文明礼貌教育的缺失,社会生活中普通人之间的文明行为、礼貌语言有所下降。出境旅游领队作为中国的旅行团的带队人,理应在团队中起到文明礼貌的表率作用。

领队的文明礼貌行为,要从大处着眼小处着手。即使是在对待一件小的事情的操作处理上,领队也应该将文明礼貌的因素融入其中。

1. 莫用手指清点人数

团队出发前清点人数时,常能见到的是一些领队抬起手臂用自己的手指或领队旗的旗杆指指戳戳进行清点。这其实是对游客的一种很不礼貌的行为。

用手指或旗杆指指戳戳清点人数,多是一些由国内导游进入领队行列的人留有的不良工作习惯。虽然在参加了许多次国内游之后,诸多游客在点名时被指戳,感觉已经麻木,但这种做法本身的不礼貌却是显而易见的。因而,领队在带出境游团队时,应当克服原有的不良工作习惯,尽力避免不礼貌的行为,首先就要注意不要用指指戳戳的方式清点游客人数。

清点人数的较好的办法,是用默数的形式,并不需要出声,只用心算即可。

领队清点完人数敦促游客上车的时候,也应该注意方式方法。让游客更愿意接受的催促形式,是领队站在车门前的无言行动,而不是用"快点儿、快点儿"等不耐烦的话语催促。

2. 领队应注意吸烟限制

吸烟是让许多游客反感的事情,领队如果是吸烟者,务必需要特别注意,不能因吸烟惹游客不满,尤其是当团内有妇女、小孩和老人的时候。

领队应尽量克制自己不在游客面前吸烟。团队集中开会或进行介绍时,领队绝对不能吸烟。不能吸一口烟再讲两句话,这样会很不雅观。在旅行车上不能吸烟是对全车人的要求,领队自然也不能破例。如果看到司机在车内吸烟,领队应当出面进行劝阻。

2005年1月起,欧盟国家多数已经开始实施在公共场合禁烟,如意大利在全国各地的酒吧、餐馆等服务性场所禁止吸烟的法令已经开始生效。禁烟令将意大利全国禁止吸烟的范围已经扩大到除私人住宅外的所有公共场所。亚洲地区中,我国香港的禁烟法令《吸烟(公众卫生)条例》2006年起在香港所有大小食肆、酒吧、卡拉OK及写字楼全面禁烟。领队自己应当首先对这些法令熟悉并告知游客,避免因违反相关法令而招致麻烦。

(三) 从善意角度去理解游客

领队带团一定要怀有一颗善良的心,宽以待人。发现游客的优点,要大加赞扬;对待游客的缺点错误,要低调劝诱改正,而不是去想办法恶意整治。

通常来讲,领队无权对游客的行为进行贬损指责。事实上,对游客进行的言语贬损,常常会造成游客的强力反弹,结果往往会更糟。

新领队与老领队之间因为经验不同,在与游客相处的处理和把握上会有所差别。有一个形象的归纳,我们可以体会个中滋味:

菜鸟领队,当众指出看不惯的错误;
资深领队,当众指出蛮顺眼的优点。

采用不同的语言进行表达,取得的效果当然也会不同。领队应当明白人们都喜欢听表扬的特点,在带团中多些善意的夸赞,种花而不是种刺。这样,就一定会使所带的旅游团人人舒畅,整个旅程也因此变得更加美好起来。

采取宽容的态度,从善意的角度去理解游客,就能认识到,其实游客在国外暴露的缺点错误,多数并非是主观故意,而是基于下面的一些原因。

1. 游客的出国旅游阅历太少

中国游客出国经验相对较少,对世界各国的风情民俗了解不多,对国外饭店设施的使用不熟悉。因而,犯一些常识性的错误,应属正常。曾有游客在欧洲的一家饭店卫生间洗衣时,不知道卫生间内没有地漏,结果让溅出的洗澡水浸泡到地毯,因而受到了饭店罚款处罚。这类遗憾就是由游客的出国阅历不足所致。

游客所知不多,正好为领队提供了一个传播知识的机会。把以往游客出现的问题放在实例中,对游客的说服力会更加突出。

2. 游客的诸多不规范行为多是出于无知

游客的一些有悖当地习俗的做法,未必是游客想挑战当地社会,而是源自于游客的无知。比如,游客在泰国大皇宫游览时,攀上墙头、手拉佛像拍照,多是由于对泰国的宗教习俗不了解;在印度游览时,用手去摸印度小孩的头并要抱过来照相,也多是因为不懂得当地的风俗。

虽说是出于无知,但中国游客的这些错误却总会让当地国家的人不满或者鄙夷。团队游客如果出现这些错误,领队首先应该承揽责任。游客是在领队的带领下抵达这个陌生的国度的,什么该做什么不该做,领队应先给游客以提示。

3. 游客的一些不文明行为是因自身的不卫生习惯所致

中国游客在国外游览时随地吐痰、乱丢垃圾,曾多为海外媒体诟病。世界许多国家的游览地,只用中文标明"不准随地吐痰"的事实,就是很让中国人感到羞愧的事情。而中国游客之所以会一再在这些小事情上栽跟头,就是因为平日养成的不卫生的恶劣习惯。

为避免中国游客将不卫生习惯带到国外,领队必须不断进行提醒。将国外的法律规定尤其是处罚规定告知游客。

四、从善如流与见机行事

从善如流是指能很快接受别人的建议,不固执己见,不墨守成规。

带团当中可能遇到的情况千变万化,游客当中也会是卧虎藏龙,领队如能有从善如流的健康心态应对变化,在处理复杂事情的时候机智灵活,一定可以让自己的业务能力有较快的提高。

(一)听取多方建议,虚心向他人学习

1. 避免偏执,追求融洽

领队在带团过程中,在参与游客之间的话题讨论的时候,不妨"中庸"一些。一些非原则性的问题,不要轻易表态或偏袒游客中的哪一方。游客争执不下的

时候,领队应马上以小笑话、人文典故等扭转话题以避免团员火气升温。

融洽的团内气氛对于旅游团内的每个人来说都是必要的,领队应尽力去营造这样的氛围,避免受到来自自己或游客的褊狭因素的影响。

曾有一位老领队在一个"怎样让团员听解说"的话题讨论中,提到了领队讲解中的一些经验。其中有领队要保持柔性亲和的一段内容,很值得称道:

刚开始可指着地图或画报,吸引注意力。其次传递一些当地小纪念品,让他们加强兴趣。不要限制他们姿势认真否、目光专注否,也不需一字不漏聆听。

行程头两天,先培养与领队导游的亲切感,如果逐渐引起兴趣提出问题讨论,领队应回应并鼓励,不要怕被刻意考倒。自然而然,较知识性的部分才有领队专业的表现机会。

出国次数超过5次的团员适合讨论式解说。因为已具备基本知识,愿意表演、能够沟通,也是追求享受、表现自我的阶段。您会发现他们有出人意表的创意想法。

2. 虚心向老领队学习好经验

通常旅行社在放飞新领队、让新领队独自带团之前,总会安排新领队的几次实习,让新领队跟随老领队一道出行,直接从带团实践中向老领队学习以取得经验。这种领队的实地训练,也可以使领队将书本中学习到的理论和技巧得到检验,在实际工作中加以运用,使带团工作取得好的成效。

新领队应珍视跟随老领队出团的机会,并在随团当中特别注意如下方面。

(1)注意记录、学习老领队传授的好经验。

(2)尝试运用书本上传授的正确方法解决问题。

(3)在汲取老领队的带团经验营养的同时,新领队也应注意剔除和摒弃老领队身上的不良习气。

旅行社组织的一些大型旅游团,因人数较多或比较重要,往往会分成若干小团,派多位领队以主领队及副领队或总领队及分团领队的形式开展工作。多个领队之间,要由主领队或总领队进行整体的工作协调,以保证整个大型团队或重要团队的顺利。分团领队之间,在互相协作的同时,加强彼此间的学习也是一个极好的机会。

3. 拜游客为师

随着出境旅游的发展,中国游客的知识水平也在不断提高。许多游客参加出境旅游团,并非是盲目的,而是在精心挑选下所做的准备。单就某些方面的知识来说,有许多游客具备的知识很可能会在领队之上。

领队面对知识较丰富的游客,需要摆正心态、虚心求教。通常来讲,面对虚心请教的领队,游客不会吝啬不教,也并不会对领队进行耻笑。

旅途中如看到游客拿着较好的旅游书,不妨借来翻看。有时偶然看到的一些知识,就会让领队受益匪浅。拿来讲给游客听时,则可能得到很好的效果。

旅游团中有些中老年游客,特别愿意能把自己旅行经历、生活经历讲出来,领队应当尽量满足他们的要求。从他们的经历中,领队也可以汲取到有用的营养。

在实际的带团实践中,领队应明白,游客向领队的提问,其实动机上会是多种多样的。有的是怀有真情的细心讨教,有的则是在试探领队的分量,当然也还可能有"陷阱式的提问"。在后一种提问中,游客的真实目的,也并非一定是要领队出丑,而是期望自己能有一个机会表现。对待这样的情况,领队不妨因势利导,以高冠相送,请该游客来给大家进行介绍。如讲述的确有道理,领队就能因此与其他游客一起获益。

(二)保持工作中的灵活性

1. 以小让步避免大麻烦

旅游团的顺畅是领队带团的一项永久追求。但顺畅却往往会在某一国家入境时,就因受到阻挠而受到影响。在东南亚或非洲一些地方,一些国家的入境官员,会在旅游团办理入境手续时暗示或直接向领队索要小费。此种情况下,通常领队的做法是或者准备小张面额的纸币小费交给他们(通常不超过10美元),或者干脆装作听不懂不加理会。但往往后一种办法会使团队受到刁难而不能迅速通关。

此种时候,如果领队能将事先准备的一些小礼物拿出来赠送,既可以起到小费的作用,又能立刻化解僵局。在阿拉伯的一些国家入境柜台,有时入境官员会直接用中文说"清凉油""清凉油",直接向领队讨要。领队如将清凉油随身携带作为小礼品,就会使得团队的通关十分顺畅。但是应当切记,此种方式在西方一些发达国家的入境柜台断然不可采取,否则也许会以收买入境官员的罪名受到指控。

团队中有时会有那种说话犯浑的游客,常常会有故意为团队添乱的举止。面对这种情况,领队断然不能和他对抗硬拼。晚上请他喝杯啤酒,买一件小礼物送他等,领队应当考虑的是用柔性的办法,以小的让步来避免大的麻烦。

2. 宽容精神

领队带团必须要有宽容精神,否则旅游团就可能总处在剑拔弩张的紧张氛围之中。

首先是领队需要对游客宽容。不要把所有的参加出境游的游客都当成是中国的优秀分子,允许游客有各种各样的毛病,在无碍大局的情况下,领队顺利完成带团任务即可,不必也不应该去对游客的行为进行指摘。

其次,领队对境外的导游也要宽容。不能期望境外的中文导游水平一定会很高,对水平不高的导游,要尽量宽容。只要他心地善良,就不必和他大叫大嚷。来自游客的对导游不满的声音领队也应帮助平息。

另外,对国外的饭店、餐厅的安排也需要持宽容的态度,没必要为一点吃住的小事情就愤愤不已而坏了畅快游览的好心情。

有经验的领队们总结的一些经验,也可以为我们提倡的宽容精神提供一参考:

领队的精神、观念、态度要正确、适当,不能太狭隘。

客户的需要和他们同伴的喜好,只要不违反道德观念和当地法律,无论多低俗、知识水平多贫乏,但如果对其他人的人格没损伤也就算了。

3. 注意财产安全

领队出团需特别注意自身的财产安全,防止自身财产被盗的情况出现。境外的一些国家地区,近年来针对中国游客的抢劫的治安事件多有发生。领队在提醒游客注意保护好财物的同时,也应不忘随时提醒自己。另外,需引起领队重视的是,由于出境游价格的不断低滑,目前的游客队伍中,也出现了一些来自游客的偷窃行为。以往的出境旅游团中,已经有了多宗游客对本团团员及领队施行盗窃的事例。这理应引起领队的高度警惕。游客行窃也并非现在刚刚出现,下面这个"领队人员之防窃守则"我们不妨也认真学习一下,这对领队安全带团,具有积极意义和预防作用。

领队人员之防窃守则

● 与所有人保持距离——无论靠近的是小孩、孕妇、老人、求助者。虽不近情理,但人性的弱点常被利用。

● 注意穿着有异之陌生人——手藏在报纸下、肩膀盖着披风之人。

● 皮包绝不托人看管,也尽量不帮团员或陌生人看管任何物品,无论贵重与否。

● 排队时注意太贴近之人。

● 使用不名贵,但一定要坚固的提包。

- 勿统一保管护照,除非其国家有规定。
- 晚间不宜太尽兴。
- 公共场合解说时莫太招摇,以避免被跟踪。
- 尽量要求住单人房,以免团员室友之不轨。
- 每日提早起床,以免仓促。

思考与练习

1. 领队如何用身体语言表示出自己在认真听取游客的提问?
2. 领队在对导游推荐的自费项目问题上应该如何把握?
3. 领队如何从善意角度去理解游客?

第十二章

领队与导游的工作关联

 本章要点

领队与导游的工作配合是接待好旅游团的重要因素,这种配合主要来自于相互的尊重。领队从导游的工作程序中可以学习到许多有用的东西,运用到领队的工作中一样可以出彩。领队与导游之间如果发生了矛盾,如何处理也需要认真探究。

领队的工作与导游的工作有很大的相似性,因而,《旅行社出境旅游服务质量》中很多地方也是把《导游服务质量》直接借鉴进来,如其中的总则就直接标明:"领队服务应符合《导游服务质量》(GB/T 15971)第三章和第四章的要求。"

具有导游工作经验的人担任领队,可以比普通人更快地适应工作。因而,《旅行社出境旅游服务质量》中"领队素质要求"一节,明确要求:"领队上岗前应具备一定的导游工作经验。"《中华人民共和国旅游法》第三十九条更是有了进一步要求:"取得导游证,具有相应的学历、语言能力和旅游从业经历,并与旅行社订立劳动合同的人员,可以申请取得领队证。"

做过导游的人来做领队,的确比未做过导游的人更容易上手及开展工作。因而,作为出境旅游领队,平日多向有丰富经验的老导游学习,对出境旅游的带团工作将会大有裨益。

在我国现有的旅游分类中,导游与领队是分属于不同的管理系列当中。导游出现在经营入境游业务旅行社和经营国内游业务旅行社中,而领队则是存在于经营出境业务的旅行社当中。在一些旅游参考书中,将领队当作是导游系列的一个旁支,其实并不正确。

因为出境旅游在我国目前仍然采取的是特许经营的管理方式,经营出境旅游的旅行社远比经营入境游和国内游的旅行社要少很多,因而,出境旅游领队在数量上也较导游要少很多。

领队负责带团、导游负责讲解的简单分类模式,随着出境旅游的发展,近年来也已经有了一些改变。领队与导游相互融合、工作分类模糊的做法开始出现。我国台湾对领队的任务规定中,就融入了这样的认识。

领队之任务:领队除了随团服务团友外,在长程团之领队也做大部分导游工作(长程团之领队往往是兼 Local Guide 的工作)。

内地的一些出境游组团旅行社近年来已经在适当引进我国台湾、香港的这种办法,选拔并培养能够有导游能力的领队人选。尤其是在欧洲旅游全面开展以来,国内的许多组团旅行社基于经营成本的考虑和欧洲目的地国家汉语导游人员匮乏、质量不高的现状,更多地学习我国台湾、香港的一些旅行社的习惯做法,开始让一些出境旅游领队在国外旅游时兼做当地导游(Local Guide)的工作。

领队兼做导游的模式的出现并不断扩展,使领队与导游的关联更加密切起来,领队对导游业务的了解的需求也变得更加迫切。

除了对导游业务服务的程序和方式要进行了解并学习外,领队带团出行,要面临的另外的一方面重要事情,是与境外导游的合作。"知己知彼,百战不殆"的中国古老的哲学运用,可以让领队更容易取得带团工作的成功。当然,领队与境外导游之间,除了合作之外,还会有分歧产生,将这些问题弄清楚,才会使领队工作条理明晰。

一、了解导游工作程序对领队工作实施十分有益

领队在带团过程中,各个国家不同城市的当地导游,是最重要的业务合作对象。只有与导游合作顺畅,才有可能使得带团工作获得成功;如果与导游的合作发生问题,则一定会影响到带团工作的顺利完成。

出境旅游领队与国内导游在工作上有许多一致之处,因而,按照《旅行社出境旅游服务质量》中"领队服务要求"的通则规定如下:

领队服务应符合《导游服务质量》(GB/T 15971)第三章和第四章的要求。

领队应按合同的约定完成旅游行程计划。

其中所提到的《导游服务质量》(GB/T 15971)第三章和第四章,就是关于"全陪服务"和"地陪服务"的内容。这就意味着,领队的工作应当既要符合全陪服务的要求又要符合地陪服务的要求。他既可以代表组团旅行社监督敦促导游完成接待工作(类似全陪服务),又可以直接参与到对游客的时时照顾中来(类似地陪服务)。

(一)学习导游对团队的掌控能力和服务意识

虽然"具备一定的导游工作经验"是对领队的期望,但在目前的领队队伍当中,由于做过导游的人数比例并不高,能够完全达到这项要求的领队也并不是很多。因而出境旅游领队在上团前,不妨都能自我完成一次对导游课程的系统学习。学习并掌握了导游对团队的掌控能力和服务意识后,出境旅游领队的带团实践就会更趋向于合理和流畅。

1. 把握时间

导游在接待一个旅游团时,会对团队将要参观的景点、用餐、途中乘车等因素进行充分估算,使旅游团的计划在充分的估算之中得以顺利完成。好的导游对一个旅游团的时间、节奏等因素的掌控应做到游刃有余,犹如一名按照运行图驾驶火车的火车司机,准点离开始发站,途中如有误点要想办法追回,最后还要准点抵达终点站。

领队因为带团从国内出发一直到返回国内,带团的时间通常会比国内普通导游要长。国内导游带团一般只有一两天、两三天,而领队带团则一般短则四五天,长则半个月。时长虽有差异,但这并不影响领队可以学习国内导游对时间的把握。领队带领旅游团从工作的复杂性上来说要比导游带团难很多,可在对时间的把握上,同样需要与导游一样精确。

2. 协调情绪

通常的旅游团导游,都会将旅行车当成是演讲会场及娱乐演艺场。一路上唱歌、讲笑话、组织车上游客之间的娱乐等,是多数导游都具备的本领。而游客的情绪,也会随着导游讲述的跌宕起伏的故事、情节生动的笑话而变化,或陷入深沉思考或爆发哄堂大笑。从客观实践中来看,导游的确会对游客的情绪影响起到主导作用。

协调好游客的情绪,是带团实践的重要一环。多数导游深谙此道,因而即使是在食宿或其他接待方面出现了闪失,也能凭借有经验导游的一席话、一段表演而得以缓解。

导游的这项对游客情绪进行协调的能力,是领队务必需要掌握的。按照已知的科学常识,通常人的情绪心理周期大约为一周时间。超过一周,旅游团内就不免会有游客接连出现发脾气的情况。领队如能掌握协调游客情绪的一些本领,并适时采用,就一定可以遏制旅游团的情绪低潮。对游客的情绪进行了协调控制之后,领队的影响力会在旅游团中彰显出来,游客与领队之间的关系也会更加融洽。

3. 有问必答

一个旅游团当中,导游会面临游客提出的各种问题。这些问题,不仅包括导游本职中必须用到的景点介绍、社会历史,也包含社会时政、人文风俗、百姓生活、国家发展等方方面面。从这个意义上来要求导游,导游应该是一个杂家。游客提出的各种问题,导游基本都能回答;游客只要提出问题,导游都一定要给出一个准确或至少相差不多的答案。

导游的这种知识芜杂的特点和对游客有问必答的做法,对出境旅游领队来说,也是十分重要的。出境旅游领队与国内游导游面对的游客,是相互叠合的同一人群。只是参加出境旅游的游客,可能会比参加国内旅游的游客经济状况更好一点、旅游经验更多一些。因而,领队在带团当中,可能被问到的问题也会更多。领队要做到对游客的提问有问必答,必须要平日能储备更多一些知识才行。

4. 细致服务

在一个旅游团中,导游不但担负着景点解说、接站送站的任务,也同样担负着照顾游客在当地旅游期间的起居生活的重任。从安排吃住到饭店行李的进出及叫早的布置,再到问候游客身体、搀扶老年游客上下车、下雨时打伞将游客从车内送到房檐下细致入微的服务等,细致的服务贯彻始终,为旅游团接待的顺利成功,提供了基础的保障。

导游的细致服务还体现在对游客的尽可能的帮助上,无论是游客购物买药还是要寻亲访友,事无巨细导游均要提供可能的帮助。

领队在带团工作中,把导游对游客的这种细致服务的精神学到手,无疑就可以在出境带团工作中最大限度的赢得游客的满意。

(二)借鉴国内导游的一些规定程式

出境旅游领队在平时,不妨多看一些国内导游的培训教材,尤其是《导游基础》《导游业务》之类的书,明白导游的工作方式及程序,对于自己在担任出境旅游领队时,与不同国家的导游进行合作和交流,一定会大有裨益。

国内对导游理论的研究以及对导游应用的培训已经有多年时间,总结出来的一些导游的带团规定程式和规范要求,因经过了国内导游接团实践的多年检验,具有严密、准确、规范的特点,同样可以为担当出境旅游团协调组织工作的出境旅游领队所采用。

1. 以欢迎词与欢送词联结的完整程式感

导游的接团程式化过程,多是从机场、车站接到旅游团开始,一直到送走旅行团奔赴下一站为止。在这样的一个过程中,导游需按照规定的程序逐项完成游客的游览参观、食宿购物等多项活动。导游在游客面前的表现,也是从接团时的欢迎词开始,一直到欢送词结束,整个接团的程式呈现出来的是一种秩序和完整。

领队需要学习并借鉴国内导游的这种接团的完整程式,在出境旅游团的运作中也能令完整的程式感得以体现,在一气呵成的完整程式中,体现出带团工作程序的形式美。

2. 环环相扣、细致有序的接待秩序感

导游对旅游团的安排,从下榻饭店、安排用餐到车辆调动、游览参观等环环相扣,接团工作的顺畅,在刻意维持的一种秩序下得以实现。用餐、游览、住宿等每一项工作的完成,都融入细致有序的接待秩序当中。导游的每一次带团工作的顺畅结束,都包含对秩序的着力维护的因素。

领队若想把出境旅游团带成功,也少不得需要对带团的秩序进行归纳并着力维护。在对带团秩序进行严格遵循和刻意的把握避免扭曲的过程中,秩序的美感也会在其中熠熠闪现。

二、领队与境外导游的密切合作是保证团队顺利的必要条件

领队在境外的工作合作伙伴,是生活在不同国家(地区)的导游、司机。领队所带领的旅游团的顺利与否,在很大程度上要依赖于这些不同国家(地区)的导游、司机。因此,领队在带团当中,必须处理好与导游、司机的关系。

在多数国家,司机都是旅行社雇用的蓝领工人,听命于导游,只是守本分开车,不参与团队的其他事情。领队对待司机,只需要对其工作尊重、按照规定付给他小费作为酬劳就可以了。带团工作中的协调与沟通,主要是在领队与导游之间。因而,领队与导游之间的密切合作,是出境旅游团队在境外旅游期间能够顺利开展的基本保证。

(一)明确领队与导游各自的职责

1. 领队与导游各司其职

领队与导游之间,有较明确的工作分工。导游主要负责的是旅游团在当地的接待工作;领队则更加宽泛一些,除了要协助导游安排在一地的接待外,重要的工作在于旅游团行进中的上站与下站之间的联络联系。

领队与境外导游的工作责任虽有不同,但共同任务的重合点更为突出,即双方都是为做好旅游团的接待而工作。因而在具体的工作中,要求双方在各司其职、主要干好自己分内事情的同时,还必须加强彼此之间的合作。

2. 领队对导游的制衡作用

领队与导游之间在工作中互相依存、互相合作,但双方所享有的权利与义务并不平等。导游虽然作为东道主,享有地利之便,能够左右旅游团的游览、购物的停留时间等,但并不等于说导游就可以独断专行。领队可以对导游有一种制衡作用。而且接团工作结束,领队还可以代表游客利益对导游的工作进行评判,至少导游的小费收入就攥在领队的手中。如果导游正常完成工作,领队会代表全体游客对导游的辛苦表示感谢的同时把小费转交。小费虽然不会很多,但却是对导游工作的一项直观评判。

(二)工作中要互相尊重、互相配合

要想搞好与导游的关系,首先要尊重导游。要尊重导游的人格,尊重他的工作,尊重他的意见和建议,适当发挥他的特长,还要随时注意给他面子。如果遇到一些可显示权威的场合,应多让导游出头露面,使其博得游客的好评。只要诚心诚意地尊重导游,多给他荣誉,一般情况下导游会领悟到领队的用心和诚意,从而采取合作的态度。

1. 相互尊重、彼此互信

领队与导游之间的相互尊重建立在彼此信任的基础上。无论是领队还是导游,都应该清楚,离开了双方中的任何一方,都无法顺利完成旅游团队的接待工作。因而,领队及导游不管个人性格如何、谈话是否投机,都应该摒弃成见尊重对方。

导游不能不与领队商量就改变行程,领队也不应与游客一起去公开褒贬导游。领队与导游的互信,才能得到共赢。

2. 互相配合、团结协作

领队与导游的工作配合,犹如人的左手与右手之间的配合。左右手配合在一起,可以驾车、骑车,抱起来沉重的物品、捧起来收获的果实。左右手的配合摆

动,可以助人奔跑;左右手握在一起,显示的是友谊的体态表征。

领队与导游的配合和合作要体现在时时处处。游览时导游在前面领走,领队要走后面收尾;用餐时,导游带领游客找到餐桌,领队可先代游客看管行李请大家去洗手;入住饭店后,领队偕同导游一起去游客房间查看是否需要帮助;游客未能跟上队伍时,领队和导游要一个在原地等候,一个回头去找寻。

领队与导游的互相配合与合作,可以让旅游团的游客感到多方的温暖,团队的计划完成也会更有保证。

(三) 游客对导游不满时矛盾处理要及时有效

导致游客对导游产生不满的原因可能有很多,比如导游迟到、对游客出言不逊、景点讲解不认真或知识水平低等。发生游客对导游的不满的时候,领队是旅游团队中唯一合适的调停人。

通常的情况下,领队的调停,应该本着大事化小、小事化了的原则。如确实无法平息,再考虑更换导游等非常处理办法。

1. 劝说工作

面对导游与游客双方的矛盾,领队不便进行对错评判,而劝说双方的工作是应该最先进行的。

从维护导游信誉的角度出发,领队应劝慰游客要尽量对导游宽容。因为境外的汉语导游并不容易找到,旅游旺季更是奇缺。即使是游客提出更换,也未必一定能够如愿换成。希望游客能再给导游机会,导游不懂的地方大家可以来帮他、教他,导游的不当做法大家可以督促其改正。

领队对导游的劝解则应该更明确一些。领队在表达对导游的理解和同情的同时,希望导游能主动向游客道歉,让事情尽快平息。导游如果执迷不悟,领队再将可能出现的后果告知,包括向接待社经理投诉、要求更换导游等,希望能在这样的威慑下使导游放弃执拗、转向合作。

2. 补台工作

领队为导游的补台是为了弥补导游工作中的不足或过失,让游客得到更好的服务。领队的补台通常不应主动去做,而是在游客表达了对导游的不满的时候入手。比如在游客对导游的景点讲解表示不满时,领队可以用自己的丰富知识进行补台。

领队要对导游的工作不足进行补台的时候,要注意选取合适的方式方法,要尽量避免导游有抵触情绪产生。针对导游的某一景点的解说进行补台的时候,在选取介绍的角度或入题的形式上可以巧妙一点。比如以"刚才导游×××先生介绍了这座佛像的历史和来历,我现在给大家补充一点它与中国的关联"之类的话来间接入题。

3. 代表游客与导游单独约谈

领队的职责之一，就是监督团队计划的完整执行。游客如果明确表达了对导游的不满后，行程计划的执行则可能会因此受阻。此时，领队应立即代表游客去与导游进行交涉。

领队可与导游单独约谈，希望导游能主动向游客解释，以免事态扩大。

三、领队与导游发生分歧的处理

领队与导游之间，虽然是一种工作合作的关系，但往往也会因脾气秉性、工作方式抑或经济利益等原因而发生矛盾。

领队是组团旅行社派出的唯一代表，有权代表组团社监督并要求导游按照双方旅行社达成的商业协议办理。对导游违反协议的做法，领队应当代表组团社及全体游客的利益，与其进行交涉。

（一）甄别矛盾

因站位不同，领队与接待社导游在某些问题上意见相左是正常现象。一旦出现这种情况，领队要主动与导游人员进行直接沟通，力求及早消除误解，避免分歧继续发展。领队一定要尽量避免与导游发生正面冲突，除非是导游做法上非常恶劣，比如：导游肆意削减游客游览日程、任意将游客带到购物点购物等。凡有此类情况的发生，领队要代表组团社的利益及全体游客的利益与其进行正面交涉，与导游发生冲突则不可避免。

对此，《中国公民出国旅游管理办法》第十六条也有相应的规定。

组团社及其旅游团队领队应当要求境外接待社按照约定的团队活动计划安排旅游活动，并要求其不得组织旅游者参与涉及色情、赌博、毒品内容的活动或者危险性活动，不得擅自改变行程、减少旅游项目，不得强迫或者变相强迫旅游者参加额外付费项目。

境外接待社违反组团社及其旅游团队领队根据前款规定提出的要求时，组团社及其旅游团队领队应当予以制止。

领队对导游的违规做法予以制止的方式，要有理有节分步骤进行，尽量避免正面冲突。做法上也应从劝说开始，期望导游能够改过。如果不能解决问题，再图他策。

1. 晓以利害

导游出现了严重违规行为的时候,领队要充分表现出领队的责任感,绝对不能不闻不问,应立即采取行动将问题迅速解决。

首先需要与导游单独约谈。要平心静气对导游所做工作给予充分肯定,对导游的工作辛苦表示理解,尽量避免剑拔弩张的局面出现。要尽量寻求让导游自省的可能,拿出一点儿小礼物送给导游,也许就能使得双方的谈话不至于过分尴尬而变得融洽。但谈话如果处于僵持,领队也不必紧张,而要坚持对导游晓以利害,将后果挑明。

2. 优选劝说方式

领队与导游的争执发生的时候,要首先确认一定不是以个人情感出发,而是因为导游的行为触犯了组团旅行社的利益和全体游客的利益。

劝说导游并非是要与导游争吵,而应当选择最合适的方式、最有力的语言进行。要寻找导游的软肋,以智慧的方式寻求争执的迅速解决。

我们不妨参考一则日本的一家旅行社对其随员(领队)与中国的导游发生冲突时,向随员提供的实用招数。

日本的一家旅行社的随员手册中,对其随员与中国导游出现矛盾、发生冲突时,建议采取的方式是心理战术。首先是要打消导游的气焰。建议此时对中国导游说的第一句话就是:"你的日语不好!"中国的导游往往会在这样的指责中,立刻产生对自己日语水平的怀疑,很快就会使得自己糊里糊涂败下阵来。如果这句还不能奏效,还有第二句"我要找你的领导"等在那里。要找导游的上级领导,明显是增大了威胁,要把事情闹大,这样的结果肯定不是导游愿意看到的。这两句看似简单的话语,实则极富有进攻性和杀伤力。在实战操作当中,常常会是效果极佳。日本的随员无须大叫大嚷。只需照本宣科说出这样两句话,就会让中国的多数导游缴械服软。

3. 为结果恶化作出估算和准备

事实上,带团当中领队与导游所想的并非会完全一致。多数领队主要想的是保证此团的顺利平安,而国外的一些不能完全称职的导游,想得更多的却是通过此团多赚些钱。

领队带团当中难免会遇到一些只认钱不顾质量的导游。在与导游的第一面接触时,领队就应该对可能发生的情况进行充分估算。如果感到导游确实会对团队造成伤害,就应该早做准备,避免在恶劣导游要挟游客时手足无措。接待社经理电话、救援电话、当地旅游局投诉电话、中国使馆电话等都应一一备齐,但需注意,各种准备只是一种防备措施,应不放弃任何一个对导游进行劝解的机会。

（二）更换导游的具体操作

1. 更换导游的条件

境外的导游如果极端不负责任，自说自话，领队完全无法与之沟通，游客与之积怨颇深，矛盾发展已经不可调和时，可以考虑更换导游。

在确定更换导游之前，应当做好各项准备，并对预期可能发生的不便进行充分的考虑，对可能耽误的行程、游览景点进行估量。

2. 更换导游的具体操作

不要匆忙向游客宣布更换导游的决定，而应答复游客马上与当地的接待旅行社进行沟通。要严防因当地导游奇缺无法更换、使团队陷入更大的困境的情况发生。

在权衡利弊、作出更换导游的决定后，领队应迅速与接待社进行联系，请接待社经理赶赴现场。提出更换导游的要求最好是在当面，而不只是在电话里进行沟通。

3. 更换导游需注意的问题

领队作出更换导游的决定的时候，要确定是在"不得不换"的前提下才能进行。因为无论怎么说，更换导游也会影响到团队的正常进程。更换过程要注意的事项如下：

（1）多数游客都强烈提出更换导游的要求，领队对游客进行说服已经无效的情况下才能考虑更换导游。

（2）领队不可以以自己的意志强加游客，或仅以自己的意愿要求更换导游。

（3）需要有理有节向境外的接待旅行社提出，或将情况报告给国内组团旅行社，由 OP 与境外接待社洽谈联系。

（4）行动要迅速不要拖延，以免影响游客情绪，致使游客因由对导游的不满而引发对组团旅行社的强烈投诉。

思考与练习

1. 领队对导游有怎样的制衡作用？
2. 领队与导游在工作中如何做到互相尊重、互相配合？
3. 更换导游需注意哪些问题？

第十三章

领队与游客的关系处理

本章要点

领队对游客的了解,应当从了解旅游者的权利和义务开始。领队对游客进行各项提醒和照顾的时候,也应该首先明白游客的心理变化规律。领队与游客之间,不能处处求得形式上的平等,即使是在与游客发生冲突的时候,也要以道歉为先,采用圆满处理的方法,以赢得游客的赞扬。

在带团的过程中,许多领队会经常遇到的一种情况,一些游客在称呼自己时,总是以"导游"相称。特别是团中的一些孩子,在车中串来串去,更是"导游""导游"叫个不停。许多领队对此会很反感,认为游客不喊自己是"×领队""×先生"或"×小姐"是对自己的不尊重。对待这样的问题,其实并不需要太过当真。中国的多数游客,对出境旅游都尚处在学习和熟悉阶段,对旅行社的职业岗位名称弄不清也很正常。况且游客的称呼,许多是从媒体的报道中学来。而在媒体的报道当中,对"导游"的提及频度远比"领队"为高。还经常会有一些媒体,会对"导游"和"领队"的称谓混淆。所以,游客称领队为"导游",也就不足为怪了。

许多游客对旅行社行业内的领队与导游分不清,对领队的工作内容也不太清楚,有时不免会容易造成领队工作的被动及尴尬。因而领队在做好自身工作的同时,也面临着向游客及社会公众进行职业展示以及介绍自己的职业特点的责任。只有游客都懂得了领队的职责,明白了领队在出境旅游团当中的作用,领队本人才有可能在带团当中,得到游客的体谅和支持。

游客购买的旅行社线路产品,事实上购买的是一次旅行经历。从购买者的角度来想,他当然期望购买的最好是一次美好的旅行经历。要实现并完成这项美好的经历,领队及游客的相互配合和互相支持必不可少。

领队与游客间的配合与支持,可以产生许多奇妙的作用。甚至可以将旅途中的因交通、天气等引致的诸项不愉快,也能消除掉、转化掉,变成旅程美好经历中的一个小插曲。

一、了解游客的权利和义务

1. 游客的定义

"游客"与"旅游者"等概念长时期一直在旅游界中混用,经常可以见到媒体上用到的这两个词语,其实指的是同一批人。

1963年联合国在罗马召开的国际旅游会议上,提出了"游客"(Visitor)的定义:

> 游客指除为获得有报酬职业之外,基于任何原因到一个不是自己常住的国家去访问的任何人。

为从方便统计工作的目的考虑,会议还建议采用"游客"这样一个总体的概念。"游客"之下,分为两大类:一类是旅游者(Tourist),另一类是不过夜的游览者(Excursionist)。

旅游者即是到一个国家作短期访问至少逗留24小时的游客。其旅行目的包括消遣(娱乐、度假、疗养保健、学习、宗教、体育活动等)、工商业务、家庭事务、公务出差、出席会议等。

游览者即是到一个国家作短暂访问逗留不足24小时的游客。

1963年国际官方旅游组织联盟(IUOTO,即世界旅游组织的前身)通过了这一定义。1967年联合国统计委员会开始采纳这一定义,并建议各国都采用这一定义。

2. 现时期中国社会阶层中的潜在游客构成

对中国当前社会不同阶层的划分,目前在社会中较为通行、社会认知度较高的一种分类是这样排定的:

(1)国家与社会管理阶层。

（2）经理阶层。

（3）私营企业主阶层。

（4）专业技术人员阶层。

（5）办事人员阶层。

（6）个体工商户阶层。

（7）商业服务人员阶层。

（8）产业工人阶层。

（9）农业劳动者阶层。

（10）城乡无业、失业和半失业人员阶层。

阶层的排定对旅行社的意义，在于可以更准确地明白目标客户群落，了解游客的不同特点和需求。

由于近年来出境旅游价格的不断走低，使得出境旅游越来越呈现出泛大众化的倾向。在出境旅游团队，几乎可以遇到社会生活中收入悬殊、各个层面的人。我们可以看到，在上面排定的中国现阶段的阶层分类中，除却最后的一个阶层经济状况不甚明确、旅游意向也不甚清晰外，其他几个阶层的人，都大致具备出境旅游的消费需求的经济基础，可能会具有出境旅游的意向需求。也就是说，目前参加旅行社组织的出境旅游的客源，可能包括了以上差不多全部的阶层门类。

通常分属不同阶层的人们，在社会行为、消费习惯等方面都会有所差异。这样的差异，首先需要旅行社开发制作差异化产品去适应。具体到一个普通的由社会多阶层构成的旅游团里，则需要领队以差异化的服务来应对。比如，对待不同文化修养、不同职业的游客，交谈的方式都应该有所差异。

3. 中国出境游游客中的虚热成分

与国际上其他国家参加出境旅游的人员状况相比，目前我国参加出境旅游的人员当中，含有许多收入较低、客观条件似乎尚不具备参加出境旅游的人。这种情况表明，在目前的出境旅游中，不排除有虚热的成分。一些游客因为受旅行社的低价广告所惑，或因攀比、虚荣等因素所致参加了出境旅游团。

在出境旅游的实际带团工作中不难发现，许多参加旅游团的游客对团体旅游的概念认识尚不清晰，许多人的修养也不是很高。这种情况，客观上增加了出境旅游领队的工作难度。一些游客会有"我花了钱了"、"你是给我服务的"的褊狭认识和不文明举措，对领队不够尊重。以现阶段中国游客为服务对象的旅行社出境游领队，对此问题一定要有充分的估量。

(一)出境旅游合同中列明的旅游者权利和义务

从 2004 年起,我国的一些主要城市,如北京、上海等地,都推广了出境旅游的标准格式合同的示范文本。这种合同,是在充分考虑了旅行社及消费者双方权利的基础上,由旅游主管部门与工商管理部门制定的,具有较强的合理性与可操作性。

出境旅游合同当中,对旅游者的权利和义务进行了全面规范。

1. 旅游者的权利

对旅游者所应享有的权利,出境旅游合同进行了明确。依据我国法律、法规的规定,旅游者在旅游活动中享有下列 9 项权利:

(1)旅游者享有自主选择旅行社的权利

我国出境旅游实行特许经营制度,因此,旅游者有权要求旅行社出示出境旅游经营许可证明,并与旅行社协商签订旅游合同,约定双方的权利和义务。

(2)旅游者享有知悉旅行社服务的真实情况的权利

旅游者有权要求旅行社提供行程时间表和赴有关国家(地区)的旅行须知,提供旅行社服务价格、住宿标准、餐饮标准、交通标准等旅游服务标准和境外接待旅行社名称等有关情况。

(3)旅游者享有人身、财物不受损害的权利

旅游者有权要求旅行社提供符合保障人身、财物安全要求的旅行服务。旅行社应当推荐旅游者购买旅游期间相关的旅游者个人保险。

(4)旅游者享有要求旅行社提供约定服务的权利

旅游者有权要求旅行社按照合同约定和行程时间表安排旅行游览;旅游者有权要求旅行社为旅行团委派持有《领队证》的专职领队人员,代表旅行社安排境外旅游活动,协调处理旅游事宜。

(5)旅游者享有自主购物和公平交易的权利

境外购物纯属自愿,购物务必谨慎。旅游者有权要求旅行社带团到旅游目的地国家(地区)旅游管理当局指定的商店购物;有权拒绝超合同约定的购物行程安排;有权拒绝到非指定商店购物;有权拒绝旅行社的强迫购物要求。

(6)旅游者享有自主选择自费项目的权利

参加自费项目纯属个人自愿,旅游者有权拒绝旅行社、导游或领队推荐的各种形式的自费项目,有权拒绝自费风味餐等。

(7)旅游者享有依法获得赔偿的权利

出境旅游活动过程中,旅游者的权利受到法律保护,旅游者可以要求赔偿。

(8)旅游者享有人格尊严、民族风俗习惯得到尊重的权利

旅游者的人格尊严不受侵犯,民族风俗习惯应当得到尊重,这是我国法律的规定。在选择出境旅行社和出境旅游活动中,旅游者的人格尊严和民族风俗习惯受到损害的,旅游者有权得到法律救助。

(9)旅游者享有对旅行社服务进行监督的权利

旅游者有权抵制旅行社侵害旅游者权益的行为,有权对保护旅游者权益工作提出批评、建议。旅游者有权将组团旅行社发给旅游者的征求意见表寄给组团旅行社所在地的省级旅游行政管理部门,如有必要也可以直接寄给文化和旅游部旅游质量监督管理部门。

关于旅游者要求赔偿的问题,出境旅游合同中另有详细规定:

旅游者和旅行社已有约定的,按照约定承担,没有约定的,按照下列协议承担违约责任:

(1)因旅行社原因不能成行造成违约的

旅行社在出团7天前(含7天)通知的,旅游者可获得旅游合同总价5%的违约金;旅行社在7天之内通知的,旅游者可获得旅游合同总价10%的违约金。

因违约造成的损失,按有关法律、法规和规章的规定,承担赔偿责任。

(2)旅行社安排合同约定以外需要收费的旅游项目,应征得旅游者的同意

旅行社擅自增加或减少旅游项目,给旅游者的合法权益造成损害的,旅游者有权向旅游行政管理等部门投诉或通过其他法律途径依法获得赔偿。

旅行社组团不成的,经征得旅游者同意后转至其他旅行社合并组团时,原合约即告终止,新合约同时生效,双方均不再系争。

2. 旅游者的义务

在任何情形下,权利和义务总是同时存在的。游客、旅游者在享受上述权利的同时,也自然应当担负相应的义务。旅游者的义务,在出境旅游标准格式合同中列有10条,成为约束旅游者行为,旅游者应当知晓并履行的条文。

(1)旅游者有维护祖国的安全、荣誉和利益的义务

在出境旅游中,不得有危害祖国的安全、荣誉和利益的行为。

(2)旅游者有合法保护自己权益的权利,也有不得侵害他人权利的义务

当旅游者在行使权利的时候,不得损害国家的、社会的、集体的利益和其他旅游者的合法权利。

(3)旅游者必须遵守国家的法律、法规

在出境旅游申办和实施过程中,必须提供真实情况,如实填写有关申请资料,履行合法手续。否则,将承担由此产生的一切经济和法律责任。

旅游者参加旅游应确保自身身体条件能够完成旅游活动,并有义务在签订合同时将自身的健康状况告知旅行社。并要保守国家秘密,遵守公共秩序,遵守

社会公德，尊重领队人格和服务，服从旅游团体安排，不得擅自离团活动，不得擅自滞留不归。如在境外擅自离团或非法滞留，所产生的一切后果均由当事者承担。

（4）旅游者应当遵守合同约定，自觉履行合同义务

非经旅行社同意，不得单方变更、解除旅游合同，但法律、法规另有规定的除外。因旅游者的原因不能成行造成违约的，旅游者应当提前7天（含7天）通知对方，但旅游者和组团旅行社也可以另行约定提前告知的时间。对于违约责任，旅游者和旅行社已有约定的，按其约定承担，没有约定的，按照下列协议承担违约责任。

①旅游者按规定时间通知对方的，应当支付旅游合同总价5%的违约金。

②旅游者未按规定时间通知对方的，应当支付旅游合同总价10%的违约金。

旅行社已办理的护照成本手续费、订房损失费、实际签证费、国际国内交通票损失费按实际计算。因违约造成的其他损失，按有关法律、法规和规章的规定承担赔偿责任。

旅行社与旅游者订立合同后，因不可抗力不能履行合同的，根据不可抗力的影响，部分或者全部免除责任，但法律另有规定的除外。

（5）旅游者应当遵守旅游目的地国家（地区）的法律，尊重当地的民族风俗习惯，不得有损害两国友好关系的行为。

（6）旅游者应当自尊、自重、自爱。维护祖国和中国公民的尊严和形象，不得有损害国格、人格的行为，不得涉足不健康的场所。

（7）旅游者应当努力掌握旅行所需的知识，提高自我保护意识。旅游者必须参加旅行社组织的行前说明会。

（8）旅游者要保存好旅游行程中的有关票据、证明和资料，以便当旅游者的合法权益受到侵害时，作为投诉凭据、索赔证据。

（9）出境旅游过程中，旅游者与旅行社之间发生纠纷，应当本着平等协商的原则解决或在回国后通过法律途径解决。

旅游者不得以服务质量等问题为由，在境外拒绝登机（车、船），实施违反行程国家或者地区法律、法规的行为或采取其他措施强迫旅行社接受其提出的条件。

（10）旅游者所携带的行李物品应当符合我国和旅游目的地国家（地区）的法律规定。携带货币出境，应当按照国家有关部门的规定，不准携带违禁物品出入境。

(二) 领队与游客相处的诸项原则

领队应时时想到自己是作为服务行业的旅行社的派出代表，其职责中重要的一项，就是应该服务于游客。在与游客相处时，以下诸项原则需牢记于心。

1. 以游客为中心原则

旅游团的主体就是游客，围绕旅游团的一切行程设计、计划安排等准备及具体的实施，都是以游客为中心来实现的。景点游览的确定要符合游客的兴致，用餐的安排也应尽量照顾到游客喜欢中餐的习惯。而带领旅游团实现这些预想的领队，自然也应该是把以游客为中心的原则落到实处，将为游客服务实实在在体现出来。

国内对导游的要求中，有类似的规定："导游人员应有责任感与使命感，工作中要明辨是非曲直，遇事能遵守职业道德并为游客着想。"其中的"为游客着想"的要求，即为对以游客为中心的体现。

以游客为中心的原则，其实不光是旅行社行业，只要是服务性行业，均会以此作为行业的立身之本。法国的航空公司飞机上增加讲中文的空姐，戴高乐机场内有了中文的导购，韩国的一些景区出现了中文的解说牌，其外在目的，是为了吸引中国游客；内在实质，也体现了以游客为中心的原则。

2. 履行合同原则

领队带团要以契约为基础，是否履行了合同常常是评估领队是否履行职责的基本尺度。

履行合同涉及两个方面，一是企业内部制定的相关成本、责任等方面对领队的要求和约束，包括旅行社与领队所签署的工作合同的详细规定；二是旅行社与游客所签署的旅游合同，合同规定有相关服务内容与等级要求。领队在设身处地地为自己着想的时候，更要为公司着想、为游客着想。把合同条款的内容装在心中，把履约作为职业操守的首要准则。

3. 等距离交往原则

尊重游客是领队在带团工作中应该始终贯彻不渝的一项基本原则。不能因游客的职业、性别、长相、卫生习惯、文化程度、消费能力等原因而有所改变、有所偏移。领队应一视同仁地尊重全部的游客，而不应对一些游客表现出偏爱，而对另外的游客表现出憎恶。在正常情况下，领队如果对团内任何一位游客表现出反感，都是领队的职业素养不高、职业成熟度不高的反映。

领队的片面行为会造成旅游团队的内部关系紧张，并且会让游客感到不公。因为每一位游客都为旅游付出了同样多的钱，他们要求得到同等的待遇是合情合理的。领队应该尽力把团队的所有事情处理圆满，使全体游客皆大欢喜。除非发生了极特殊的情况,领队应该采取的态度是与每位游客都要友好、礼貌和殷勤。

二、领队对游客的提醒及照顾

领队带队出团,除了要使自己保持健康的体魄、饱满的精神外,对所带领的旅游团的团员的生活管理也需要特别用心。这种管理,需要从对游客并不太熟悉的国外生活来进行提醒入手。

领队与游客初次接触后,就应尽快辨识每位游客的姓名、体态和容貌,并在相处中了解游客的性格、特征和习惯行为。对游客中每家每户的主事人,领队也需要搞清。有了事情,领队只需要与游客中的"家庭代表"沟通就可以了。

让游客做自我介绍,也是领队与游客以及团员之间相互认识并尽快熟悉的好方法。领队对游客以及游客互相之间熟悉之后,便于团队行动和游客之间的相互帮助,领队的工作也会因此便利得多。

领队要做好对游客的照顾,还需要知己知彼,从对游客的旅游成熟度的分析开始,可以使工作更富成效。

(一)了解游客的旅游成熟度

了解团员的旅游经验和成熟度状况,检视团员的"旅游知觉系统"是否需调整、加强,对于领队做好工作是一项辅助。

1. 游客对出境旅游团出现不适应的可能性

游客参加出境旅游团队,在生活环境不熟悉的境外国家或地区生活多日,奔波于飞机、火车、汽车的周转之间,很多日常养成的良好生活习惯一定会被打乱。旅游团的动荡生活,很容易造成游客因无法适应而情绪出现波动。尤其是一些已经退休的老人,已经习惯了闲适散淡的生活,对在旅游团的公众化的集体生活中,不能随心所欲地吸烟、喝酒、喝茶、看电视、挖鼻孔、抓痒等,会感到十分受约束。另外的一些因素,如要记住每天不同的集合时间、日日转换的饭店的不同房间号码、准备每天要穿着的衣物、每日必需的开箱锁箱整理行李工作等,也不免会感到紧张生烦。不仅如此,还可能会有和不喜欢的游客同乘一车,每日要听一些导游或领队的低素质的浅薄吹嘘和错误百出的解说等,游客出现对出境旅游团的不适应的情况,合情合理,一点儿也不稀奇。

2. 对游客的旅游成熟度进行测评

游客的旅游成熟度可以通过测评的方式获得。

通过测评,领队可以对所带领的旅游团游客认识不仅仅停留在表面,而是深入到游客内心深处;对旅游团的发展,会有较为清楚的判断。

如果发现游客的旅游成熟度不够,领队应该在带团工作中特意多做准备。在对游客的提示和照顾中有针对性地进行沟通,使游客能掌握更多的国际旅游的常识,克服团队旅游带来的不适,天天都有好心情,在日常生活中照顾自己,在参加国际旅游中不断寻找到乐趣。

对于游客的旅游成熟度的测评,领队可以依照实际需要,设定需要的形式和内容。以下的一份来自中国台湾一家旅行社的《旅客旅行智商评量表》,可以为我们提供示范参考。

旅客旅行智商评量表

一、良好的生活习惯
具备能睡能起的体力,可自行调整睡眠习惯。
吃饭喝水可自行处理准备。
能自行上厕所。愿自备清洁费零钱,不憋尿。
吃饭能适应当地之上菜速度快慢。
二、生活自理能力
自行判断冷暖穿衣裤。
能自行使用浴厕之设备。
自己照料行李、财物。
能判断场合着装。
三、身心反应协调
有否身体残障、慢性病。
是否坚持顽固的政治立场、价值观、宗教观。
有否情绪不稳、失恋等。
有否不良行为,打别人主意。
是否怕高、怕水、晕车、怕蛇等。
是否进食、排泄、睡眠全不正常。
四、环球旅行成熟度
能记住团体行动所规定的时间、地点。
能安静独处,也能融入大场合。
能自己知道要从旅游活动中得到什么感受。
能清楚整个行程前后经过,并获得深刻回忆的乐趣。

续表

对旅程中的项目有不同的兴趣及认知。
能够依据旅行经验对旅程项目进行评判。
对异国风情衣物及物品,有自己欣赏接受的偏好。
在有不满意的状况下能够沟通协调,不会以哭闹暴力来处理。
能与他人互动,调整自己的行为模式,和谐相处。
购物判断能力强,可自行购买自己喜欢物品。
独立自主,明确权利义务观念。
与外国人相处,态度不卑不亢。

(二)对游客的诸项提醒

游客在境外旅游期间所应该体验享受的,也仍然是旅游的6个要素:食、宿、行、游、购、娱。领队在境外的工作主旨,就是为游客在异国他乡的旅游提供有质量的服务。

食与宿两项,是出境旅游当中最容易招致游客不满的环节。但在许多情况下,游客对在境外旅游期间的食宿的不满,并非是因国外的饭店、餐厅的设备不好或服务不周造成,而是由于中国游客对国外饭店和餐厅的使用方式及规定不熟悉所致。游客如果因此出现尴尬情形,领队也应当负有一定的责任。没有向游客讲明国外不同场合的规矩,就是领队的工作失误。

对游客的诸项提醒,在行前说明会上就应向游客讲明。在旅途当中,仍需要领队不断反复来讲。特别是在即将用到的时候,讲来会更容易为游客现学现用当时采纳。

领队当时对游客的一些引导和劝诱,会比其他形式的学习对游客的影响更加有效。许多游客其实是通情达理之人,在进行了这样的提醒之后,文明礼貌及与国外的环境相适应之处就会明显增多,而领队的工作因此也会更加顺畅。

1. 穿着的提醒

一些中国旅游者在国外游览时西装革履,曾引起海外媒体的耻笑。游客游览时的衣着错位,着实是因为许多游客对各种场合的穿衣讲究搞不太懂。旅游出发前,领队就应当将旅游时适合的穿着说给游客听:西装适合于办公的正式场合而不太适合旅行游览;外出旅游时,最适合的装束是穿休闲服装、着软底鞋。

进入泰国大皇宫、缅甸寺庙、柬埔寨皇宫等地游览,以及在国外观看正式的演出或出席正规晚宴,着装上都会有一些特殊的要求。领队一定要与导游配合,将具体的着装要求提前告知游客。

2. 用餐的提醒

旅游团在国外的游览中常常会安排吃西餐,因而领队应将吃西餐的一些规矩告诉游客。吃西餐一般是先上冷餐,包括蔬菜、沙拉、香肠等,然后是汤,面包一般是预先放在旁边的盘子里,最后上主菜(肉、鱼、鸡等)。旅游团在境外用西餐时,领队有责任先给游客讲解西餐的吃法,然后亲自示范。对一些要领和规矩,如刀叉摆放的含义、喝汤不能出声等,也需要特别进行提醒。

常常会有中国旅游团在国外用自助餐时让旁桌外国人皱眉,原因也多出在游客对用自助餐的规矩知之不多。领队在带领游客用自助餐之前,应当在旅行车上就向游客介绍自助餐的用餐规矩,如取菜要按顺序排队,取菜时一次不要堆得太满,盘中食品要吃完不能浪费,不要拿吃完的空盘再去取菜等。

多数情况下,领队在讲解和提醒之后,游客用餐时的不规范行为马上就会大大减少。

3. 住宿的提醒

中国游客在国外饭店下榻时容易出现的问题有:乘坐电梯争先恐后,在饭店大堂内大声喧哗,房门大开并聊天影响其他房间客人,电视机音量太大干扰其他房间,身穿睡衣在饭店的房间串门,卫生间洗衣时弄湿房间地毯等。

对中国游客入住饭店可能出现的问题,领队都应事先想到。在入住饭店分发房间钥匙之前,把所有能想到的问题都讲上一遍。这样虽会让有的游客厌烦,却可以保证多数游客不至于再与饭店发生矛盾。

从饭店的服务台拿一些饭店的卡片发给每一位游客,嘱咐他们出门务必携带,这样就可以保证游客离开饭店后能顺利返回。

4. 行车走路的提醒

在国外多数国家,人们每天说得最多的话有三句:Thank you(谢谢)、Sorry(对不起)、Excuse me(请原谅)。入乡随俗,游客一定要对别国的习惯有起码的尊重,并在各种行为中遵守别人的固有礼仪。领队在提醒游客礼貌行事的同时,应要求当地导游将当地国语言的"谢谢""对不起""请原谅"三句话教会全体游客。在以后的几天时间,领队及导游要反复用当地语言的这三句话和游客交流,以形成条件反射。

游客在国外,多愿意体验当地普通百姓的日常生活,乘坐当地的出租车、地铁或公交车,领队应对此有充分的准备。要提醒游客在国外出行时要按秩序上下车,排队等候时不插队、不拥挤。领队如果知道乘车的方式及价格,可以亲身的体会告知游客,这会取得很好的效果。如果自己不清楚,需向当地的导游请教,并请导游给游客进行具体说明。

出境旅游，不论是自助还是随团，由于周围的环境比较陌生，即使是非常小心，也会有很多意想不到的问题，尤其是游客不慎走失。为避免出现这种情况，领队应当事先对游客进行必要的提醒。可能出现这种情况的对策，领队也需要事先告知游客。

（1）不要着急，首先在原地或是导游约定的地点等候。切忌自作主张回到下车的原地，除非肯定领队说过会在原地上车。

（2）如果脱离队伍已有一段距离，而你知道团队下一站地址，可电话联络领队，再乘计程车马上赶去。

（3）如果地址不在身边，又不记得所住的酒店和领队的电话，那打电话回家，让亲友和国内旅行社取得联系，从而尽快得知领队的联系方式及团队下一个目的地。

（4）到警察局、使馆或当地旅游观光部门请求援助。如忘记了酒店名称，尽可能地仔细回想并描述酒店及其周围建筑特征，顺便说一下，要提防路上可能会有人假冒警察。

（5）最好不要轻易相信陌生人，尤其是过于热情的陌生人。由于中国游客有带大量现金或贵重物品在身上的习惯，国外往往有一些"黑导"在路边，专门等候或是诱骗中国旅客。

5. 旅游安全的提醒

中国游客多数喜欢携带现金，因而成为国外盗窃团伙的首要目标。针对中国游客的抢劫盗窃，近年来在世界范围内都有不断增长的趋势。在意大利、法国、西班牙、澳大利亚、新西兰等地，都发生过针对中国游客的光天化日之下的抢劫、盗窃犯罪事件。

中国许多驻外使领馆都曾对中国游客发出过安全警告和提醒。中国驻西班牙大使馆就曾以这样的提醒来告诫中国游客：

> 近年来，西班牙治安状况日益恶化，尤其是首都马德里和第二大城市巴塞罗那，犯罪率较高，抢劫、盗窃案频发。2003年6月在马德里发生希腊游客因抵抗遭刺身亡事件。包括我公民在内的亚裔旅游经商人士最易成为抢窃分子的目标。2003年1月至9月，因被抢到中国驻西使馆领事部申请补办旅行证件的公民已超过50人。

中国驻外使领馆对旅游安全方面的提醒，通常也会放在外交部网站中，多数会以"领事新闻"或"赴部分国家和城市注意事项"来发布。中国驻外使馆或领馆发布的旅游警示，往往更加注重对刚刚发生的具体的旅游安全事件的描述和避让建议,因而带给人们的实用性也就更大。

俄罗斯作为中国公民的出境旅游目的地,其治安状况一直堪忧。2006年5月下旬,中国驻俄罗斯大使馆和中国驻圣彼得堡总领馆分别就俄罗斯的危险状况发出了旅游警示。

中国大使馆提醒旅俄中国公民外出注意安全

2006/05/23

各位中国同胞:

近一段时间,中国大使馆连续接到数起针对中国公民犯罪的报案,其中包括绑架、谋杀等恶性案件。大使馆已向俄方提出交涉,表达大使馆对上述案件的高度重视,要求俄方尽快破案,将犯罪分子绳之以法,严厉打击针对中国公民的犯罪行为,同时采取切实有效措施,保证中国公民在俄的生命和财产安全。经过大使馆的大力交涉,有些绑架事件的受害人已被俄警方成功解救。

在与俄方进行交涉时,大使馆得到消息,俄罗斯亲纳粹势力("光头党")正在逐步演变,并进行更加有组织的犯罪活动。新的"光头党"分子的明显特征是:身着黑色夹克,头戴帽子并压得很低,且不一定剃光头。这些人一般成群活动,躲在阴暗角落,专门对独自行走的外国公民进行殴打、抢劫,甚至杀害。

鉴于上述,中国大使馆提醒旅俄中国同胞,加强自我保护意识,外出务必提高警惕,尽量结伴而行,避免在黑暗僻静地段活动。如需外出尽量驾驶汽车或乘坐出租车,尽量不要乘地铁。一旦遇到袭击要及时向俄警方报案,并向使馆通报有关情况。

祝所有中国同胞健康平安!

中国驻俄罗斯大使馆的提醒发出没几天,2006年5月29日,中国驻圣彼得堡总领馆再次对俄罗斯旅游的安全问题进行警示,尤其是对乘坐莫斯科与圣彼得堡之间的火车的旅游者进行了特别提醒。这则提醒中告知人们:"最近外国旅游团组在自莫斯科开往圣彼得堡的列车上被盗事件时有发生。中国一代表团即于近日遭团伙偷窃,损失严重。因而,总领馆提醒旅俄中国公民或团组在往返于莫斯科和圣彼得堡两地时,尽量乘坐飞机;如乘火车,务必注意人身及财物的安全。"

2006年中国游客在丹麦连续被盗被抢,2006年5月30日,外交部及中国驻丹麦大使馆就有针对性的发出了对丹麦的特别警示。警示指出:"近来哥本哈根市机场、火车站和饭店时有中国公民被盗被抢情况发生。领事司提醒人们,丹麦机场、火车站、旅馆和旅游景点等人多的地方是偷抢案件多发地。请时刻注意看管好自己的行李(特别是打电话和买票时),对某些陌生人员的搭话或'热心协助'保持警惕,并尽量减少随身携带的现金。"

2012年10月针对肯尼亚发生多起恐怖袭击、部族冲突等事件,造成人员死伤,中国驻肯尼亚使馆发布警示,提醒在肯中国公民:请务必提高自我防范意识,尽量减少不必要的外出,尤其是尽量避免前往人群集中的区域。时刻牢记安全第一,遇事要冷静处理,避免造成人身伤害和财产损失。

2012年11月5日中国驻马尔代夫大使馆发布警示称:"据不完全统计,今年1—10月,在马尔代夫共发生中国游客财物被盗案11起,涉及游客52人次,丢失物品包括美元现金1.5万元、人民币现金3.6万元,还有部分相机和手机等。此类案件不仅给遭窃的中国游客带来经济损失,还会给当事人后续行程造成极大不便。马尔代夫一些旅游岛治安欠佳,中国驻马尔代夫使馆提醒中国游客,赴马尔代夫旅游除注意水上安全外,应尽可能使用银联卡,少带现金。入住酒店后,务必注意保管好自己的财物,尽量把钱和贵重物品放在身边或房间保险箱内,出入房间注意关好门窗。"

对在境外旅游期间的安全问题,领队需对游客进行重点提醒,绝不可掉以轻心。在具体的做法上,要十分明确:保障人身安全是最重要的,其次才是财产安全。不要去和犯罪团伙单打独斗。公共场所要注意不露富,购物时不要掏出大量现金。游客平日上街最好把护照及机票的原件存放在饭店前台的保险箱里,随身只带复印件。此外,游客最好不要单独上街,尤其是晚上,要结伴出游。

领队在对游客进行安全提醒的时候,一定要把自己及导游的电话告诉游客,并将当地报警电话号码和当地中国大使馆或者领事馆的电话号码一并告知,以便游客遇到意外时及时打电话求助。

避免危险的另外一项重要措施是提醒游客尽量少带现金,改用银行卡或微信、支付宝等电子支付形式进行消费。

目前,中国的"银联卡"已经在中国香港、中国澳门和泰国、新加坡、韩国、马来西亚、菲律宾、澳大利亚等国家(地区)使用,持卡游客可以在这些国家和地区的ATM机办理查询、提取现金和在商户的POS机上刷卡消费。微信或支付宝等电子支付方式也已经在很多国家可以使用。中国游客出境旅游携带并使用银联卡或采用电子支付方式,将会使安全系数大大增加,遭到抢劫的可能性大大减少。

6. 对游客不卫生习惯及不文明旅游行为的劝阻和提醒

中国游客的一些不卫生的陋习,比如随地吐痰、不分场合抽烟、随处乱扔烟头、垃圾等,在中外媒体上经常曝光。

说是陋习,是因为中国人的不卫生行为由来已久。一位阿拉伯作家在9世纪中叶到10世纪初写作的《中国印度见闻录》一书中,就明白无误地写着"中国人不讲卫生"的话,而在跨过了将近十个世纪后,辛亥革命前夕,一位年轻的美国社会学家,又在其所著的《变化中的中国人》中指出,中国人"对于卫生常识几乎一无所知"。由此可见中国人不讲卫生的陋习的顽固。卫生文明习惯的建立并非是一朝一夕的事情,出境旅游团的领队不能试图通过自己的一次提醒就能让游客将不卫生的习惯彻底改掉。

许多国家对随地吐痰、乱扔垃圾会施以高额罚款,领队在对游客的不卫生陋习进行提醒的同时,需同时将这些法律条款罚款规定告知游客。在高额罚款的威慑下,游客的不良卫生习惯多数会收敛起来。

近年来中国游客在境外旅游中出现的一些不文明行为,受到世人广泛关注。比如一中国游客在埃及卢克索神庙刻写"到此一游",两名中国游客在苏黎世到北京的航班上醉酒后大打出手,多名中国游客因航班延误大闹香港机场、曼谷机场等,不一而足。这些不文明行为,不仅让中国游客声名受损,也让中国国家形象受到了严重影响。

《中华人民共和国旅游法》第十三条,对"文明旅游"问题规范如下:"旅游者在旅游活动中应当遵守社会公共秩序和社会公德,尊重当地的风俗习惯、文化传统和宗教信仰,爱护旅游资源,保护生态环境,遵守旅游文明行为规范。"《旅游法》并在第四十一条厘定领队和导游在从事业务活动时要引导游客文明旅游的要求:"应当向旅游者告知和解释旅游文明行为规范,引导旅游者健康、文明旅游,劝阻旅游者违反社会公德的行为。"

对游客发生的不文明行为问题,政府旅游行政主管部门的处罚力度也在不断加大,并已将处罚延伸至组团旅行社及旅游团领队。

"游客不文明行为"是指游客在旅游活动中,因违反法律、法规及公序良俗等受到行政处罚、法院判决承担法律责任,或造成严重社会不良影响的行为。国家旅游局确认的"游客不文明行为",主要包括以下六类:①扰乱公共汽车、电车、火车、船舶、航空器或者其他公共交通工具秩序;②破坏公共环境卫生、公共设施;③违反旅游目的地社会风俗、民族生活习惯;④损毁、破坏旅游目的地文物古迹;⑤参与赌博、色情活动等;⑥严重扰乱旅游秩序的其他情形。

领队对游客的不文明行为,应极力劝阻、制止,将游客的不文明行为危害告知游客,尽力避免游客不文明行为的发生。

7. 对游客携带物品的提醒

中国游客违反目的地国家(地区)的海关入境禁带物品的规定、以身试法的事例已经多有发生,比如到澳大利亚,最近几年的中秋节前,总有中国游客非法携带月饼入境,其结果或遭到澳大利亚海关物品扣押或被处以重额罚金。对此事澳大利亚检疫局曾多次发出警告,警告特别说明针对的对象就是赴澳华人旅客。入境澳洲时不得携带违禁物品及食物,若有携带,一定要如实申报,否则一经查出将处以重罚。最高罚款额可达6万澳元,最高刑罚为10年监禁。

领队应事先掌握不同国家海关的入出境规定,提前知会游客,以免在他国出入境时遭遇麻烦。比如许多中国游客喜欢购买的象牙制品,在东南亚一些国家,比如泰国、尼泊尔、老挝、缅甸、印度等国家的旅游商店,象牙筷子、发夹、饰品和印章,到处都有出售。游客购买后携带出境时,则属违法。在以往的出境旅游经历中,曾有过中国游客在南非携带象牙制品出境遭到罚款的事情发生。因此,领队对游客的携带物品的提醒,需落到实处、避免闪失。

(三)对游客在国外享用服务的提醒

领队担负有对中国游客的良好的国际形象进行打造的使命,一些符合国际惯例的礼貌行为,需要领队教会游客,使中国游客真正能与国际旅游市场中的国际旅游者接轨。

1. 谢字当头,不辱尊严

让中国游客开口说"谢谢",看似简单,但做到实在不易。领队要起到带头作用并引导游客对每天为游客服务的所有人表达谢意。如每天都应对司机、导游、饭店服务生、餐厅侍者等给我们提供了帮助、哪怕是很小帮助的人道谢。要从"谢谢"开始,让中国游客所接触的世界各地的人都感受到我们古老文明的泱泱大国所具有的礼貌风范。

在旅游的目的地停留的时候,当地的话语中的"谢谢"一定要学会。导游及领队有责任将其教会给游客,并在与游客的交谈中,引导游客张口向他人道谢。

2. 对小费问题的提醒

富裕起来的中国人对到国外旅游已经逐渐适应起来,但许多在国内没经历过的事情也接踵而至。比如付小费,这种在很多国家是对从事服务性工作人员进行奖励的一种正常的付费方式,中国鲜有付小费经验的普通旅行者就会感到困顿陌生,因而,领队需要将小费的知识向中国游客进行灌输。

为什么要付小费呢?这首先是中国游客不解的事情。

小费在许多国家是下层服务人员的一项重要收入。譬如在泰国,普通工薪阶层的收入平均每月有五六千泰铢,而饭店打扫房间的服务员,饭店发给他们每月的工资一般却只有一千泰铢左右。因而住店客人给的小费,就成了他们保持正常生活的重要收入。

付小费的形式本身,可以表达的含义颇为丰富。它既能表示对他人的劳动的尊重,也可以表达对服务生工作的一种肯定和感谢之情。从另一层面来说,也体现了游客本人的文化修养和文明礼貌。每每有中国的游客在泰国旅游时,几经导游提醒仍不肯付出每日 10 铢、20 铢小费给饭店打扫房间服务生的事情发生。可以想见,服务生对此的反应除了抱怨还会有一种轻视。其结果,也许就是房间的毛巾没有换,或者是"对不起,忘了打扫你的房间了"的隐含不满的道歉。

  游客要对为你提供了服务的多个下层侍者付小费。按照惯例,除了饭店不曾谋面的打扫房间的服务生一定要给小费外,对许多当面给客人提供特殊服务的人也要付小费。饭店的行李员如果笑吟吟地帮你将行李提到了房间,那就绝不仅仅意味着热情,你理所应当付小费给他。出租车的司机把你拉到目的地,你在计价器显示数字基础上要增加一点车费做小费。此外,像旅行团的导游、司机,临别时也要付一点小费给他们才好。

  付小费也有一些技巧和惯例。给打扫房间的服务生的小费,在离开房间时放在显眼的位置即可。小费忌放在枕头的底下,那样的话会被服务生认为是客人自己的东西忘了收藏。如果能在桌子上放小费的同时,留一张"THANK YOU"的纸条,会备受服务生的欢迎和尊重。倘使当面要付小费给行李员,那最好是与他握手表示感谢的同时将小费暗暗给他。给导游、司机的小费,则要由团员一起交齐后放到信封里,由领队代表大家当众递交。当面付小费时最忌付硬币。曾有过客人将一把硬币当面给行李员作为小费,使行李员十分恼怒拒收的先例。客人平时要随时准备小面额的钞票,如果拿大钞付小费就不能期望还会找退。

  每个国家的具体情况不同,因而各项服务要付多少小费,还是在到达那个国家时问问当地的导游较为妥帖。小费既然叫小费,其数目自然不必太大。一般情况下,客人大致按明码标价的 10% 作为小费是比较适宜的。像在泰国享受了泰式按摩,柜台开票收取了 400 铢,那么你再付 40 到 50 铢给按摩服务生做小费就可以了。自然也有小费不小的例外,某国总统夫人一次付 1000 美元给服务生做小费有之,阿拉伯国家一个王子在泰国东方大饭店小住后,以一张支票 100 万美元作为小费付给饭店的服务生为酬劳,也曾是一件轰动泰国的大事。

  关于出境旅游游客付给领队、导游、司机的小费,目前国内的一些组团旅行社的较通行的做法是,在其所列的线路行程表的说明项中,明确列出了每日的小费数额,并由领队提前向游客代收。如亚洲线路每天收取游客 2 美元,欧洲线路每天收取游客 4 美元。目前这种做法虽较普遍,但也会有很大的风险性和不合理性。因为按照目前我国法律国家旅游行政管理部门的有关规定,领队向游客直接收取小费的做法尚无任何依据因而不能被认可。如果因此有投诉产生,毫无疑问将不会得到国家旅游行政主管部门的任何支持。

  《中华人民共和国旅游法》第四十一条,就有明确的导游和领队"不得向旅游者索取小费"的条款规定,并在"法律责任"一章列明处罚方式:"导游、领队违反本法规定,向旅游者索取小费的,由旅游主管部门责令退还,处一千元以上一万元以下罚款;情节严重的,并暂扣或者吊销导游证、领队证。"

按照中国的现有国情及中国游客对小费问题的普遍认识,付给国外导游及司机的小费,应当采取在旅游团团费中包含的方式。目前一些旅行社采取的领队现收小费的方式弊处极为明显,应当迅速得到纠正。

游客支付给领队的小费,必须要得到游客的内心认可才算合情合理。领队如果是以自己的优质服务赢得了游客的赞许,游客付出小费的时候,一定会是心甘情愿。

一位游客在一封对领队的投诉信中,较有代表性地表达了游客对小费问题的理解:

从到韩国旅游的第一天到最后一天,我都不知领队他在做什么事,怎么可以让他得到小费报酬?

去年我去泰国旅游的时候,看到领队白天一直都在忙碌,车上嘘寒问暖,下车时会在车门口等客人,用餐时还会跑来问游客饭菜够不够。回到酒店后领队仍不能休息,还要去查看客人房间是否有问题,十分辛苦。我觉得这才叫服务,付给他小费才是应该的。

三、了解游客的心理变化

在整个旅程当中,游客的心理情绪始终是处于变化之中。由于旅行社所作的行程安排,尚无法保证旅途的绝对顺利,而在整个旅游当中,一些小岔子又在所难免,因而也会对游客的情绪造成影响。

游客的情绪波动虽然会因人而异、因旅行经验成熟与否而异,但领队也应当事先对游客可能产生的心理波动早有提防,并寻求化解的适用方式,平复游客对行程不顺的焦躁情绪,使游客能不被或少被心理情绪的波动困扰,充分享受到旅游的乐趣。

(一)游客的心理会随着对环境的熟悉程度而变化

1. 旅游初期:新奇感突出,不安全感暗含

游客初到异国他乡,都会兴奋激动。这时的游客注意力会十分敏感集中,兴趣也会十分广泛,对周围的一切都感到新奇。什么都想看,什么都想知道,一些

当地人司空见惯的平常事在游客眼里可能是新奇无比。同时,由于人生地不熟、语言不通、环境陌生,游客的不安全感也会在心底隐隐浮现。

旅游初期,领队应对游客的新奇心理予以充分理解,在安排组织参观游览活动时,对游客提出的似乎幼稚可笑的问题不应见笑,而应该认真作答。对游客在陌生的环境下产生的寻求安全感的心态要努力调整。要与导游一起,在团队活动中营造愉快祥和的氛围,以减轻游客的不安全感。

2. 旅游中期:个性张扬表露、挑剔心理始出

旅游行程中期,随着不同的游览、参观、观看演出、购物等旅游活动的纷至沓来,游客之间的人际交往不断增加,旅游团成员间、游客与领队、游客与导游之间越来越熟悉,人们之间的拘谨和戒心开始放松,逐渐恢复到平日的一种平缓、轻松的心态。而游客原有的性格弱点,也不再遮掩,开始暴露出来。

人的正常生理周期大约为7天,领队通常带团会有明显的一种感触,就是超过7天的团,游客的疲劳综合征开始显现出来。在特征上主要表现为,行动懒散,时间观念差,群体观念弱,游览活动中自由散漫、丢三落四,旅游团成员间开始有矛盾逐渐产生。对团队的正常行程安排,也开始出现挑剔心理、不满情绪。

领队在这一阶段的工作最为艰巨,也最容易出差错。这个阶段最能考验领队的组织能力和独立处理问题的能力,是对其领队技能及个人心理素质的一次重要考验。在具体的做法上,领队应对疲劳生理周期知识有所了解,牢记领队的职责,努力保持温和克制,对游客的需求尽力满足,以优质的服务赢得游客的信任。

3. 旅游后期:忙于个人事务、思家心理多现

旅游行程后期,游客对家的想念开始突出,对旅游行程开始进行倒计时,想到回国后要处理的积攒的工作、要带给别人的礼品等,对听领队或导游的讲解,精力就不是那么集中了。游客要买称心如意的旅游纪念品,还要考虑行李是否超重等,希望能安排有更多的自由活动时间处理自己的事务、购买商品。相对前一阶段,游客在这一阶段可能提出的问题较少,对行程中细微处的不太顺利的安排,也会变得相对宽容。

领队应了解此段游客的心理,除了要把后面的工作加倍做好外,要适时对前阶段的工作不足进行一些弥补,争取使游客在前一段时间未能得到满足的要求得以实现。

(二) 游客的心理会随着旅游的顺利程度而变化

1. 旅途顺利,游客畅快

旅程顺利的时候,全团的游客人人都会心情愉快。

没有因乘坐的航班延迟影响抵达,没有因下雨、下雪等自然天象影响所有的游览,没有因城市的交通堵塞影响整个行程,一个旅游团如果在完成整个行程的时候如此顺利,游客的心情一定会得到很好的保持。许多在旅游中发生的小问题,如行李破损、乘坐的旅游车不太干净之类,全都会在团队旅游整体的顺利之中淹没。游客虽会对小的环节有微词,但无伤对大局的评价,情绪不会大起大落。这样的旅游团,成功的概率极高,游客的满意度也不会低。

但是,旅程中并非总会一帆风顺。旅行社无法预测是否会赶上航班延误,不知道天气是否会给行程造成什么影响,也不清楚游客对饭店、餐厅以及导游是否满意,更难预料是否会有天灾人祸的发生。因而,领队不要总期望旅途的风平浪静,而应该更多考虑如何在旅途的不顺利之中,保持团队的正常情绪和游客的愉快。

有些时候,旅途顺利、游客畅快的效果需要领队来刻意制造。旅途即将结束的时候致欢送词,即是领队可以利用刻意营造顺利气氛、引导游客心情畅快的有利时机。有经验的领队,会在欢送词中,对旅程的顺利之处大加描述,对不顺利的地方小而化之,引导游客记住旅程的美好,淡化旅程的瑕疵,努力让游客留下"旅程总体畅快"的印象。

2. 天灾人祸,游客生烦

无论是自然天灾还是人为祸端,都会使旅程受到干扰,使游客产生烦躁和恐慌。旅游行程在顺利进行的时候,突然的一起交通事故,就有可能把行程全部打乱,使游客的情绪受到极大影响。

领队除了要保持自身的心理素质健康稳定外,应当考虑对游客适时增加成熟旅游观的心理影响,使游客在灾害中尽量保持心理稳定,能够从阴影中尽快摆脱出来。多讲一些宽慰的话,多给游客一些细心的照料,可以让游客在心里最脆弱的时候,感受到来自领队的温暖关怀。对遇到不顺利的旅游团,领队要确立的游客心理康复目标,要在最短的时间内,恢复游客的信心。要让游客获得的特别感受,天灾人祸虽然无法抵御,但无须因此而悲观厌世,乌云过后就会看见彩霞。通过对事故的处理,要让游客切实感到领队的亲切和经验丰富,感到来自旅行社的"以游客为本"的热切关怀。

四、与游客发生冲突的处理

许多游客付费参加出境旅游,是出于对旅行社的一种高度信任,往往会把它变成过度理想化的期待,希望旅游活动的一切都是美好的、完善的。但游客对旅行社的期望值进行不切实际的拔高的时候,失望往往也会越大。旅行社作为服务业企业中的一个分支,能力毕竟有限,不可能对境外的旅游安排全无瑕疵。况且,一些气候、交通等不可抗力因素,也会远远超出人们所能控制的范围。

领队与游客之间发生的冲突,多数都是因游客对旅行社的安排不满所致。领队作为旅行社的代表,自然是首先承揽了旅行社应该承担的责任。因而可以说,领队与游客之间的冲突,虽然不排除有因领队的个人因素造成的,但责任也并非在领队个人,而是在旅行社与游客之间。

在以往的旅行社与游客发生冲突中,无论是领队还是游客都曾有过过激行为,甚至发生过游客拒绝登机的事情。对此,旅行社也曾与游客对簿公堂。

领队工作手续繁杂,工作量大。有时领队虽然已经尽其所能热情地为游客服务,但还会遇到一些游客的挑剔、抱怨和指责,提出一些不友好、挑衅性的问题。许多自恃钱多的游客,在旅行当中对领队百般戏谑、嘲讽、谩骂外,甚至还以投诉威胁。

参加出境旅游的游客中,有些人的素质并不高,对领队带给他的服务,并不懂得尊重。领队上团之前,对于这样的情况,要有足够的心理准备。要冷静、沉着地面对现实,无怨无悔地为游客服务。任何情况下,领队都应保持头脑清醒而不应冲动,否则不仅于事无补,也会给旅行社带来名誉上的损失。

(一)对游客进行劝慰是最重要的步骤

领队在带团期间的所作所为,都会被游客认作是职业行为。因而,领队在与游客发生争议的时候,游客会很自然的与组团旅行社联系在一起,而不会将领队个人与旅行社分开来看。从旅行社的利益考虑,无论出现怎样的冲突,领队都应首先采取化解的方式,避免事态扩大。在任何情况下,领队都应当有主动向游客道歉的气度和勇气。

1. 不辨原因先行道歉

领队与游客发生言语争执后,领队不能期望采用大道理将游客说服,也不要奢望游客能粗心忘掉。解决问题最适用的方法,就是领队本人要以高姿态出现,无须辨清谁是谁非,主动用道歉去化解矛盾。

道歉并非一定是责任的分辨,很多时候它仅仅是作为礼貌的表征。遇到僵持的场合,主动道一声歉,就能使对方软化下来。

"因天气不好,耽误了大家的行程,我在这里代表旅行社,向大家致歉。"

"出了交通事故,是大家都不愿意看到的,影响了我们的计划,我先向大家致歉!"

天气不好、交通事故都并非是由旅行社或领队造成的,但领队的一声道歉,却可以让游客有了消气的感觉。旅行社的负责精神,也因此可以展现出来。

2. 劝慰游客,避免扩大事端

游客对旅行社的安排或处理不满时,领队要做的最重要的事情就是劝慰游客,避免扩大事端。切记不能去做针尖对麦芒、火上浇油的事。

为避免游客类似拒绝登机之类的过激行为出现,出境旅游标准范本合同对此也进行了明示:

> 出境旅游过程中,旅游者与旅行社之间发生纠纷,应当本着平等协商的原则解决或在回国后通过法律途径解决。
> 旅游者不得以服务质量等问题为由,在境外拒绝登机(车、船)、实施违反行程国家或者地区法律、法规的行为或采取其他措施强迫旅行社接受其提出的条件。

领队对游客进行劝解时,不妨将旅游合同的相关规定对游客进行讲解,以便对试图扩大事端的游客形成有分量的提醒。

(二)领队要有忍辱负重的准备和维护尊严的勇气

出境旅游的标准合同在"游客义务"一节中规定,虽然有游客应当"尊重领队人格和服务,服从旅游团体安排"的条款,但在实际操作的出境旅游团中,仍会经常有游客不尊重领队的现象出现。

1. 寻求游客对领队服务的理解

领队工作的辛苦,并非所有游客都能理解。旅游团中,许多游客对领队存在不正确的认识,把领队当成是自己的私人服务员,不断指使领队干这干那。

为帮助游客认识领队,需要想办法将领队的工作和服务对游客进行介绍。也可以在出国前,发给每位游客一封致游客的信。通过这封信来告诉游客领队工作的辛劳,要游客学会对领队予以尊重。如:

> 亲爱的客人:
> 您将展开一段快乐的旅程,我们要告诉您一些"悄悄话"。
> 领队是教导客人游玩乐趣的人,所以请仔细聆听领队的解说。
> 领队是专业的服务业工作人员,所以请尊重"服务"是需要付费的。
> 领队不是康乐大队,所以请不要一直要求领队表演。
> 领队不是24小时的保姆,所以请给领队休息的时间。
> 出门在外,请相互扶持。
> 敬祝玩得尽兴,平安归门!

2. 忍辱负重,避免与游客公开冲突

领队与游客发生公开争执,无论理由如何,显示的都会是领队的不成熟。作为一名领队理应懂得,带团期间不管出现什么情况,都要能忍辱负重,将委屈咽下,避免与游客发生公开冲突。

3. 在性骚扰面前要维护领队的人格尊严

女性领队带团时,有时会遇到游客中有流氓习气的人的性骚扰。这种类似的性骚扰,是一个国际性的问题,香港对此称为"咸猪手"。以往多数的服务性行业对此问题的解决方式都是告诫受侵害者在发现罪犯图谋不轨时要主动避让或忍气吞声,但结果却并不好,往往是纵容了犯罪。在性骚扰问题日益突出的情况下,一些服务性行业开始有了新举措出台。如新加坡航空公司已经有了这样的规定:当空中小姐受到乘客的脏手辱摸的时候,可以回敬他一个嘴巴。新加坡航空公司的这项规定,为女性领队在处理带团当中来自游客的性骚扰问题树立了一个样板。如果领队在带团中受到类似骚扰,也完全可以回手打他一个嘴巴。如有必要,更要马上向警方报案。无论如何,出境游领队的人格尊严都需要严加维护。

思考与练习

1. 出境旅游合同中列明的旅游者在旅游活动中享有哪些权利?
2. 领队与游客相处的原则有哪些?
3. 领队与游客发生争执后劝慰游客的首要步骤是什么?

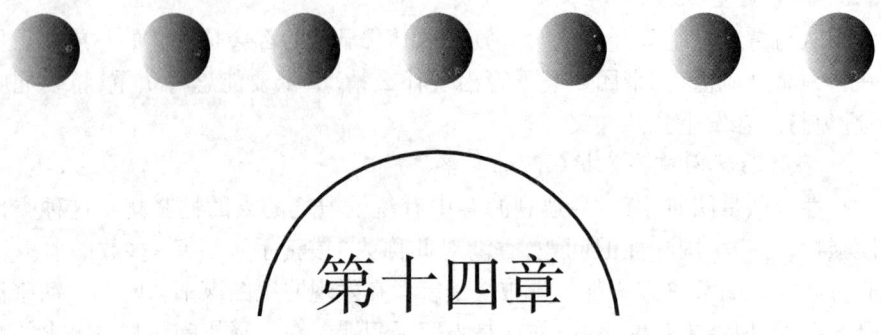

第十四章

领队行为之忌

 **本章要点**

领队行为之忌即领队不应实施的行为。这些行为,或有损领队形象,或违反旅游法规。从日常行为的粗陋、个人情感充分外露,到与导游沆瀣一气欺骗游客、组织游客参与明令禁止的活动,都应该为领队远离及摒弃。

经常参加出境旅游团的游客,对所参加的旅游团都会有所评价。而在对旅游团的评价当中,总离不开对领队的评价。对领队的优与劣的评价,与对旅游团的成功与失败的评价紧紧联系在一起。领队作为旅游团队中的公众人物和中心人物,不可避免会成为全体游客观察和议论的焦点。领队个人的一些不良习气和不卫生、不文明习惯,理所当然也都会成为游客议论的重点。

从某种角度来说,一个领队带队出行,就相当于一位演员登台表演,一招一式都暴露在游客的面前。领队能否在团队旅游的活动舞台上树立起自己的正面形象,全仗领队对工作的投入、对游客的热忱以及对自我的约束功夫。

领队在带团工作中的一言一行,应当符合国家的法律法规、企业的规范以及社会的准则。国家法规中明令禁止的各种行为,领队都应设定为自己的工作禁忌,而绝不能违反。

一、个人日常行为粗陋之忌

领队保持良好精神面貌非常重要。游客看到一个精气神俱佳的领队,会受到极大的感染,心情自然也会十分畅快。相反,如果领队将日常行为的不文明、不卫生的陋习带到旅游团中来,则会让游客十分反感。中国台湾游客在评出的"领队十大坏毛病"中,其中领队的不卫生、不文明的陋习,比如像随地吐痰、不修剪鼻毛、穿着不修边幅等,都毫不留情地被游客认作是领队遭人厌恶的坏毛病。

领队个人行为的粗陋并非是小事,它会让领队在游客中的形象变得暗淡无光。领队应对此问题严肃对待,争取将所有的不良行为彻底摒弃。

(一) 不修边幅,不讲卫生

有的领队人员在日常生活中十分不注意衣着,不修边幅,没有养成每天洗澡刷牙、每天更衣的良好的卫生习惯,带团时也同样是蓬头垢面,多日不换衣服,衣装的领口、袖口看上去十分肮脏。一些不卫生或不雅观的行为,如挖眼屎、擤鼻涕、抠鼻孔、剔牙齿等也无所顾忌地在公众场合下展示。另外也有的领队,不光是个人卫生不佳,还将随地吐痰、乱弹烟灰、乱丢果皮纸屑的坏习惯也随旅游团带到了国外。

领队的生活陋习和不文明行为,对领队形象和中国旅游团队形象的侵害是显而易见的。一个邋遢的领队,实际上也与行业的规范要求极不相称。

1. 行业规定中对领队衣着卫生的要求

国家对出境旅游领队的要求中,对领队的精神面貌和卫生习惯都有具体的要求。《旅行社出境旅游服务质量》中,援引《导游服务质量》的仪容仪表要求,提出了"服装要整洁、得体""应举止大方、端庄、稳重,表情自然、诚恳、和蔼,努力克服不合礼仪的生活习惯"的具体要求。这些对领队的仪容仪表的规范要求,应为领队带团时所恪守。

2. 避免个人装饰过度

一方面领队应当注意个人卫生、保持良好的仪容仪表,但另一方面也应当注意的是,领队尤其是女性领队,应当以领队的职业身份为首要考虑因素,着装要符合本地区、本民族的欣赏习惯。要大方、整齐、简洁,方便领队流动性较强的服务工作特点。另外从职业的角度,要注意佩戴首饰要适度,不浓妆艳抹,也不要用味道太浓的香水,避免个人的装饰过度产生负面影响。

(二)说话粗鲁不讲礼貌

有些领队平日不注意语言修养和礼貌修养,对游客讲话粗鲁,用词低俗。在与游客的交往中,缺少对游客的尊重,随意对游客进行指责,因而经常会因此引发矛盾、触怒游客。一些领队平日缺少对礼貌的自我培养,在带团中始终保持着社会下层流氓的粗鄙陋习。

1. 与游客不打招呼或不懂得该如何与游客打招呼

有的旅游团中的领队,趾高气扬神情冷漠,见到游客从不主动打招呼。游客对这类领队也是躲之唯恐不及,评价这样的领队为不近人情。

有的领队与游客打招呼时,无所忌讳地大声直呼游客姓名,包括对团队中年龄较大、身份较高的游客,也不懂得以礼貌语称呼,被游客鄙视为不懂礼貌、缺乏教养。

缺少对游客的正确的礼貌称呼,是目前领队中的一个相当普遍的现象。

2. 说话粗鲁、张狂,训斥游客

有的领队,自认为是旅游团的头儿,在团队中处处显示威风,俨然是一副领导的做派。对游客的要求常常以"不行"驳回,对迟到的游客更是会进行严词训斥。在游客提出与己相左的意见的时候,不但不接受,反而会威胁游客。游客面对这样的领队,不得不忍气吞声,虽然认可其"厉害",但一定会在回国后愤愤然向旅行社进行投诉。

3. 随意评价游客,并对游客行为进行讥笑贬损

有的领队,对游客说话十分不注意礼貌,在与游客的谈话中,常常会含有对游客的讥笑和批评。比如看到游客在拍照,就讥笑游客的照相技术和架势。曾随团出游的一位游客的投诉信,其中就有这样的情况反映:

> 领队的年龄虽然比我大,但是毕竟身份不是我熟识的朋友,她不该批评团员的摄影技术和相机好坏、取景技巧和摄影姿势,更没有理由说自己的客户照相架势不对。

二、个人情感充分外露之忌

有的领队,对工作与个人生活的关系始终没能处理好,缺少职业意识和职业道德,把个人生活中的情感带到工作中来,使带团工作备受影响,游客也因此而成了受害者。

（一）将苦累挂在口中写在脸上

领队满腹牢骚，在中国台湾游客评出的"领队十大坏毛病"中被列为第二项。由此可见，一位满腹牢骚的领队是多么地令游客生厌。

有些领队对领队工作的辛苦承受能力较低，一遇疲劳，就开始不断抱怨唠叨。对工作的倦怠情绪，常常会无所顾忌地向游客传达出来。

领队的职业本身，就是与苦与累紧密相连，在选择并开始从事这项工作的时候，一定要有充分的思想准备。因而，作为领队，不管工作有多苦多累，也应该以乐观昂扬的姿态去勇敢面对，而绝不能把苦和累挂在口中写在脸上。

1. 领队应在言语中始终保持乐观主义而不是悲观主义

领队的职业特点，需要领队在游客面前必须要时时刻刻注意到自己的一言一行对游客产生的微妙影响。领队的每一句的话语中，都要明显透露出强烈的乐观豁达的精神，而不能传达并制造怨声载道、悲观泄气的情绪和气氛。领队甚至要有团队中的精神领袖的意识，要不断给游客以奋发昂扬的勇气，为游客增添精神动力。

2. 领队在外表上要始终保持斗志昂扬的精神风貌而不是相反

领队的良好的工作激情和精力旺盛的精神风貌，要在外表上能让游客觉察得到。带团工作时的男领队要衣着整齐、皮鞋光亮，头发要整齐不乱；女领队在得体整洁的外表上，最好还应化淡妆。游客在这样的领队带领下，心气自然也会十分昂扬舒畅。

（二）将个人的喜怒哀乐溢于言表

领队作为团队中的公众人物，其个人生活中的喜怒哀乐应得到很好的控制，在带团工作中，领队绝对不能让这些因素影响工作，把自己的情绪带到工作中，让游客被迫受到自己的情感影响。

1. 避免情绪化

领队应尽量避免将个人的情绪放到领队工作中来，不能因自己的情绪低落而影响全团游客的情绪。个人的喜好也不应成为领队对游客厚此薄彼的理由，只有以平和的心态、公平善待每一位游客才是领队应有的职业涵养。

2. 领队无权因个人的家事影响游客的情绪

领队应正确认识并处理好个人家事和工作的关系，不能让家事的纷繁影响了工作。游客购买了美好旅游经历，就不能因领队的家事所打扰。领队需知道，自己无权因自己家事的喜与悲而去影响游客的情绪。

另外，领队带自己亲戚朋友随团出游，也是许多游客异议较多、容易引发游客不满的问题。其实，在许多旅行社的条文中，领队带自己的亲戚朋友随团出游，都是被明令禁止的行为。这种行为，首先会使游客感到不公。领队对其家属的偏袒照顾会使其他游客感到其公平权益受到损害，使团内多数游客受到边缘化对待。其次领队的亲友随团，就免不了会将领队的个人琐事揉到领队工作中来，而使领队分心无法认真对待工作。

三、品行不端惹是生非之忌

有的领队，因对领队的权利理解有误，有"将在外，君命有所不受"的自负和固执。在带团中毫无顾忌的意气用事，将个人的不端品行充分暴露出来，频频在团内惹是生非，因而遭到游客的痛恨。

（一）参与并制造游客之间的矛盾

有个别领队，擅长在游客中间乱传话、乱造谣，挑拨离间，制造游客之间的不和。尤其是一些个人品行低劣的女性领队，热衷于东家长西家短的传话议论，并对游客的衣着、话语、行为等进行恶意评价，为团队内游客之间矛盾的爆发埋下火种，成为团队内的混乱之源。

1. 传闲话惹是生非制造游客矛盾让游客鄙夷

品行低劣的领队，常常会与某几位游客亲近而疏远多数游客，热衷于传闲话，制造团员之间的不和。领队的行径所获得的最终结果，是游客的群起而攻之、对领队的痛斥和鄙夷。

2. 参与游客之间的矛盾不能自拔最易引致投诉

游客对领队参与游客之间的矛盾或者领队着意制造游客之间的矛盾十分痛恨。领队的不端品行引起的团队内部的混乱，也最易引发游客对旅行社的投诉。

（二）对游客的人格尊严进行冒犯

1. 领队对游客妄加议论违背领队职业操守

常有领队对游客的穿着进行公开贬低，尤其是在游客购物回来后，有的领队对游客的购物眼光大加嘲讽，因而使游客心情十分不快，继而与领队发生争吵。

领队对游客行为的贬低，是违背领队职业操守的行为，违背了领队要公平对待每一位游客的要约。

2. 领队对游客享有的人格尊严、民族风俗习惯权利应严加尊重

按照出境旅行的规范合同的规定，旅游者享有人格尊严、民族风俗习惯得到尊重的权利。领队对游客的肆意贬斥，则明显有不尊重游客的人格尊严、侵害游

客权益的嫌疑理应避免。

四、工作马虎敷衍塞责之忌

领队在旅游团中的位置，从"带领旅游团出境旅游"的字眼中也可以琢磨得到。带团旅游或者率团旅游，并非是参团旅游或随团旅游。

"带领旅游团出境旅游"，就需要领队肩负起工作的重担。不能像有些领队一样，自行降低或偷偷改变自己在旅游团中的地位，将自己完全混同在游客之中，仅仅享受参团旅游的乐趣，到了景点自行拍照，到了酒店自行睡觉，而把应当担负的责任完全忘掉，把应对游客的照顾置之脑后，工作上马马虎虎、敷衍了事。

（一）不能认真对待工作

1. 认不清游客

领队带团多天，还记不清团中游客的面孔，或把游客的姓名叫错，一定不是智商的问题，而是领队的责任心不强、对待工作敷衍了事方面的原因。

2. 对行程计划不熟悉

有的领队对待工作马马虎虎，下一站到哪儿还需要游客提醒，计划中在一地有什么样的游览全然不晓，维护游客的权益的重任也全然抛于脑后。就像游客的投诉信中所讲的一样：

> 领队只是全程坐在后面，没有解说也没有介绍团员，也没有出声音，一切任由导游摆布，任由当地导游不按行程走。

3. 只顾自我享乐，忘记领队任务

有的领队把带团当成了参团，把自己当成了游客。领队应该做的工作，全部被置之脑后，几乎记不得领队的任务究竟是些什么。

一位游客在投诉中对带团领队这样描述：

> 领队的工作应该也是要跟着导游一起为每一位客人服务呀，但我这个团体的领队他不是这样，他到哪里都是玩得比客人还疯，买东西买得比客人还多，在车上睡觉是比客人睡得还凶。
>
> 去韩国5天下来，都不知领队叫什么名字。从第一天拿登机证给我后就感觉领队好像不见了，到了韩国都是导游在服务。一直到最后一天在车

上,领队先生要收小费,我才发现原来我们是有领队的噢!

我国《出境旅游领队人员管理办法》明确规定:"协同接待社实施旅游行程计划,协助处理旅游行程中的突发事件、纠纷及其他问题""为旅游者提供旅游行程服务"。像以上那位领队的行为,就无疑违反了这类规定,疏于职守,应受到批评。

(二)工作中粗心大意

1. 丢三落四

粗心大意、丢三落四的领队,不但不能遇事提醒游客,却常常要游客反过来提醒他。团队行程表忘带,要看游客手中的;离开饭店后,忽然想起眼镜没拿,要全体游客等他返回去取。不断因粗心大意耽误游客时间,却从无歉意。游客面对这样的领队往往只能唉声叹气。

2. 弄丢自己或游客的护照、机票

出境旅游团中曾发生有领队将全体游客的机票收齐保管后弄丢的事,领队的粗枝大叶可以说已经到了无以复加的程度。护照、机票的丢失,给团队旅游进程制造了相当大的麻烦,对这样的粗心领队,人们很自然会质疑其是否还可以继续担任领队。

我国台湾的《领队人员管理规则》中,将"经旅客请求保管而遗失旅客委托保管之证照、机票等重要文件"的行为,也明确列入领队"不得有"的行为之中,大陆领队亦应引以为戒。

五、与导游沆瀣一气欺骗游客之忌

(一)《中国公民出国旅游管理办法》和《旅行社条例》以及《旅游法》的相关规定

一些领队将带团工作的兴趣放在了如何赚钱上面,与导游串通,将大量时间安排在游客购物中,然后从商店拿回扣。对这类行为,中国台湾游客称其为"会A钱",并将其排在游客最痛恨的十大领队毛病的首位。

我国的出境旅游管理部门对此问题已经早有警觉,在出境旅游法规文件《中国公民出国旅游管理办法》中,对领队与境外接待社、导游、商店等串通,胁迫旅游者消费,以便从中收取回扣的行为已经进行了揭露,并将其列入被禁止的领队行为之中。

《中国公民出国旅游管理办法》第二十条明确规定:

> 旅游团队领队不得与境外接待社、导游及为旅游者提供商品或者服务的其他经营者串通欺骗、胁迫旅游者消费，不得向境外接待社、导游及其他为旅游者提供商品或者服务的经营者索要回扣、提成或者收受其财物。

《旅行社条例》在第三十三条，将"欺骗、胁迫旅游者购物或者参加需要另行付费的游览项目"这类状况，列入旅行社及其委派的导游人员和领队人员不得有的行为当中。

《中华人民共和国旅游法》将此问题首先列入到旅行社业务禁止范畴之中，第三十五条规定："旅行社不得以不合理的低价组织旅游活动，诱骗旅游者，并通过安排购物或者另行付费旅游项目获取回扣等不正当利益。"然后在第四十一条又将其列入在领队和导游工作禁止范畴，明确规定："导游和领队应当严格执行旅游行程安排，不得擅自变更旅游行程或者中止服务活动，不得向旅游者索取小费，不得诱导、欺骗、强迫或者变相强迫旅游者购物或者参加另行付费旅游项目。"

（二）《中国公民出国旅游管理办法》和《旅行社条例》以及《旅游法》的相关罚则

对违反此项规定，旅游团队的领队与出境接待社、导游、商店等勾结串通欺骗胁迫游客购物、赚取回扣、提成等不义之财的行为，《中国公民出国旅游管理办法》的处罚规定列出了从没收回扣、进行罚款一直到吊销领队证等各种方式，希望能对违反者起到惩戒的作用。

《中国公民出国旅游管理办法》第三十一条对领队胁迫游客购物、收取购物回扣的具体处罚规定如下：

> 旅游团队领队违反本办法第二十条的规定，与境外接待社、导游及为旅游者提供商品或者服务的其他经营者串通欺骗、胁迫旅游者消费或者向境外接待社、导游和其他为旅游者提供商品或者服务的经营者索要回扣、提成或者收受其财物的，由旅游行政部门责令改正，没收索要的回扣、提成或者收受的财物，并处索要的回扣、提成或者收受的财物价值2倍以上5倍以下的罚款；情节严重的，吊销其领队证。

《旅行社条例》的相关罚则为：

第五十九条 违反本条例的规定,有下列情形之一的,对旅行社,由旅游行政管理部门或者工商行政管理部门责令改正,处 10 万元以上 50 万元以下的罚款;对导游人员、领队人员,由旅游行政管理部门责令改正,处 1 万元以上 5 万元以下的罚款;情节严重的,吊销旅行社业务经营许可证、导游证或者领队证:

(一)拒不履行旅游合同约定的义务的;

(二)非因不可抗力改变旅游合同安排的行程的;

(三)欺骗、胁迫旅游者购物或者参加需要另行付费的游览项目的。

《中华人民共和国旅游法》对这些问题的相关罚则主要体现在第九十八条:"旅行社违反本法第三十五条规定的,由旅游主管部门责令改正,没收违法所得,责令停业整顿,并处三万元以上三十万元以下罚款;违法所得三十万元以上的,并处违法所得一倍以上五倍以下罚款;情节严重的,吊销旅行社业务经营许可证;对直接负责的主管人员和其他直接责任人员,没收违法所得,处二千元以上二万元以下罚款,并暂扣或者吊销导游证、领队证。"

我国台湾的《领队人员管理规则》第十四条,在规范领队人员执行业务不得犯有的行为时,也特别指出,领队人员不能"诱导旅客采购物品或为其他服务收受回扣、向旅客额外索要、向旅客兜售或收购物品、收取旅客财物或委由旅客携带物品图利"。

六、组织游客参与明令禁止的活动之忌

(一)《中国公民出国旅游管理办法》和《旅行社条例》的相关规定

对旅行社安排游客参加涉及色情、赌博、毒品内容的活动,与旅行社擅自改变行程、减少旅游项目、强迫或变相强迫游客参加额外旅游项目的行为,国家的出境旅游法规文件《中国公民出国旅游管理办法》全部将其列入明令禁止的范围。

《中国公民出国旅游管理办法》第十六条规定:

> 组团社及其旅游团队领队应当要求境外接待社按照约定的团队活动计划安排旅游活动,并要求其不得组织旅游者参与涉及色情、赌博、毒品内容的活动或者危险性活动,不得擅自改变行程、减少旅游项目,不得强迫或者变相强迫旅游者参加额外付费项目。

《旅行社条例》与此相关的条款，在第四章"旅行社经营"当中，具体规定如下：

  第二十六条 旅行社为旅游者安排或者介绍的旅游活动不得含有违反有关法律、法规规定的内容。

（二）《中国公民出国旅游管理办法》和《旅行社条例》的相关罚则

《中国公民出国旅游管理办法》第三十条，对违反了上述规定的处罚措施，也进行了明确规定：

  组团社或者旅游团队领队违反本办法第十六条的规定，未要求境外接待社不得组织旅游者参与涉及色情、赌博、毒品内容的活动或者危险性活动，未要求其不得擅自改变行程、减少旅游项目、强迫或者变相强迫旅游者参加额外付费项目，或者在境外接待社违反前述要求时未制止的，由旅游行政部门对组团社处组织该旅游团队所收取费用2倍以上5倍以下的罚款，并暂停其出国旅游业务经营资格，对旅游团队领队暂扣其领队证；造成恶劣影响的，对组团社取消其出国旅游业务经营资格，对旅游团队领队吊销其领队证。

照此规定，领队如果参与到这些行为当中，轻者会被暂扣领队证，重者将被吊销资格。

《旅行社条例》对此问题的相关罚则是：

  第五十二条 违反本条例的规定，旅行社为旅游者安排或者介绍的旅游活动含有违反有关法律、法规规定的内容的，由旅游行政管理部门责令改正，没收违法所得，并处2万元以上10万元以下的罚款；情节严重的，吊销旅行社业务经营许可证。

（三）《中华人民共和国旅游法》的相关法律规定

2013年实施的《中华人民共和国旅游法》对旅行社及其人员安排或参与违反我国法律法规和社会公德的项目或活动，亦做了严格的法律限定：

第三十三条　旅行社及其从业人员组织、接待旅游者，不得安排参观或者参与违反我国法律、法规和社会公德的项目或者活动。

对这类违反行为，《旅游法》厘定的处罚形式在该法第一百零一条做了明确规定：

　　第一百零一条　旅行社违反本法规定，安排旅游者参观或者参与违反我国法律、法规和社会公德的项目或者活动的，由旅游主管部门责令改正，没收违法所得，责令停业整顿，并处二万元以上二十万元以下罚款；情节严重的，吊销旅行社业务经营许可证；对直接负责的主管人员和其他直接责任人员，处二千元以上二万元以下罚款，并暂扣或者吊销导游证、领队证。

以往国家旅游行政管理部门对领队的查处中，此项违法违规行为一直是作为重点查处的内容，被查处的旅行社及领队，多会被进行严肃处理，因而应当引起领队的警惕，千万不能以身试法，漠视国家法律法规的严肃性。

七、瞒报游客滞留不归之忌

（一）《中国公民出国旅游管理办法》和《旅行社条例》以及《旅游法》的相关规定

借正常的旅游途径，实施非法移民的犯罪活动，这些年来在我国一直未能得到根本的解决，许多旅行社因此而受到过公安部门的处罚和外国使馆的停办签证若干月的惩戒。

近年的游客随旅游团出境后滞留海外不归的事情频繁发生，已经干扰了出境旅游的正常发展。因此《中国公民出国旅游管理办法》对旅游者在境外的滞留问题，进行了原则规范。其第二十二条明确做出了"严禁旅游者在境外滞留不归"的规定。

《旅行社条例》对此问题更有详细的规定：

　　第四十条　旅游者在境外滞留不归的，旅行社委派的领队人员应当及时向旅行社和中华人民共和国驻该国使领馆、相关驻外机构报告。旅行社接到报告后应当及时向旅游行政管理部门和公安机关报告，并协助提供非法滞留者的信息。

《中华人民共和国旅游法》也在第十六条,做出了"出境旅游者不得在境外非法滞留"的法律规定。

(二)《中国公民出国旅游管理办法》和《旅行社条例》的相关罚则

《中国公民出国旅游管理办法》要求领队及组团旅行社对旅游者在境外滞留事件发生后,必须及时报告而不得瞒报。如果进行瞒报,将会得到从旅游行政管理部门的警告,一直到暂扣领队证、暂停组团旅行社出国旅游业务经营资格等各种处罚。

《中国公民出国旅游管理办法》第三十二条规定:

> 违反本办法第二十二条的规定,旅游者在境外滞留不归,旅游团队领队不及时向组团社和中国驻所在国家使领馆报告,或者组团社不及时向有关部门报告的,由旅游行政部门给予警告,对旅游团队领队可以暂扣其领队证,对组团社可以暂停其出国旅游业务经营资格。

《旅行社条例》对"旅行社组织出境旅游的旅游者非法滞留境外,旅行社未及时报告并协助提供非法滞留者信息的"等行为的相关罚则为:

> 第六十三条 违反本条例的规定,旅行社及其委派的导游人员、领队人员有下列情形之一的,由旅游行政管理部门责令改正,对旅行社处2万元以上10万元以下的罚款;对导游人员、领队人员处4000元以上2万元以下的罚款;情节严重的,责令旅行社停业整顿1个月至3个月,或者吊销旅行社业务经营许可证、导游证、领队证:
> (一)发生危及旅游者人身安全的情形,未采取必要的处置措施并及时报告的;
> (二)旅行社组织出境旅游的旅游者非法滞留境外,旅行社未及时报告并协助提供非法滞留者信息的;
> (三)旅行社接待入境旅游的旅游者非法滞留境内,旅行社未及时报告并协助提供非法滞留者信息的。

八、带团不佩戴领队证之忌

领队在工作时佩戴领队证,把自己的领队身份示人,既可方便游客辨认,又能方便他人进行工作监督。

身佩领队证,对领队本人是一种时时提醒,可以提醒自己对工作岗位的自豪感和荣誉感,继而珍视这份工作。因而,《中国公民出国旅游管理办法》《出境旅游领队人员管理办法》以及《中华人民共和国旅游法》都强调了领队带团时要佩戴领队证的要求。

需要说明的是,领队佩戴领队证,是作为一种行业规范被诸多国家或地区广为采用的,并非是我国旅游主管部门的独家要求,许多国家或地区的旅游管理规定中,都可以找到这样的规定。

目前一些领队的带团实践中,许多领队尚没有养成佩戴领队证的习惯,因而为遭受可能的处罚留下了隐忧。

(一)《中国公民出国旅游管理办法》及其他法规的相关规定

《中国公民出国旅游管理办法》对领队带团时需要佩戴领队证之事,有明确规定。《中国公民出国旅游管理办法》第十条规定如下:

> 领队在带团时,应当佩戴领队证,并遵守本办法及国务院旅游行政部门的有关规定。

《出境旅游领队人员管理办法》第七条把"应该"换成了"必须",语气明显加强,表明了非商讨的一种强制性:

> 领队人员从事领队业务时,必须佩戴领队证。

《中华人民共和国旅游法》对佩戴领队证的要求,体现在第四十一条当中:"导游和领队从事业务活动,应当佩戴导游证、领队证。"

(二)《出境旅游领队人员管理办法》的相关罚则

对领队佩戴领队证的要求,如果没能遵守,《出境旅游领队人员管理办法》也有从处1万元罚款到暂扣领队证3个月至1年、并不得重新换发领队证的相应的处罚措施。

《出境旅游领队人员管理办法》的第十一条规定如下:

> 违反本办法第六条第二款和第七条第二款规定,领队人员伪造、涂改、出借或转让领队证,或者在从事领队业务时未佩戴领队证的,由旅游行政管

理部门责令改正,处人民币 1 万元以下的罚款;情节严重的,由旅游行政管理部门暂扣领队证 3 个月至 1 年,并不得重新换发领队证。

出境旅游领队的诸项行为之忌,应当为领队牢牢记住。只有改正了这些不良行为,出境旅游领队的发展,才能真正步入正轨,出境旅游工作才会走向灿烂美好的未来。

思考与练习

1. 为何领队忌参与并制造游客之间的矛盾?
2. 领队为何不能满腹牢骚?
3.《中国公民出国旅游管理办法》规定对组织游客参与明令禁止的活动应如何处罚?

附　　录

中华人民共和国旅游法

（2013年4月25日第十二届全国人民代表大会常务委员会第二次会议通过）

第一章　总则

第一条　为保障旅游者和旅游经营者的合法权益,规范旅游市场秩序,保护和合理利用旅游资源,促进旅游业持续健康发展,制定本法。

第二条　在中华人民共和国境内的和在中华人民共和国境内组织到境外的游览、度假、休闲等形式的旅游活动以及为旅游活动提供相关服务的经营活动,适用本法。

第三条　国家发展旅游事业,完善旅游公共服务,依法保护旅游者在旅游活动中的权利。

第四条　旅游业发展应当遵循社会效益、经济效益和生态效益相统一的原则。国家鼓励各类市场主体在有效保护旅游资源的前提下,依法合理利用旅游资源。利用公共资源建设的游览场所应当体现公益性质。

第五条　国家倡导健康、文明、环保的旅游方式,支持和鼓励各类社会机构开展旅游公益宣传,对促进旅游业发展做出突出贡献的单位和个人给予奖励。

第六条　国家建立健全旅游服务标准和市场规则,禁止行业垄断和地区垄断。旅游经营者应当诚信经营,公平竞争,承担社会责任,为旅游者提供安全、健康、卫生、方便的旅游服务。

第七条　国务院建立健全旅游综合协调机制,对旅游业发展进行综合协调。

县级以上地方人民政府应当加强对旅游工作的组织和领导,明确相关部门或者机构,对本行政区域的旅游业发展和监督管理进行统筹协调。

第八条　依法成立的旅游行业组织,实行自律管理。

第二章　旅游者

第九条　旅游者有权自主选择旅游产品和服务,有权拒绝旅游经营者的强制交易行为。

旅游者有权知悉其购买的旅游产品和服务的真实情况。

旅游者有权要求旅游经营者按照约定提供产品和服务。

第十条　旅游者的人格尊严、民族风俗习惯和宗教信仰应当得到尊重。

第十一条　残疾人、老年人、未成年人等旅游者在旅游活动中依照法律、法规和有关规定享受便利和优惠。

第十二条　旅游者在人身、财产安全遇有危险时,有请求救助和保护的权利。

旅游者人身、财产受到侵害的,有依法获得赔偿的权利。

第十三条 旅游者在旅游活动中应当遵守社会公共秩序和社会公德,尊重当地的风俗习惯、文化传统和宗教信仰,爱护旅游资源,保护生态环境,遵守旅游文明行为规范。

第十四条 旅游者在旅游活动中或者在解决纠纷时,不得损害当地居民的合法权益,不得干扰他人的旅游活动,不得损害旅游经营者和旅游从业人员的合法权益。

第十五条 旅游者购买、接受旅游服务时,应当向旅游经营者如实告知与旅游活动相关的个人健康信息,遵守旅游活动中的安全警示规定。

旅游者对国家应对重大突发事件暂时限制旅游活动的措施以及有关部门、机构或者旅游经营者采取的安全防范和应急处置措施,应当予以配合。

旅游者违反安全警示规定,或者对国家应对重大突发事件暂时限制旅游活动的措施、安全防范和应急处置措施不予配合的,依法承担相应责任。

第十六条 出境旅游者不得在境外非法滞留,随团出境的旅游者不得擅自分团、脱团。

入境旅游者不得在境内非法滞留,随团入境的旅游者不得擅自分团、脱团。

第三章 旅游规划和促进

第十七条 国务院和县级以上地方人民政府应当将旅游业发展纳入国民经济和社会发展规划。

国务院和省、自治区、直辖市人民政府以及旅游资源丰富的设区的市和县级人民政府,应当按照国民经济和社会发展规划的要求,组织编制旅游发展规划。对跨行政区域且适宜进行整体利用的旅游资源进行利用时,应当由上级人民政府组织编制或者由相关地方人民政府协商编制统一的旅游发展规划。

第十八条 旅游发展规划应当包括旅游业发展的总体要求和发展目标,旅游资源保护和利用的要求和措施,以及旅游产品开发、旅游服务质量提升、旅游文化建设、旅游形象推广、旅游基础设施和公共服务设施建设的要求和促进措施等内容。

根据旅游发展规划,县级以上地方人民政府可以编制重点旅游资源开发利用的专项规划,对特定区域内的旅游项目、设施和服务功能配套提出专门要求。

第十九条 旅游发展规划应当与土地利用总体规划、城乡规划、环境保护规划以及其他自然资源和文物等人文资源的保护和利用规划相衔接。

第二十条 各级人民政府编制土地利用总体规划、城乡规划,应当充分考虑相关旅游项目、设施的空间布局和建设用地要求。规划和建设交通、通信、供水、供电、环保等基础设施和公共服务设施,应当兼顾旅游业发展的需要。

第二十一条 对自然资源和文物等人文资源进行旅游利用,必须严格遵守有关法律、法规的规定,符合资源、生态保护和文物安全的要求,尊重和维护当地传统文化和习俗,维护资源的区域整体性、文化代表性和地域特殊性,并考虑军事设施保护的需要。有关主管部门应当加强对资源保护和旅游利用状况的监督检查。

第二十二条 各级人民政府应当组织对本级政府编制的旅游发展规划的执行情况进行评估,并向社会公布。

第二十三条 国务院和县级以上地方人民政府应当制定并组织实施有利于旅游业持续

健康发展的产业政策,推进旅游休闲体系建设,采取措施推动区域旅游合作,鼓励跨区域旅游线路和产品开发,促进旅游与工业、农业、商业、文化、卫生、体育、科教等领域的融合,扶持少数民族地区、革命老区、边远地区和贫困地区旅游业发展。

第二十四条　国务院和县级以上地方人民政府应当根据实际情况安排资金,加强旅游基础设施建设、旅游公共服务和旅游形象推广。

第二十五条　国家制定并实施旅游形象推广战略。国务院旅游主管部门统筹组织国家旅游形象的境外推广工作,建立旅游形象推广机构和网络,开展旅游国际合作与交流。

县级以上地方人民政府统筹组织本地的旅游形象推广工作。

第二十六条　国务院旅游主管部门和县级以上地方人民政府应当根据需要建立旅游公共信息和咨询平台,无偿向旅游者提供旅游景区、线路、交通、气象、住宿、安全、医疗急救等必要信息和咨询服务。设区的市和县级人民政府有关部门应当根据需要在交通枢纽、商业中心和旅游者集中场所设置旅游咨询中心,在景区和通往主要景区的道路设置旅游指示标识。

旅游资源丰富的设区的市和县级人民政府可以根据本地的实际情况,建立旅游客运专线或者游客中转站,为旅游者在城市及周边旅游提供服务。

第二十七条　国家鼓励和支持发展旅游职业教育和培训,提高旅游从业人员素质。

第四章　旅游经营

第二十八条　设立旅行社,招徕、组织、接待旅游者,为其提供旅游服务,应当具备下列条件,取得旅游主管部门的许可,依法办理工商登记:

(一)有固定的经营场所;

(二)有必要的营业设施;

(三)有符合规定的注册资本;

(四)有必要的经营管理人员和导游;

(五)法律、行政法规规定的其他条件。

第二十九条　旅行社可以经营下列业务:

(一)境内旅游;

(二)出境旅游;

(三)边境旅游;

(四)入境旅游;

(五)其他旅游业务。

旅行社经营前款第二项和第三项业务,应当取得相应的业务经营许可,具体条件由国务院规定。

第三十条　旅行社不得出租、出借旅行社业务经营许可证,或者以其他形式非法转让旅行社业务经营许可。

第三十一条　旅行社应当按照规定交纳旅游服务质量保证金,用于旅游者权益损害赔偿和垫付旅游者人身安全遇有危险时紧急救助的费用。

第三十二条　旅行社为招徕、组织旅游者发布信息,必须真实、准确,不得进行虚假宣传,误导旅游者。

第三十三条 旅行社及其从业人员组织、接待旅游者,不得安排参观或者参与违反我国法律、法规和社会公德的项目或者活动。

第三十四条 旅行社组织旅游活动应当向合格的供应商订购产品和服务。

第三十五条 旅行社不得以不合理的低价组织旅游活动,诱骗旅游者,并通过安排购物或者另行付费旅游项目获取回扣等不正当利益。

旅行社组织、接待旅游者,不得指定具体购物场所,不得安排另行付费旅游项目。但是,经双方协商一致或者旅游者要求,且不影响其他旅游者行程安排的除外。

发生违反前两款规定情形的,旅游者有权在旅游行程结束后三十日内,要求旅行社为其办理退货并先行垫付退货货款,或者退还另行付费旅游项目的费用。

第三十六条 旅行社组织团队出境旅游或者组织、接待团队入境旅游,应当按照规定安排领队或者导游全程陪同。

第三十七条 参加导游资格考试成绩合格,与旅行社订立劳动合同或者在相关旅游行业组织注册的人员,可以申请取得导游证。

第三十八条 旅行社应当与其聘用的导游依法订立劳动合同,支付劳动报酬,缴纳社会保险费用。

旅行社临时聘用导游为旅游者提供服务的,应当全额向导游支付本法第六十条第三款规定的导游服务费用。

旅行社安排导游为团队旅游提供服务的,不得要求导游垫付或者向导游收取任何费用。

第三十九条 取得导游证,具有相应的学历、语言能力和旅游从业经历,并与旅行社订立劳动合同的人员,可以申请取得领队证。

第四十条 导游和领队为旅游者提供服务必须接受旅行社委派,不得私自承揽导游和领队业务。

第四十一条 导游和领队从事业务活动,应当佩戴导游证、领队证,遵守职业道德,尊重旅游者的风俗习惯和宗教信仰,应当向旅游者告知和解释旅游文明行为规范,引导旅游者健康、文明旅游,劝阻旅游者违反社会公德的行为。

导游和领队应当严格执行旅游行程安排,不得擅自变更旅游行程或者中止服务活动,不得向旅游者索取小费,不得诱导、欺骗、强迫或者变相强迫旅游者购物或者参加另行付费旅游项目。

第四十二条 景区开放应当具备下列条件,并听取旅游主管部门的意见:

(一)有必要的旅游配套服务和辅助设施;

(二)有必要的安全设施及制度,经过安全风险评估,满足安全条件;

(三)有必要的环境保护设施和生态保护措施;

(四)法律、行政法规规定的其他条件。

第四十三条 利用公共资源建设的景区的门票以及景区内的游览场所、交通工具等另行收费项目,实行政府定价或者政府指导价,严格控制价格上涨。拟收费或者提高价格的,应当举行听证会,征求旅游者、经营者和有关方面的意见,论证其必要性、可行性。

利用公共资源建设的景区,不得通过增加另行收费项目等方式变相涨价;另行收费项目已收回投资成本的,应当相应降低价格或者取消收费。

公益性的城市公园、博物馆、纪念馆等,除重点文物保护单位和珍贵文物收藏单位外,应当逐步免费开放。

第四十四条 景区应当在醒目位置公示门票价格、另行收费项目的价格及团体收费价格。景区提高门票价格应当提前六个月公布。

将不同景区的门票或者同一景区内不同游览场所的门票合并出售的,合并后的价格不得高于各单项门票的价格之和,且旅游者有权选择购买其中的单项票。

景区内的核心游览项目因故暂停向旅游者开放或者停止提供服务的,应当公示并相应减少收费。

第四十五条 景区接待旅游者不得超过景区主管部门核定的最大承载量。景区应当公布景区主管部门核定的最大承载量,制定和实施旅游者流量控制方案,并可以采取门票预约等方式,对景区接待旅游者的数量进行控制。

旅游者数量可能达到最大承载量时,景区应当提前公告并同时向当地人民政府报告,景区和当地人民政府应当及时采取疏导、分流等措施。

第四十六条 城镇和乡村居民利用自有住宅或者其他条件依法从事旅游经营,其管理办法由省、自治区、直辖市制定。

第四十七条 经营高空、高速、水上、潜水、探险等高风险旅游项目,应当按照国家有关规定取得经营许可。

第四十八条 通过网络经营旅行社业务的,应当依法取得旅行社业务经营许可,并在其网站主页的显著位置标明其业务经营许可证信息。

发布旅游经营信息的网站,应当保证其信息真实、准确。

第四十九条 为旅游者提供交通、住宿、餐饮、娱乐等服务的经营者,应当符合法律、法规规定的要求,按照合同约定履行义务。

第五十条 旅游经营者应当保证其提供的商品和服务符合保障人身、财产安全的要求。

旅游经营者取得相关质量标准等级的,其设施和服务不得低于相应标准;未取得质量标准等级的,不得使用相关质量等级的称谓和标识。

第五十一条 旅游经营者销售、购买商品或者服务,不得给予或者收受贿赂。

第五十二条 旅游经营者对其在经营活动中知悉的旅游者个人信息,应当予以保密。

第五十三条 从事道路旅游客运的经营者应当遵守道路客运安全管理的各项制度,并在车辆显著位置明示道路旅游客运专用标识,在车厢内显著位置公示经营者和驾驶人信息、道路运输管理机构监督电话等事项。

第五十四条 景区、住宿经营者将其部分经营项目或者场地交由他人从事住宿、餐饮、购物、游览、娱乐、旅游交通等经营的,应当对实际经营者的经营行为给旅游者造成的损害承担连带责任。

第五十五条 旅游经营者组织、接待出入境旅游,发现旅游者从事违法活动或者有违反本法第十六条规定情形的,应当及时向公安机关、旅游主管部门或者我国驻外机构报告。

第五十六条 国家根据旅游活动的风险程度,对旅行社、住宿、旅游交通以及本法第四十七条规定的高风险旅游项目等经营者实施责任保险制度。

第五章 旅游服务合同

第五十七条 旅行社组织和安排旅游活动,应当与旅游者订立合同。

第五十八条 包价旅游合同应当采用书面形式,包括下列内容:

(一)旅行社、旅游者的基本信息;

(二)旅游行程安排;

(三)旅游团成团的最低人数;

(四)交通、住宿、餐饮等旅游服务安排和标准;

(五)游览、娱乐等项目的具体内容和时间;

(六)自由活动时间安排;

(七)旅游费用及其交纳的期限和方式;

(八)违约责任和解决纠纷的方式;

(九)法律、法规规定和双方约定的其他事项。

订立包价旅游合同时,旅行社应当向旅游者详细说明前款第二项至第八项所载内容。

第五十九条 旅行社应当在旅游行程开始前向旅游者提供旅游行程单。旅游行程单是包价旅游合同的组成部分。

第六十条 旅行社委托其他旅行社代理销售包价旅游产品并与旅游者订立包价旅游合同的,应当在包价旅游合同中载明委托社和代理社的基本信息。

旅行社依照本法规定将包价旅游合同中的接待业务委托给地接社履行的,应当在包价旅游合同中载明地接社的基本信息。

安排导游为旅游者提供服务的,应当在包价旅游合同中载明导游服务费用。

第六十一条 旅行社应当提示参加团队旅游的旅游者按照规定投保人身意外伤害保险。

第六十二条 订立包价旅游合同时,旅行社应当向旅游者告知下列事项:

(一)旅游者不适合参加旅游活动的情形;

(二)旅游活动中的安全注意事项;

(三)旅行社依法可以减免责任的信息;

(四)旅游者应当注意的旅游目的地相关法律、法规和风俗习惯、宗教禁忌,依照中国法律不宜参加的活动等;

(五)法律、法规规定的其他应当告知的事项。

在包价旅游合同履行中,遇有前款规定事项的,旅行社也应当告知旅游者。

第六十三条 旅行社招徕旅游者组团旅游,因未达到约定人数不能出团的,组团社可以解除合同。但是,境内旅游应当至少提前七日通知旅游者,出境旅游应当至少提前三十日通知旅游者。

因未达到约定人数不能出团的,组团社经征得旅游者书面同意,可以委托其他旅行社履行合同。组团社对旅游者承担责任,受委托的旅行社对组团社承担责任。旅游者不同意的,可以解除合同。

因未达到约定的成团人数解除合同的,组团社应当向旅游者退还已收取的全部费用。

第六十四条　旅游行程开始前,旅游者可以将包价旅游合同中自身的权利义务转让给第三人,旅行社没有正当理由的不得拒绝,因此增加的费用由旅游者和第三人承担。

第六十五条　旅游行程结束前,旅游者解除合同的,组团社应当在扣除必要的费用后,将余款退还旅游者。

第六十六条　旅游者有下列情形之一的,旅行社可以解除合同:

(一)患有传染病等疾病,可能危害其他旅游者健康和安全的;

(二)携带危害公共安全的物品且不同意交有关部门处理的;

(三)从事违法或者违反社会公德的活动的;

(四)从事严重影响其他旅游者权益的活动,且不听劝阻、不能制止的;

(五)法律规定的其他情形。

因前款规定情形解除合同的,组团社应当在扣除必要的费用后,将余款退还旅游者;给旅行社造成损失的,旅游者应当依法承担赔偿责任。

第六十七条　因不可抗力或者旅行社、履行辅助人已尽合理注意义务仍不能避免的事件,影响旅游行程的,按照下列情形处理:

(一)合同不能继续履行的,旅行社和旅游者均可以解除合同。合同不能完全履行的,旅行社经向旅游者作出说明,可以在合理范围内变更合同;旅游者不同意变更的,可以解除合同。

(二)合同解除的,组团社应当在扣除已向地接社或者履行辅助人支付且不可退还的费用后,将余款退还旅游者;合同变更的,因此增加的费用由旅游者承担,减少的费用退还旅游者。

(三)危及旅游者人身、财产安全的,旅行社应当采取相应的安全措施,因此支出的费用,由旅行社与旅游者分担。

(四)造成旅游者滞留的,旅行社应当采取相应的安置措施。因此增加的食宿费用,由旅游者承担;增加的返程费用,由旅行社与旅游者分担。

第六十八条　旅游行程中解除合同的,旅行社应当协助旅游者返回出发地或者旅游者指定的合理地点。由于旅行社或者履行辅助人的原因导致合同解除的,返程费用由旅行社承担。

第六十九条　旅行社应当按照包价旅游合同的约定履行义务,不得擅自变更旅游行程安排。

经旅游者同意,旅行社将包价旅游合同中的接待业务委托给其他具有相应资质的地接社履行的,应当与地接社订立书面委托合同,约定双方的权利和义务,向地接社提供与旅游者订立的包价旅游合同的副本,并向地接社支付不低于接待和服务成本的费用。地接社应当按照包价旅游合同和委托合同提供服务。

第七十条　旅行社不履行包价旅游合同义务或者履行合同义务不符合约定的,应当依法承担继续履行、采取补救措施或者赔偿损失等违约责任;造成旅游者人身损害、财产损失的,应当依法承担赔偿责任。旅行社具备履行条件,经旅游者要求仍拒绝履行合同,造成旅游者人身损害、滞留等严重后果的,旅游者还可以要求旅行社支付旅游费用一倍以上三倍以下的赔偿金。

由于旅游者自身原因导致包价旅游合同不能履行或者不能按照约定履行,或者造成旅游者人身损害、财产损失的,旅行社不承担责任。

在旅游者自行安排活动期间,旅行社未尽到安全提示、救助义务的,应当对旅游者的人身损害、财产损失承担相应责任。

第七十一条 由于地接社、履行辅助人的原因导致违约的,由组团社承担责任;组团社承担责任后可以向地接社、履行辅助人追偿。

由于地接社、履行辅助人的原因造成旅游者人身损害、财产损失的,旅游者可以要求地接社、履行辅助人承担赔偿责任,也可以要求组团社承担赔偿责任;组团社承担责任后可以向地接社、履行辅助人追偿。但是,由于公共交通经营者的原因造成旅游者人身损害、财产损失的,由公共交通经营者依法承担赔偿责任,旅行社应当协助旅游者向公共交通经营者索赔。

第七十二条 旅游者在旅游活动中或者在解决纠纷时,损害旅行社、履行辅助人、旅游从业人员或者其他旅游者的合法权益的,依法承担赔偿责任。

第七十三条 旅行社根据旅游者的具体要求安排旅游行程,与旅游者订立包价旅游合同的,旅游者请求变更旅游行程安排,因此增加的费用由旅游者承担,减少的费用退还旅游者。

第七十四条 旅行社接受旅游者的委托,为其代订交通、住宿、餐饮、游览、娱乐等旅游服务,收取代办费用的,应当亲自处理委托事务。因旅行社的过错给旅游者造成损失的,旅行社应当承担赔偿责任。

旅行社接受旅游者的委托,为其提供旅游行程设计、旅游信息咨询等服务的,应当保证设计合理、可行,信息及时、准确。

第七十五条 住宿经营者应当按照旅游服务合同的约定为团队旅游者提供住宿服务。住宿经营者未能按照旅游服务合同提供服务的,应当为旅游者提供不低于原定标准的住宿服务,因此增加的费用由住宿经营者承担;但由于不可抗力、政府因公共利益需要采取措施造成不能提供服务的,住宿经营者应当协助安排旅游者住宿。

第六章 旅游安全

第七十六条 县级以上人民政府统一负责旅游安全工作。县级以上人民政府有关部门依照法律、法规履行旅游安全监管职责。

第七十七条 国家建立旅游目的地安全风险提示制度。旅游目的地安全风险提示的级别划分和实施程序,由国务院旅游主管部门会同有关部门制定。

县级以上人民政府及其有关部门应当将旅游安全作为突发事件监测和评估的重要内容。

第七十八条 县级以上人民政府应当依法将旅游应急管理纳入政府应急管理体系,制定应急预案,建立旅游突发事件应对机制。

突发事件发生后,当地人民政府及其有关部门和机构应当采取措施开展救援,并协助旅游者返回出发地或者旅游者指定的合理地点。

第七十九条　旅游经营者应当严格执行安全生产管理和消防安全管理的法律、法规和国家标准、行业标准，具备相应的安全生产条件，制定旅游者安全保护制度和应急预案。

旅游经营者应当对直接为旅游者提供服务的从业人员开展经常性应急救助技能培训，对提供的产品和服务进行安全检验、监测和评估，采取必要措施防止危害发生。

旅游经营者组织、接待老年人、未成年人、残疾人等旅游者，应当采取相应的安全保障措施。

第八十条　旅游经营者应当就旅游活动中的下列事项，以明示的方式事先向旅游者作出说明或者警示：

（一）正确使用相关设施、设备的方法；

（二）必要的安全防范和应急措施；

（三）未向旅游者开放的经营、服务场所和设施、设备；

（四）不适宜参加相关活动的群体；

（五）可能危及旅游者人身、财产安全的其他情形。

第八十一条　突发事件或者旅游安全事故发生后，旅游经营者应当立即采取必要的救助和处置措施，依法履行报告义务，并对旅游者作出妥善安排。

第八十二条　旅游者在人身、财产安全遇有危险时，有权请求旅游经营者、当地政府和相关机构进行及时救助。

中国出境旅游者在境外陷于困境时，有权请求我国驻当地机构在其职责范围内给予协助和保护。

旅游者接受相关组织或者机构的救助后，应当支付应由个人承担的费用。

第七章　旅游监督管理

第八十三条　县级以上人民政府旅游主管部门和有关部门依照本法和有关法律、法规的规定，在各自职责范围内对旅游市场实施监督管理。

县级以上人民政府应当组织旅游主管部门、有关主管部门和工商行政管理、产品质量监督、交通等执法部门对相关旅游经营行为实施监督检查。

第八十四条　旅游主管部门履行监督管理职责，不得违反法律、行政法规的规定向监督管理对象收取费用。

旅游主管部门及其工作人员不得参与任何形式的旅游经营活动。

第八十五条　县级以上人民政府旅游主管部门有权对下列事项实施监督检查：

（一）经营旅行社业务以及从事导游、领队服务是否取得经营、执业许可；

（二）旅行社的经营行为；

（三）导游和领队等旅游从业人员的服务行为；

（四）法律、法规规定的其他事项。

旅游主管部门依照前款规定实施监督检查，可以对涉嫌违法的合同、票据、账簿以及其他资料进行查阅、复制。

第八十六条　旅游主管部门和有关部门依法实施监督检查,其监督检查人员不得少于二人,并应当出示合法证件。监督检查人员少于二人或者未出示合法证件的,被检查单位和个人有权拒绝。

监督检查人员对在监督检查中知悉的被检查单位的商业秘密和个人信息应当依法保密。

第八十七条　对依法实施的监督检查,有关单位和个人应当配合,如实说明情况并提供文件、资料,不得拒绝、阻碍和隐瞒。

第八十八条　县级以上人民政府旅游主管部门和有关部门,在履行监督检查职责中或者在处理举报、投诉时,发现违反本法规定行为的,应当依法及时作出处理;对不属于本部门职责范围的事项,应当及时书面通知并移交有关部门查处。

第八十九条　县级以上地方人民政府建立旅游违法行为查处信息的共享机制,对需要跨部门、跨地区联合查处的违法行为,应当进行督办。

旅游主管部门和有关部门应当按照各自职责,及时向社会公布监督检查的情况。

第九十条　依法成立的旅游行业组织依照法律、行政法规和章程的规定,制定行业经营规范和服务标准,对其会员的经营行为和服务质量进行自律管理,组织开展职业道德教育和业务培训,提高从业人员素质。

第八章　旅游纠纷处理

第九十一条　县级以上人民政府应当指定或者设立统一的旅游投诉受理机构。受理机构接到投诉,应当及时进行处理或者移交有关部门处理,并告知投诉者。

第九十二条　旅游者与旅游经营者发生纠纷,可以通过下列途径解决:
(一)双方协商;
(二)向消费者协会、旅游投诉受理机构或者有关调解组织申请调解;
(三)根据与旅游经营者达成的仲裁协议提请仲裁机构仲裁;
(四)向人民法院提起诉讼。

第九十三条　消费者协会、旅游投诉受理机构和有关调解组织在双方自愿的基础上,依法对旅游者与旅游经营者之间的纠纷进行调解。

第九十四条　旅游者与旅游经营者发生纠纷,旅游者一方人数众多并有共同请求的,可以推选代表人参加协商、调解、仲裁、诉讼活动。

第九章　法律责任

第九十五条　违反本法规定,未经许可经营旅行社业务的,由旅游主管部门或者工商行政管理部门责令改正,没收违法所得,并处一万元以上十万元以下罚款;违法所得十万元以上的,并处违法所得一倍以上五倍以下罚款;对有关责任人员,处二千元以上二万元以下罚款。

旅行社违反本法规定,未经许可经营本法第二十九条第一款第二项、第三项业务,或者出租、出借旅行社业务经营许可证,或者以其他方式非法转让旅行社业务经营许可的,除依照前款规定处罚外,并责令停业整顿;情节严重的,吊销旅行社业务经营许可证;对直接负责的主管人员,处二千元以上二万元以下罚款。

第九十六条 旅行社违反本法规定,有下列行为之一的,由旅游主管部门责令改正,没收违法所得,并处五千元以上五万元以下罚款;情节严重的,责令停业整顿或者吊销旅行社业务经营许可证;对直接负责的主管人员和其他直接责任人员,处二千以上二万元以下罚款:

(一)未按照规定为出境或者入境团队旅游安排领队或者导游全程陪同的;

(二)安排未取得导游证或者领队证的人员提供导游或者领队服务的;

(三)未向临时聘用的导游支付导游服务费用的;

(四)要求导游垫付或者向导游收取费用的。

第九十七条 旅行社违反本法规定,有下列行为之一的,由旅游主管部门或者有关部门责令改正,没收违法所得,并处五千元以上五万元以下罚款;违法所得五万元以上的,并处违法所得一倍以上五倍以下罚款;情节严重的,责令停业整顿或者吊销旅行社业务经营许可证;对直接负责的主管人员和其他直接责任人员,处二千元以上二万元以下罚款:

(一)进行虚假宣传,误导旅游者的;

(二)向不合格的供应商订购产品和服务的;

(三)未按照规定投保旅行社责任保险的。

第九十八条 旅行社违反本法第三十五条规定的,由旅游主管部门责令改正,没收违法所得,责令停业整顿,并处三万元以上三十万元以下罚款;违法所得三十万元以上的,并处违法所得一倍以上五倍以下罚款;情节严重的,吊销旅行社业务经营许可证;对直接负责的主管人员和其他直接责任人员,没收违法所得,处二千元以上二万元以下罚款,并暂扣或者吊销导游证、领队证。

第九十九条 旅行社未履行本法第五十五条规定的报告义务的,由旅游主管部门处五千元以上五万元以下罚款;情节严重的,责令停业整顿或吊销旅行社业务经营许可证;对直接负责的主管人员和其他直接责任人员,处二千元以上二万元以下罚款,并暂扣或者吊销导游证、领队证。

第一百条 旅行社违反本法规定,有下列行为之一的,由旅游主管部门责令改正,处三万元以上三十万元以下罚款,并责令停业整顿;造成旅游者滞留等严重后果的,吊销旅行社业务经营许可证;对直接负责的主管人员和其他直接责任人员,处二千元以上二万元以下罚款,并暂扣或者吊销导游证、领队证:

(一)在旅游行程中擅自变更旅游行程安排,严重损害旅游者权益的;

(二)拒绝履行合同的;

(三)未征得旅游者书面同意,委托其他旅行社履行包价旅游合同的。

第一百零一条 旅行社违反本法规定,安排旅游者参观或者参与违反我国法律、法规和社会公德的项目或者活动的,由旅游主管部门责令改正,没收违法所得,责令停业整顿,并处二万元以上二十万元以下罚款;情节严重的,吊销旅行社业务经营许可证;对直接负责的主管人员和其他直接责任人员,处二千元以上二万元以下罚款,并暂扣或者吊销导游证、领队证。

第一百零二条 违反本法规定,未取得导游证或者领队证从事导游、领队活动的,由旅游主管部门责令改正,没收违法所得,并处一千元以上一万元以下罚款,予以公告。

导游、领队违反本法规定,私自承揽业务的,由旅游主管部门责令改正,没收违法所得,处一千元以上一万元以下罚款,并暂扣或者吊销导游证、领队证。

导游、领队违反本法规定,向旅游者索取小费的,由旅游主管部门责令退还,处一千元以上一万元以下罚款;情节严重的,并暂扣或者吊销导游证、领队证。

第一百零三条 违反本法规定被吊销导游证、领队证的导游、领队和受到吊销旅行社业务经营许可证处罚的旅行社的有关管理人员,自处罚之日起未逾三年的,不得重新申请导游证、领队证或者从事旅行社业务。

第一百零四条 旅游经营者违反本法规定,给予或者收受贿赂的,由工商行政管理部门依照有关法律、法规的规定处罚;情节严重的,并由旅游主管部门吊销旅行社业务经营许可证。

第一百零五条 景区不符合本法规定的开放条件而接待旅游者的,由景区主管部门责令停业整顿直至符合开放条件,并处二万元以上二十万元以下罚款。

景区在旅游者数量可能达到最大承载量时,未依照本法规定公告或者未向当地人民政府报告,未及时采取疏导、分流等措施,或者超过最大承载量接待旅游者的,由景区主管部门责令改正,情节严重的,责令停业整顿一个月至六个月。

第一百零六条 景区违反本法规定,擅自提高门票或者另行收费项目的价格,或者有其他价格违法行为的,由有关主管部门依照有关法律、法规的规定处罚。

第一百零七条 旅游经营者违反有关安全生产管理和消防安全管理的法律、法规或者国家标准、行业标准的,由有关主管部门依照有关法律、法规的规定处罚。

第一百零八条 对违反本法规定的旅游经营者及其从业人员,旅游主管部门和有关部门应当记入信用档案,向社会公布。

第一百零九条 旅游主管部门和有关部门的工作人员在履行监督管理职责中,滥用职权、玩忽职守、徇私舞弊,尚不构成犯罪的,依法给予处分。

第一百一十条 违反本法规定,构成犯罪的,依法追究刑事责任。

第十章 附则

第一百一十一条 本法下列用语的含义:

(一)旅游经营者,是指旅行社、景区以及为旅游者提供交通、住宿、餐饮、购物、娱乐等服务的经营者。

(二)景区,是指为旅游者提供游览服务、有明确的管理界限的场所或者区域。

(三)包价旅游合同,是指旅行社预先安排行程,提供或者通过履行辅助人提供交通、住宿、餐饮、游览、导游或者领队等两项以上旅游服务,旅游者以总价支付旅游费用的合同。

(四)组团社,是指与旅游者订立包价旅游合同的旅行社。

(五)地接社,是指接受组团社委托,在目的地接待旅游者的旅行社。

(六)履行辅助人,是指与旅行社存在合同关系,协助其履行包价旅游合同义务,实际提供相关服务的法人或者自然人。

第一百一十二条 本法自2013年10月1日起施行。

中国公民出国旅游管理办法

第一条 为了规范旅行社组织中国公民出国旅游活动,保障出国旅游者和出国旅游经营者的合法权益,制定本办法。

第二条 出国旅游的目的地国家,由国务院旅游行政部门会同国务院有关部门提出,报国务院批准后,由国务院旅游行政部门公布。

任何单位和个人不得组织中国公民到国务院旅游行政部门公布的出国旅游的目的地国家以外的国家旅游;组织中国公民到国务院旅游行政部门公布的出国旅游的目的地国家以外的国家进行涉及体育活动、文化活动等临时性专项旅游的,须经国务院旅游行政部门批准。

第三条 旅行社经营出国旅游业务,应当具备下列条件:

(一)取得国际旅行社资格满1年;

(二)经营入境旅游业务有突出业绩;

(三)经营期间无重大违法行为和重大服务质量问题。

第四条 申请经营出国旅游业务的旅行社,应当向省、自治区、直辖市旅游行政部门提出申请。省、自治区、直辖市旅游行政部门应当自受理申请之日起30个工作日内,依据本办法第三条规定的条件对申请审查完毕,经审查同意的,报国务院旅游行政部门批准;经审查不同意的,应当书面通知申请人并说明理由。

国务院旅游行政部门批准旅行社经营出国旅游业务,应当符合旅游业发展规划及合理布局的要求。

未经国务院旅游行政部门批准取得出国旅游业务经营资格的,任何单位和个人不得擅自经营或者以商务、考察、培训等方式变相经营出国旅游业务。

第五条 国务院旅游行政部门应当将取得出国旅游业务经营资格的旅行社(以下简称组团社)名单予以公布,并通报国务院有关部门。

第六条 国务院旅游行政部门根据上年度全国入境旅游的业绩、出国旅游目的地的增加情况和出国旅游的发展趋势,在每年的2月底以前确定本年度组织出国旅游的人数安排总量,并下达省、自治区、直辖市旅游行政部门。

省、自治区、直辖市旅游行政部门根据本行政区域内各组团社上年度经营入境旅游的业绩、经营能力、服务质量,按照公平、公正、公开的原则,在每年的3月底以前核定各组团社本年度组织出国旅游的人数安排。

国务院旅游行政部门应当对省、自治区、直辖市旅游行政部门核定组团社年度出国旅游人数安排及组团社组织公民出国旅游的情况进行监督。

第七条 国务院旅游行政部门统一印制《中国公民出国旅游团队名单表》(以下简称《名单表》),在下达本年度出国旅游人数安排时编号发放给省、自治区、直辖市旅游行政部门,由省、自治区、直辖市旅游行政部门核发给组团社。

组团社应当按照核定的出国旅游人数安排组织出国旅游团队,填写《名单表》。旅游者及领队首次出境或者再次出境,均应当填写在《名单表》中,经审核后的《名单表》不得增添人员。

第八条 《名单表》一式四联,分为:出境边防检查专用联、入境边防检查专用联、旅游行政部门审验专用联、旅行社自留专用联。

组团社应当按照有关规定,在旅游团队出境、入境时及旅游团队入境后,将《名单表》分别交有关部门查验、留存。

出国旅游兑换外汇,由旅游者个人按照国家有关规定办理。

第九条 旅游者持有有效普通护照的,可以直接到组团社办理出国旅游手续;没有有效普通护照的,应当依照《中华人民共和国公民出境入境管理法》的有关规定办理护照后再办理出国旅游手续。

组团社应当为旅游者办理前往国签证等出境手续。

第十条 组团社应当为旅游团队安排专职领队。

领队应当经省、自治区、直辖市旅游行政部门考核合格,取得领队证。

领队在带团时,应当佩戴领队证,并遵守本办法及国务院旅游行政部门的有关规定。

第十一条 旅游团队应当从国家开放口岸整团出入境。

旅游团队出入境时,应当接受边防检查站对护照、签证、《名单表》的查验。经国务院有关部门批准,旅游团队可以到旅游目的地国家按照该国有关规定办理签证或者免签证。

旅游团队出境前已确定分团入境的,组团社应当事先向出入境边防检查总站或者省级公安边防部门备案。

旅游团队出境后因不可抗力或者其他特殊原因确需分团入境的,领队应当及时通知组团社,组团社应当立即向有关出入境边防检查总站或者省级公安边防部门备案。

第十二条 组团社应当维护旅游者的合法权益。

组团社向旅游者提供的出国旅游服务信息必须真实可靠,不得作虚假宣传,报价不得低于成本。

第十三条 组团社经营出国旅游业务,应当与旅游者订立书面旅游合同。

旅游合同应当包括旅游起止时间、行程路线、价格、食宿、交通以及违约责任等内容。旅游合同由组团社和旅游者各持一份。

第十四条 组团社应当按照旅游合同约定的条件,为旅游者提供服务。

组团社应当保证所提供的服务符合保障旅游者人身、财产安全的要求;对可能危及旅游者人身安全的情况,应当向旅游者作出真实说明和明确警示,并采取有效措施,防止危害的发生。

第十五条 组团社组织旅游者出国旅游,应当选择在目的地国家依法设立并具有良好信誉的旅行社(以下简称境外接待社),并与之订立书面合同后,方可委托其承担接待工作。

第十六条 组团社及其旅游团队领队应当要求境外接待社按照约定的团队活动计划安排旅游活动,并要求其不得组织旅游者参与涉及色情、赌博、毒品内容的活动或者危险性活动,不得擅自改变行程、减少旅游项目,不得强迫或者变相强迫旅游者参加额外付费项目。

境外接待社违反组团社及其旅游团队领队根据前款规定提出的要求时,组团社及其旅游团队领队应当予以制止。

第十七条　旅游团队领队应当向旅游者介绍旅游目的地国家的相关法律、风俗习惯以及其他有关注意事项,并尊重旅游者的人格尊严、宗教信仰、民族风俗和生活习惯。

第十八条　旅游团队领队在带领旅游者旅行、游览过程中,应当就可能危及旅游者人身安全的情况,向旅游者作出真实说明和明确警示,并按照组团社的要求采取有效措施,防止危害的发生。

第十九条　旅游团队在境外遇到特殊困难和安全问题时,领队应当及时向组团社和中国驻所在国家使领馆报告;组团社应当及时向旅游行政部门和公安机关报告。

第二十条　旅游团队领队不得与境外接待社、导游及为旅游者提供商品或者服务的其他经营者串通欺骗、胁迫旅游者消费,不得向境外接待社、导游及其他为旅游者提供商品或者服务的经营者索要回扣、提成或者收受其财物。

第二十一条　旅游者应当遵守旅游目的地国家的法律,尊重当地的风俗习惯,并服从旅游团队领队的统一管理。

第二十二条　严禁旅游者在境外滞留不归。

旅游者在境外滞留不归的,旅游团队领队应当及时向组团社和中国驻所在国家使领馆报告,组团社应当及时向公安机关和旅游行政部门报告。有关部门处理有关事项时,组团社有义务予以协助。

第二十三条　旅游者对组团社或者旅游团队领队违反本办法规定的行为,有权向旅游行政部门投诉。

第二十四条　因组团社或者其委托的境外接待社违约,使旅游者合法权益受到损害的,组团社应当依法对旅游者承担赔偿责任。

第二十五条　组团社有下列情形之一的,旅游行政部门可以暂停其经营出国旅游业务;情节严重的,取消其出国旅游业务经营资格:

(一)入境旅游业绩下降的;

(二)因自身原因,在1年内未能正常开展出国旅游业务的;

(三)因出国旅游服务质量问题被投诉并经查实的;

(四)有逃汇、非法套汇行为的;

(五)以旅游名义弄虚作假,骗取护照、签证等出入境证件或者送他人出境的;

(六)国务院旅游行政部门认定的影响中国公民出国旅游秩序的其他行为。

第二十六条　任何单位和个人违反本办法第四条的规定,未经批准擅自经营或者以商务、考察、培训等方式变相经营出国旅游业务的,由旅游行政部门责令停止非法经营,没收违法所得,并处违法所得2倍以上5倍以下的罚款。

第二十七条　组团社违反本办法第十条的规定,不为旅游团队安排专职领队的,由旅游行政部门责令改正,并处5000元以上2万元以下的罚款,可以暂停其出国旅游业务经营资格;多次不安排专职领队的,并取消其出国旅游业务经营资格。

第二十八条　组团社违反本办法第十二条的规定,向旅游者提供虚假服务信息或者低于成本报价的,由工商行政管理部门依照《中华人民共和国消费者权益保护法》《中华人民共和国反不正当竞争法》的有关规定给予处罚。

第二十九条　组团社或者旅游团队领队违反本办法第十四条第二款、第十八条的规定，对可能危及人身安全的情况未向旅游者作出真实说明和明确警示，或者未采取防止危害发生的措施的，由旅游行政部门责令改正，给予警告；情节严重的，对组团社暂停其出国旅游业务经营资格，并处5000元以上2万元以下的罚款，对旅游团队领队可以暂扣直至吊销其领队证；造成人身伤亡事故的，依法追究刑事责任，并承担赔偿责任。

第三十条　组团社或者旅游团队领队违反本办法第十六条的规定，未要求境外接待社不得组织旅游者参与涉及色情、赌博、毒品内容的活动或者危险性活动，未要求其不得擅自改变行程、减少旅游项目、强迫或者变相强迫旅游者参加额外付费项目，或者在境外接待社违反前述要求时未制止的，由旅游行政部门对组团社处组织该旅游团队所收取费用2倍以上5倍以下的罚款，并暂停其出国旅游业务经营资格，对旅游团队领队暂扣其领队证；造成恶劣影响的，对组团社取消其出国旅游业务经营资格，对旅游团队领队吊销其领队证。

第三十一条　旅游团队领队违反本办法第二十条的规定，与境外接待社、导游及为旅游者提供商品或者服务的其他经营者串通欺骗、胁迫旅游者消费或者向境外接待社、导游和其他为旅游者提供商品或者服务的经营者索要回扣、提成或者收受其财物的，由旅游行政部门责令改正，没收索要的回扣、提成或者收受的财物，并处索要的回扣、提成或者收受的财物价值2倍以上5倍以下的罚款；情节严重的，并吊销其领队证。

第三十二条　违反本办法第二十二条的规定，旅游者在境外滞留不归，旅游团队领队不及时向组团社和中国驻所在国家使领馆报告，或者组团社不及时向有关部门报告的，由旅游行政部门给予警告，对旅游团队领队可以暂扣其领队证，对组团社可以暂停其出国旅游业务经营资格。

旅游者因滞留不归被遣返回国的，由公安机关吊销其护照。

第三十三条　本办法自2002年7月1日起施行。国务院1997年3月17日批准，国家旅游局、公安部1997年7月1日发布的《中国公民自费出国旅游管理暂行办法》同时废止。

出境旅游领队人员管理办法

第一条　为了加强对出境旅游领队人员的管理，规范其从业行为，维护出境旅游者的合法权益，促进出境旅游的健康发展，根据《中国公民出国旅游管理办法》和有关规定，制定本办法。

第二条　本办法所称出境旅游领队人员（以下简称"领队人员"），是指依照本办法规定取得出境旅游领队证（以下简称"领队证"），接受具有出境旅游业务经营权的国际旅行社（以下简称"组团社"）的委派，从事出境旅游领队业务的人员。

本办法所称领队业务，是指为出境旅游团提供旅途全程陪同和有关服务；作为组团社的代表，协同境外接待旅行社（以下简称"接待社"）完成旅游计划安排；以及协调处理旅游过程中相关事务等活动。

第三条　申请领队证的人员，应当符合下列条件：

（一）有完全民事行为能力的中华人民共和国公民；

(二)热爱祖国,遵纪守法;
(三)可切实负起领队责任的旅行社人员;
(四)掌握旅游目的地国家或地区的有关情况。

第四条 组团社要负责做好申请领队证人员的资格审查和业务培训。

业务培训的内容包括:思想道德教育;涉外纪律教育;旅游政策法规;旅游目的地国家的基本情况;领队人员的义务与职责。

对已经领取领队证的人员,组团社要继续加强思想教育和业务培训,建立严格的工作制度和管理制度,并认真贯彻执行。

第五条 领队证由组团社向所在地的省级或经授权的地市级以上旅游行政管理部门申领,并提交下列材料:申请领队证人员登记表;组团社出具的胜任领队工作的证明;申请领队证人员业务培训证明。

旅游行政管理部门应当自收到申请材料之日起15个工作日内,对符合条件的申请领队证人员颁发领队证,并予以登记备案。

旅游行政管理部门要根据组团社的正当业务需求合理发放领队证。

第六条 领队证由国家旅游局统一样式并制作,由组团社所在地的省级或经授权的地市级以上旅游行政管理部门发放。

领队证不得伪造、涂改、出借或转让。

领队证的有效期为3年。凡需要在领队证有效期届满后继续从事领队业务的,应当在届满前半年由组团社向旅游行政管理部门申请登记换发领队证。

领队人员遗失领队证的,应当及时报告旅游行政管理部门,并声明作废,然后申请补发;领队证损坏的,应及时申请换发。

被取消领队人员资格的人员,不得再次申请领队登记。

第七条 领队人员从事领队业务,必须经组团社正式委派。

领队人员从事领队业务时,必须佩戴领队证。

未取得领队证的人员,不得从事出境旅游领队业务。

第八条 领队人员应当履行下列职责:

(一)遵守《中国公民出国旅游管理办法》中的有关规定,维护旅游者的合法权益;

(二)协同接待社实施旅游行程计划,协助处理旅游行程中的突发事件、纠纷及其他问题;

(三)为旅游者提供旅游行程服务;

(四)自觉维护国家利益和民族尊严,并提醒旅游者抵制任何有损国家利益和民族尊严的言行。

第九条 违反本办法第四条,对申请领队证人员不进行资格审查或业务培训,或审查不严,或对领队人员、领队业务疏于管理,造成领队人员或领队业务发生问题的,由旅游行政管理部门视情节轻重,分别给予组团社警告、取消申领领队证资格、取消组团社资格等处罚。

第十条 违反本办法第七条第三款规定,未取得领队证从事领队业务的,由旅游行政管理部门责令改正,有违法所得,没收违法所得,并可处违法所得3倍以下不超过人民币3万元的罚款;没有违法所得的,可处人民币1万元以下罚款。

第十一条　违反本办法第六条第二款和第七条第二款规定,领队人员伪造、涂改、出借或转让领队证,或者在从事领队业务时未佩戴领队证的,由旅游行政管理部门责令改正,处人民币1万元以下的罚款;情节严重的,由旅游行政管理部门暂扣领队证3个月至1年,并不得重新换发领队证。

第十二条　违反本办法第八条第一项规定的,按《中国公民出国旅游管理办法》的有关规定处罚。

第十三条　违反本办法第八条第二、三、四项规定的,由旅游行政管理部门责令改正,并可暂扣领队证3个月至1年;造成重大影响或产生严重后果的,由旅游行政管理部门撤销其领队登记,并不得再次申请领队登记,同时要追究组团社责任。

第十四条　旅游行政管理部门工作人员玩忽职守、滥用职权、徇私舞弊,构成犯罪的,依法追究刑事责任;未构成犯罪的,依法给予行政处分。

第十五条　本办法由国家旅游局负责解释。

第十六条　本办法自发布之日起施行。

旅行社出境旅游服务质量

前言

本标准仅对出境旅游服务提出质量要求。

本标准中,"应"表示要求,"应当"表示指导。

本标准由全国旅游标准化技术委员会提出、归口并解释。

本标准起草单位:国家旅游局质量规范与管理司、广州广之旅国际旅行社股份有限公司。

本标准主要起草人:杜一力、刘志江、彭志凯、郑旭、蔡家成、遇宏、郑烘、虞国华、朱少东、严勇舜、潘秀玲。

本标准于2002年7月27日首次发布,自2002年7月27日起实施。

1. 范围

本标准提出了组团社组织出境旅游活动所应具备的产品和服务质量的要求。

本标准适用于组团社的出境旅游业务。

2. 规范性引用文件

下列文件中的条款通过本标准的引用而成为本标准的条款。凡是注明日期的引用文件,其随后的所有修改单(不包括勘误的内容)或修订版均不适用于本标准,然而,鼓励根据本标准达成协议的各方研究是否可使用这些文件的最新版本。凡不注明日期的引用文件,其最新版本适用于本标准。

GB/T 19001—2000 质量管理体系要求(idt ISO 9001:2000)

GB/T 15971—1995 导游服务质量

LB/T 002—1995 旅游汽车服务质量
LB/T 004—1997 旅行社国内旅游服务质量要求
3. 术语和定义
本标准采用下列定义。
3.1 组团社
经国务院旅游行政管理部门批准,依法取得出境旅游经营资格的旅行社。
3.2 出境旅游
旅游者参加组团社组织的前往旅游目的地国家/地区的旅行和游览活动。
3.3 出境旅游领队
依照规定取得领队资格,受组团社委派,从事领队业务的工作人员。
领队业务指全权代表组团社带领旅游团出境旅游,督促境外接待旅行社和导游人员等方面执行旅游计划,并为旅游者提供出入境等相关服务的活动。
3.4 门市(营业部)
组团社为提供旅游咨询和销售旅游产品而专门设立的营业场所。
3.5 出境旅游产品
组团社为出境旅游者提供的旅游线路及其相应服务。
3.6 旅游证件
指护照和/或来往港澳地区通行证。
3.7 出境旅游服务合同
指组团社与旅游者(团)双方共同签署并遵守的、约定双方权利和义务的格式化合同。
4. 出境旅游产品设计要求
出境旅游产品设计应:
a) 具有安全保障;
b) 符合国家法律法规、部门规章、国家或行业标准的要求;
c) 正常情况下能确保全面履约,发生意外情况时有应急对策;
d) 满足不同消费档次、不同品味的市场需求,可供旅游者选择;
e) 对旅游者有吸引力。
5. 服务提供要求
5.1 总要求
组团社应在受控条件下提供出境旅游服务,以确保服务过程准确无误。为此,组团社应:
a) 下工序接受上工序工作移交时进行检验复核,以确认无误;
b) 确保其工作人员符合规定的资格要求和具备实现出境旅游服务所必需的能力,以证实自身的服务过程的质量保障能力和履约能力;
c) 确立有效的服务监督方法并组织实施;
d) 为有关工序提供作业指导书;
e) 提供适当的培训或其他措施,以使员工符合规定的资格要求和具备必需的能力。
5.2 营销服务

5.2.1 门市服务环境

门市服务环境应符合《旅行社国内旅游服务质量要求》(LB/T 004)中5.6.1的要求。

5.2.2 营业销售人员

营业销售人员应：

a) 遵守旅游职业道德的岗位规范；
b) 佩戴服务标志，服饰整洁；
c) 熟悉所推销的旅游产品和业务操作程序；
d) 向旅游者提供有效的旅游产品资料，并为其选择旅游产品提供咨询；
e) 对旅游者提出的参团要求进行评价与审查，以确保所接纳的旅游者要求均在组团社服务提供能力范围之内；
f) 向旅游者/客户说明所报价格的限制条件，如报价的有效时段或人数限制等；
g) 计价收费手续完备，账款清楚。

5.2.3 销售成交

营业销售人员在销售成交后，应：

a) 告知旅游者填写出境旅游有关申请表格的须知和出境旅游兑换外汇有关须知；
b) 认真审验旅游者提交的资料物品，对不适用或不符合要求的及时向旅游者退换；
c) 妥善保管旅游者在报名时提交的各种资料物品，交接时手续清楚；
d) 与旅游者签订出境旅游服务合同；
e) 收取旅游费用后开具发票；
f) 提醒旅游者有关注意事项，并向旅游者推荐旅游意外保险；
g) 将经评审的旅游者要求和所作的承诺及时准确地传递到有关工序。

5.3 团队计调运作

5.3.1 证照

组团社应按照合同约定协助旅游者办理出境旅游证件。旅游者已取得旅游证件的，组团社应认真查验其有效期并妥善保管，以确保证件在受控状态下交接和使用。

5.3.2 境外接团社的选择与管理

组团社应在目的地国家/地区旅游部门指定或推荐的范围内，选择境外接团旅行社并进行评审，信誉和业绩优良者优先选用，以确保组团社所销售的旅游产品质量的稳定性。

组团社应按要求与境外接团社签订书面接团协议。

组团社应定期审验其履约能力并建立境外接团社信誉档案。

5.3.3 旅游签证

组团社应按照旅游目的地国驻华使领馆的要求和与旅游者的约定为旅游者办理旅游签证。对旅游者提交的自办签证，接收时应认真查验。

5.3.4 团队计划的落实

组团社应根据其承诺/约定、旅游线路以及经评审的旅游者要求，与有关交通运输、移民机关、接团社等有关部门/单位落实团队计划的各项安排，确保准确无误。

组团社在落实团队计划过程中发现任何不适用的旅游者物品资料，应及时通知旅游者更换/更正。

组团社应有境外接待社落实计划的确认信息,并保留其书面记录。

5.3.5 行前说明会

出团前,组团社应召开出团行前说明会。在会上,组团社应:

a) 向旅游者说明出境旅游的有关注意事项,以及外汇兑换事项与手续等;

b) 向旅游者发放《出境旅游行程表》、团队标志和《旅游服务质量评价表》;

c) 相关的法律法规知识以及旅游目的地国家的风俗习惯;

d) 向旅游者详实说明各种由于不可抗力/不可控制因素导致组团社不能(完全)履行约定的情况,以取得旅游者的谅解。

《出境旅游行程表》应列明如下内容:

a) 旅游线路、时间、景点;

b) 交通工具的安排;

c) 食宿标准/档次;

d) 购物、娱乐安排以及自费项目;

e) 组团社和接团社的联系人和联络方式;

f) 遇到紧急情况的应急联络方式。

5.4 领队及接待服务

5.4.1 总要求

出境旅游团队应配备领队。

国内段的接送汽车应符合《旅游汽车服务质量》(LB/T 002)的要求。

5.4.2 领队素质要求

领队的基本素质应符合《导游服务质量》(GB/T 15971)第五章的要求。

领队应具备一定的英语或目的地国家/地区语言的能力。

领队上岗前应具备一定的导游工作经验。

领队应切实履行领队职责、严格遵守外事纪律,并具有一定的应急处理能力。

5.4.3 领队服务要求

5.4.3.1 通则

领队服务应符合《导游服务质量》(GB/T 15971)第三章和第四章的要求。

领队应按合同的约定完成旅游行程计划。

5.4.3.2 出团前的准备

领队接收计调人员移交的出境旅游团队资料时应认真核对查验。

注:出境旅游团队资料通常包括团队名单表、出入境登记卡、海关申报单、旅游证件、旅游签证/签注、交通票据、接待计划书、联络通信录等。

5.4.3.3 出入境服务

领队应告知并向旅游者发放通关时应向口岸的边检/移民机关出示/提交的旅游证件和通关资料(如:出入境登记卡、海关申报单等),引导团队依次通关。

向口岸的边检/移民机关提交必要的团队资料(如:团队名单、团体签证、出入境登记卡等),并办理必要的手续。

领队应积极为旅游团队办妥乘机和行李托运的有关手续,并依时引导团队登机。

飞行途中,领队应协助机组人员向旅游者提供必要的帮助和服务。

5.4.3.4 旅行游览服务

领队应按组团社与旅游者所签的旅游合同约定的内容和标准为旅游者提供接待服务,并督促接待社及其导游员按约定履行旅游合同。

在旅游途中,领队应积极协助当地导游,为旅游者提供必要的帮助和服务。

5.4.4 特殊情况的处理

组团社应建立健全应急处理程序和制度。

旅游者在旅游过程出现的特殊情况,如事故伤亡、行程受阻、财物丢失或被抢被盗、疾病救护等,领队应积极作出有效的处理,以维护旅游者的合法权益。

必要时,向我驻当地使领馆报告,请求帮助。

6. 服务质量的监督和改进

6.1 总要求

组团社应建立出境旅游服务质量管理体系。

组团社应建立健全出境旅游服务质量检查机构和监督机制,依据本标准对出境旅游服务进行监督检查。

旅游行政管理部门依据本标准检查组团社出境旅游服务质量,受理旅游者对出境旅游服务质量的投诉。

6.2 服务质量的监督

组团社应通过《旅游服务质量评价表》及其他方式认真听取旅游者的合理建议和意见;对收集到的旅游者反馈信息进行统计分析,了解旅游者对组团社出境旅游服务的满意度。

6.3 服务质量的改进

组团社应根据旅游者的满意度对存在的质量问题进行分析,确定出现质量问题的原因。

组团社应针对出现质量问题的原因采取有效措施,防止类似问题再次发生,达到出境旅游服务质量的持续改进。

6.4 投诉处理

组团社对旅游者的投诉应认真受理、登记记录,依法作出处理。

组团社应设专职人员负责处理旅游者投诉。对于重大旅游投诉,组团社主要管理人员应亲自出面处理,并向所在地旅游行政部门报告。

组团社应建立健全投诉档案管理制度。

旅行社投保旅行社责任保险规定

第一章 总则

第一条 为了保障旅游者和旅行社的合法权益,促进旅游业的健康发展,根据《旅行社管理条例》和《中华人民共和国保险法》的有关规定,制定本规定。

第二条　旅行社从事旅游业务经营活动,必须投保旅行社责任保险。

第三条　本规定所称旅行社责任保险,是指旅行社根据保险合同的约定,向保险公司支付保险费,保险公司对旅行社在从事旅游业务经营活动中,致使旅游者人身、财产遭受损害应由旅行社承担的责任,赔偿保险金责任的行为。

第四条　在中华人民共和国境内的旅行社,投保旅行社责任保险时,应当遵守本规定。

第二章　旅行社责任保险的投保范围

第五条　旅行社应当对旅行社依法承担的下列责任投保旅行社责任保险:

(一)旅游者人身伤亡赔偿责任;

(二)旅游者因治疗支出的交通、医药费赔偿责任;

(三)旅游者死亡处理和遗体遣返费用赔偿责任;

(四)对旅游者必要的施救费用,包括必要时近亲属探望等需支出的合理的交通、食宿费用,随行未成年人的送返费用,旅行社人员和医护人员前往处理的交通、住宿费用,行程延迟需支出的合理费用等赔偿责任;

(五)旅游者行李物品的丢失、损坏或被盗所引起的赔偿责任;

(六)由于旅行社责任争议引起的诉讼费用;

(七)旅行社与保险公司约定的其他赔偿责任。

第六条　旅游者参加旅行社组织的旅游活动,应保证自身身体条件能够完成旅游活动。旅游者在旅游行程中,由自身疾病引起的各种损失或损害,旅行社不承担赔偿责任。

第七条　旅游者参加旅行社组织的旅游活动,应当服从导游或领队的安排,在行程中注意保护自身和随行未成年人的安全,妥善保管所携带的行李、物品。

由于旅游者个人过错导致的人身伤亡和财产损失,及由此导致需支出的各种费用,旅行社不承担赔偿责任。

第八条　旅游者在自行终止旅行社安排的旅游行程后,或在不参加双方约定的活动而自行活动的时间内,发生的人身、财产损害,旅行社不承担赔偿责任。

第三章　保险期限和保险金额

第九条　旅行社责任保险的保险期限为一年。

第十条　旅行社办理旅行社责任保险的保险金额不得低于下列标准:

(一)国内旅游每人责任赔偿限额人民币8万元,入境旅游、出境旅游每人责任赔偿限额人民币16万元;

(二)国内旅行社每次事故和每年累计责任赔偿限额人民币200万元,国际旅行社每次事故和每年累计责任赔偿限额人民币400万元。

第十一条　旅行社组织高风险旅游项目可另行与保险公司协商投保附加保险事宜。

第四章　投保和索赔

第十二条　旅行社投保旅行责任保险,必须在境内经营责任保险的保险公司投保。

第十三条 旅行社应当按照《中华人民共和国保险法》规定的保险合同内容,与承保保险公司签订书面合同。

第十四条 旅行社投保旅行社责任保险采取按年度投保的方式,按照本规定第十条的规定,向保险公司办理本年度的投保手续。

第十五条 旅行社对保险公司请示赔偿或者给付保险金的权利,自其知道保险事故发生之日起二年不行使而消灭。

第十六条 旅行社投保旅行社责任保险的保险费,不得在销售价格中单独列项。

第十七条 在保险期限内发生保险责任范围内的事故时,旅行社应及时取得事故发生地公安、医疗、承保保险公司或其分、支公司等单位的有效凭证,向承保保险公司办理理赔事宜。

第五章 监督管理

第十八条 县级以上人民政府旅游行政管理部门按照《旅行社管理条例》等有关规定,对旅行社投保旅行社责任保险的情况进行监督检查,并将旅行社责任保险投保和理赔情况纳入旅行社年检范围。

第十九条 旅行社应当妥善保管旅行社责任保险投保和理赔的相关资料,接受旅游行政管理部门的检查;在理赔案件发生后,应及时将理赔情况报当地旅游行政管理部门备案。

第二十条 旅行社应当选择保险业务信誉良好、服务网络面广、无不良经营记录的保险公司投保。

第六章 罚则

第二十一条 旅行社违反本规定第二条规定,未投保旅行社责任保险的,由旅游行政管理部门责令限期改正;逾期不改正的,责令停业整顿15天至30天,可以并处人民币5000元以上2万元以下的罚款;情节严重的,还可以吊销其《旅行社业务经营许可证》。

第二十二条 旅行社投保旅行社责任保险的责任范围,小于本规定第五条规定要求的,或者投保旅行社责任保险的金额低于本规定第十条规定的基本标准的,由旅游行政管理部门责令限期改正,给予警告;逾期不改正的,可处以人民币5000元以上1万元以下的罚款。

第二十三条 旅行社违反本规定第十八条、第十九条规定,拒不接受旅游行政管理部门的管理和监督检查的,由旅游行政管理部门责令限期改正,给予警告;逾期不改正的,责令停业整顿3天至15天,可以并处人民币3000元以上1万元以下的罚款。

第七章 附则

第二十四条 旅游者参加旅行社组织的团队旅游时,可以根据实际需要,从有保险代理人资格的旅行社或直接从保险公司自愿购买旅游者个人保险。

旅行社在与旅游者订立旅游合同时,应当推荐旅游者购买相关的旅游者个人保险。

第二十五条 本规定由国家旅游局负责解释。

第二十六条 本规定自2001年9月1日起执行。国家旅游局1997年5月13日发布的

《旅行社办理旅游意外保险暂行规定》同时废止。

中华人民共和国护照法

(2006年4月29日第十届全国人民代表大会常务委员会第二十一次会议通过。)

第一条 为了规范中华人民共和国护照的申请、签发和管理,保障中华人民共和国公民出入中华人民共和国国境的权益,促进对外交往,制定本法。

第二条 中华人民共和国护照是中华人民共和国公民出入国境和在国外证明国籍和身份的证件。

任何组织或者个人不得伪造、变造、转让、故意损毁或者非法扣押护照。

第三条 护照分为普通护照、外交护照和公务护照。

护照由外交部通过外交途径向外国政府推介。

第四条 普通护照由公安部出入境管理机构或者公安部委托的县级以上地方人民政府公安机关出入境管理机构以及中华人民共和国驻外使馆、领馆和外交部委托的其他驻外机构签发。

外交护照由外交部签发。

公务护照由外交部、中华人民共和国驻外使馆、领馆或者外交部委托的其他驻外机构以及外交部委托的省、自治区、直辖市和设区的市人民政府外事部门签发。

第五条 公民因前往外国定居、探亲、学习、就业、旅行、从事商务活动等非公务原因出国的,由本人向户籍所在地的县级以上地方人民政府公安机关出入境管理机构申请普通护照。

第六条 公民申请普通护照,应当提交本人的居民身份证、户口簿、近期免冠照片以及申请事由的相关材料。国家工作人员因本法第五条规定的原因出境申请普通护照的,还应当按照国家有关规定提交相关证明文件。

公安机关出入境管理机构应当自收到申请材料之日起十五日内签发普通护照;对不符合规定不予签发的,应当书面说明理由,并告知申请人享有依法申请行政复议或者提起行政诉讼的权利。

在偏远地区或者交通不便的地区或者因特殊情况,不能按期签发护照的,经护照签发机关负责人批准,签发时间可以延长至三十日。

公民因合理紧急事由请求加急办理的,公安机关出入境管理机构应当及时办理。

第七条 普通护照的登记项目包括:护照持有人的姓名、性别、出生日期、出生地,护照的签发日期、有效期、签发地点和签发机关。

普通护照的有效期为:护照持有人未满十六周岁的五年,十六周岁以上的十年。

普通护照的具体签发办法,由公安部规定。

第八条 外交官员、领事官员及其随行配偶、未成年子女和外交信使持用外交护照。

在中华人民共和国驻外使馆、领馆或者联合国、联合国专门机构以及其他政府间国际组织中工作的中国政府派出的职员及其随行配偶、未成年子女持用公务护照。

前两款规定之外的公民出国执行公务的,由其工作单位依照本法第四条第二款、第三款的规定向外交部门提出申请,由外交部门根据需要签发外交护照或者公务护照。

第九条 外交护照、公务护照的登记项目包括:护照持有人的姓名、性别、出生日期、出生地,护照的签发日期、有效期和签发机关。

外交护照、公务护照的签发范围、签发办法、有效期以及公务护照的具体类别,由外交部规定。

第十条 护照持有人所持护照的登记事项发生变更时,应当持相关证明材料,向护照签发机关申请护照变更加注。

第十一条 有下列情形之一的,护照持有人可以按照规定申请换发或者补发护照:
(一)护照有效期即将届满的;
(二)护照签证页即将使用完毕的;
(三)护照损毁不能使用的;
(四)护照遗失或者被盗的;
(五)有正当理由需要换发或者补发护照的其他情形。

护照持有人申请换发或者补发普通护照,在国内,由本人向户籍所在地的县级以上地方人民政府公安机关出入境管理机构提出;在国外,由本人向中华人民共和国驻外使馆、领馆或者外交部委托的其他驻外机构提出。定居国外的中国公民回国后申请换发或者补发普通护照的,由本人向暂住地的县级以上地方人民政府公安机关出入境管理机构提出。

外交护照、公务护照的换发或者补发,按照外交部的有关规定办理。

第十二条 护照具备视读与机读两种功能。

护照的防伪性能参照国际技术标准制定。

护照签发机关及其工作人员对因制作、签发护照而知悉的公民个人信息,应当予以保密。

第十三条 申请人有下列情形之一的,护照签发机关不予签发护照:
(一)不具有中华人民共和国国籍的;
(二)无法证明身份的;
(三)在申请过程中弄虚作假的;
(四)被判处刑罚正在服刑的;
(五)人民法院通知有未了结的民事案件不能出境的;
(六)属于刑事案件被告人或者犯罪嫌疑人的;
(七)国务院有关主管部门认为出境后将对国家安全造成危害或者对国家利益造成重大损失的。

第十四条 申请人有下列情形之一的,护照签发机关自其刑罚执行完毕或者被遣返回国之日起六个月至三年以内不予签发护照:
(一)因妨害国(边)境管理受到刑事处罚的;
(二)因非法出境、非法居留、非法就业被遣返回国的。

第十五条 人民法院、人民检察院、公安机关、国家安全机关、行政监察机关因办理案件需要,可以依法扣押案件当事人的护照。

案件当事人拒不交出护照的,前款规定的国家机关可以提请护照签发机关宣布案件当事人的护照作废。

第十六条　护照持有人丧失中华人民共和国国籍,或者护照遗失、被盗等情形,由护照签发机关宣布该护照作废。

伪造、变造、骗取或者被签发机关宣布作废的护照无效。

第十七条　弄虚作假骗取护照的,由护照签发机关收缴护照或者宣布护照作废;由公安机关处二千元以上五千元以下罚款;构成犯罪的,依法追究刑事责任。

第十八条　为他人提供伪造、变造的护照,或者出售护照的,依法追究刑事责任;尚不够刑事处罚的,由公安机关没收违法所得,处十日以上十五日以下拘留,并处二千元以上五千元以下罚款;非法护照及其印制设备由公安机关收缴。

第十九条　持用伪造或者变造的护照或者冒用他人护照出入国(边)境的,由公安机关依照出境入境管理的法律规定予以处罚;非法护照由公安机关收缴。

第二十条　护照签发机关工作人员在办理护照过程中有下列行为之一的,依法给予行政处分;构成犯罪的,依法追究刑事责任:

(一)应当受理而不予受理的;

(二)无正当理由不在法定期限内签发的;

(三)超出国家规定标准收取费用的;

(四)向申请人索取或者收受贿赂的;

(五)泄露因制作、签发护照而知悉的公民个人信息,侵害公民合法权益的;

(六)滥用职权、玩忽职守、徇私舞弊的其他行为。

第二十一条　普通护照由公安部规定式样并监制;外交护照、公务护照由外交部规定式样并监制。

第二十二条　护照签发机关可以收取护照的工本费、加注费。收取的工本费和加注费上缴国库。

护照工本费和加注费的标准由国务院价格行政部门会同国务院财政部门规定、公布。

第二十三条　短期出国的公民在国外发生护照遗失、被盗或者损毁不能使用等情形,应当向中华人民共和国驻外使馆、领馆或者外交部委托的其他驻外机构申请中华人民共和国旅行证。

第二十四条　公民从事边境贸易、边境旅游服务或者参加边境旅游等情形,可以向公安部委托的县级以上地方人民政府公安机关出入境管理机构申请中华人民共和国出入境通行证。

第二十五条　公民以海员身份出入国境和在国外船舶上从事工作的,应当向交通部委托的海事管理机构申请中华人民共和国海员证。

第二十六条　本法自2007年1月1日起施行。本法施行前签发的护照在有效期内继续有效。

中华人民共和国海关对中国籍旅客进出境行李物品的管理规定

第一条 根据《中华人民共和国海关法》及其他有关法规,制定本规定。

第二条 本规定适用于持中华人民共和国护照等有效旅行证件出入境的旅客,包括公派出境工作、考察、访问、学习和因私出境探亲、访友、旅游、经商、学习等中国籍居民旅客和华侨、台湾同胞、港澳同胞等中国籍非居民旅客。

第三条 中国籍旅客携运进境的行李物品,在本规定所附《中国籍旅客带进物品限量表》(简称《限量表》,见附件1)规定的征税或免税物品品种、限量范围内的,海关准予放行、并分别验凭旅客所持有效出入境旅行证件及其他有关证明文件办理物品验放手续。

对不满16周岁者,海关只放行其旅途需用的《限量表》第一类物品。

第四条 中国籍旅客携运进境物品,超出规定免税限量仍属自用的,经海关核准可征税放行。

第五条 中国籍旅客携带旅行自用物品进出境,按照《中华人民共和国海关对进出境旅客旅行自用物品的管理规定》办理验放手续。

第六条 获准进境定居的中国籍非居民旅客携运进境其在境外拥有并使用过的自用物品及车辆,应在获准定居后3个月内持中华人民共和国有关主管部门签发的定居证明,向定居地主管海关一次性提出申请。上述自用物品中,除本规定所附《定居旅客应税自用及安家物品清单》(见附件2)所列物品需征税外,经海关审核在合理数量范围内的准予免税进境。其中完税价格在人民币1000元以上、5000元以下(含5000元)的物品每种限1件。自用小汽车和摩托车准予每户进境各1辆,海关照章征税。

获准进境的自用物品及车辆,应自海关批准之日起6个月内从批准的口岸运进,物品进境地海关凭定居地主管海关的批准文件,对其中的机动交通工具,同是凭旅客填具的"进口货物报关单"办理验放手续。

第七条 定居旅客自进境之日起,居留时间不满2年、再次出境定居的,其免税携运进境的自用物品应复运出境,或依照《中华人民共和国海关关于入境旅客行李物品和个人邮递物品征收进口税办法》向海关补缴进口税。

第八条 进境长期工作、学习的中国籍非居民旅客,在取得长期居留证件之前,海关按照本规定验放其携运进出境的行李物品;在取得长期居留证件之后,另按海关对非居民长期旅客和常驻机构进出境公、私用物品的规定办理。

第九条 对短期内多次来往香港、澳门地区的旅客和经常出入境人员以及边境地区居民,海关只放行其旅途必需物品,具体管理规定授权有海关制定并报中华人民共和国海关总署批准后公布实施。

前款所述"短期内多次来往"和"经常出入境"指半个月(15日)内进境超过1次。

第十条 除国家禁止和限制出境的物品另按有关规定办理外,中国籍旅客携运出境的行李物品,经海关审核在自用合理数量范围内的,准予出境。

以分离运输方式运出的行李物品,应由本人持有效的出境证件,在本人出境前向所在地海关办理海关手续。

第十一条 中国籍旅客进出境行李物品,超出自用合理数量及规定的限量、限值或品种范围的,除另有规定者外,海关不予放行。除本人声明放弃外,应在3个月内由本人或其代理人向海关办理退运手续;逾期不办,由海关按《中华人民共和国海关法》第三十三条规定处理。

附件1

中国籍旅客带进物品限量表
(中华人民共和国海关总署1996年8月15日修订)

类别	品种	限量
第一类物品	衣料、衣着、鞋、帽、工艺美术品和价值人民币1000元以下(含1000元)的其他生活用品	自用合理数量范围内免税,其中价值人民币800元以上、1000元以下的物品每种限1件
第二类物品	烟草制品酒精饮料	(1)香港、澳门地区居民及因私往来香港、澳门地区的内地居民,免税香烟200支,或雪茄50支,或烟丝250克;免税12度以上酒精饮料限1瓶(0.75升以下) (2)其他旅客,免税香烟400支,或雪茄100支,或烟丝500克;免税12度以上酒精饮料限2瓶(1.5升以下)
第三类物品	价值人民币1000元以上、5000以下(含5000元)的生活用品	(1)驻境外的外交机构人员、我出国留学人员和访问学者、赴外劳务人员和援外人员,连续在外每满180天(其中留学人员和访问学者物品验放时间从注册入学之日起算至毕业、结业之日止),远洋船员在外每满120天任选其中1件免税 (2)其他旅客每公历年度内进境可任选其中1件征税

注:1.本表所称进境物品价值以海关审定的完税价格为准;
　　2.超出本表所列最高限值的物品,另按有关规定办理;
　　3.根据规定可免税带进的第三类物品,同一品种物品公历年度内不得重复;
　　4.对不满16周岁者,海关只放行其旅途需用的第一类物品;
　　5.本表不适用于短期内多次来往香港、澳门地区的旅客和经常进出境人员以及边境地区居民。

附件2

定居旅客应税自用及安家物品清单

1. 电视机　　7. 电冰箱 电冰柜　　13. 电话机
2. 摄像机　　8. 洗衣机　　14. 家具
3. 录像机　　9. 照相机　　15. 灯具
4. 放像机　　10. 传真机　　16. 餐料(含饮料、酒)
5. 音响设备　　11. 打印机及文字处理机　　17. 小汽车
6. 空调器　　12. 微型计算机及外设　　18. 摩托车

第十二条 旅客进出境时应遵守本规定和中华人民共和国海关总署授权有关海关为实施本规定所公告的其他补充规定。违者,海关将依照《中华人民共和国海关法》和《中华人民共和国海关法行政处罚实施细则》的有关规定处理。

第十三条 本规定由中华人民共和国海关总署负责解释。

第十四条 本规定自 1996 年 8 月 15 日起实施。

中华人民共和国公民出境入境管理法实施细则

(1986 年 12 月 3 日国务院批准,1986 年 12 月 26 日公安部、外交部、交通部发布;1994 年 7 月 13 日国务院批准修订,1994 年 7 月 15 日公安部、外交部、交通部发布。)

第一章 总则

第一条 根据《中华人民共和国公民出境入境管理法》第十九条的规定,制定本实施细则。

第二条 本实施细则适用于中国公民因私事出境、入境。所称"私事",是指:定居、探亲、访友、继承财产、留学、就业、旅游和其他非公务活动。

第二章 出境

第三条 居住国内的公民因私事出境,须向户口所在地的市、县公安局出入境管理部门提出申请,回答有关的询问并履行下列手续:

(一)交验户口簿或者其他户籍证明;

(二)填写出境申请表;

(三)提交所在工作单位对申请人出境的意见;

(四)提交与出境事由相应的证明。

第四条 本实施细则第三条第四项所称的证明是指:

(一)出境定居,须提交拟定居地亲友同意去定居的证明或者前往国家的定居许可证明;

(二)出境探亲访友,须提交亲友邀请证明;

(三)出境继承财产,须提交有合法继承权的证明;

(四)出境留学,须提交接受学校入学许可证件和必需的经济保证证明;

(五)出境就业,须提交聘请、雇用单位或者雇主的聘用、雇用证明;

(六)出境旅游,须提交旅行所需外汇费用证明。

第五条 市、县公安局对出境申请应当在 30 天内,地处偏僻、交通不便的应当在 60 天内,作出批准或者不批准的决定,通知申请人。

申请人在规定时间没有接到审批结果通知的,有权查询,受理部门应当作出答复;申请人认为不批准出境不符合《中华人民共和国公民出境入境管理法》的,有权向上一级公安机关提出申诉,受理机关应当作出处理和答复。

第六条 居住国内的公民经批准出境的,由公安机关出入境管理部门发给中华人民共和国护照,并附发出境登记卡。

第七条 居住国内的公民办妥前往国家的签证或者入境许可证件后,应当在出境前办理户口手续,出境定居的,须到当地公安派出所或者户籍办公室注销户口。短期出境的,办理临时外出的户口登记,返回后凭执照在原居住地恢复常住户口。

第八条 中国公民回国后再出境,凭有效的中华人民共和国护照或者有效的中华人民共和国旅行证或者其他有效出境入境证件出境。

第三章 入境

第九条 在境外的中国公民短期回国,凭有效的中华人民共和国护照或者有效的中华人民共和国旅行证或者其他有效入境出境证入境。

第十条 定居国外的中国公民要求回国定居的,应当在入境前向中国驻外国的外交代表机关、领事机关或者外交部授权的其他驻外机关提出申请,也可由本人或者经由国内亲属向拟定居地的市、县公安局提出申请,由省、自治区、直辖市公安厅(局)核发回国定居证明。

第十一条 定居国外的中国公民要求回国工作的,应当向中国劳动、人事部门或者聘请、雇用单位提出申请。

第十二条 定居国外的中国公民回国定居或者回国工作抵达目的地后,应当在30天内凭回国定居证明或者经中国劳动、人事部门核准的聘请、雇用证明到当地公安局办理常住户口登记。

第十三条 定居国外的中国公民短期回国,要按照户口的管理规定,办理暂住登记。在宾馆、饭店、旅店、招待所、学校等企业、事业单位或者机关、团体及其他机构内住宿的,应当填写临时住房登记表;住在亲友家的,由本人或者亲友在24小时内(农村可在72小时内)到住地公安派出所或者户籍办公室办理暂住登记。

第四章 出境入境检查

第十四条 中国公民应当从对外开放的或者指定的口岸出境、入境,向边防检查站出示中华人民共和国护照或者其他出境入境证件,填交出境、入境登记卡,接受查检。

第十五条 有下列情形之一的,边防检查站有权阻止出境、入境:
(一) 未持有中华人民共和国护照或者其他出境入境证件的;
(二) 持用无效护照或者其他无效出境入境证件的;
(三) 持有伪造、涂改的护照、证件或者冒用他人护照、证件的;
(四) 拒绝交验证件的。
具有前款第二、三项规定的情形,并可依照本实施细则第二十三条的规定处理。

第五章 证件管理

第十六条 中国公民出境入境的主要证件——中华人民共和国护照和中华人民共和国

旅行证由持证人保存、使用。除公安机关和原发证机关有权依法吊销、收缴证件以及人民检察院、人民法院有权依法扣留证件外，其他任何机关、团体和企业、事业单位或者个人不得扣留证件。

第十七条　中华人民共和国护照有效期5年，可以延期2次，每次不超过5年。申请延期应在护照有效期满前提出。

在国外，护照延期，由中国驻外国的外交代表机关、领事机关或者外交授权的其他驻外机关办理。在国内，定居国外的中国公民的护照延期，由省、自治区、直辖市公安厅（局）及其授权的公安机关出入境管理部门办理；居住国内的公民在出境前的护照延期，由原发证的或者户口所在的公安机关出入境管理部门办理。

第十八条　中华人民共和国旅行证分1年一次有效和2年多次有效两种，由中国驻外国的外交代表机关、领事机关或者外交部授权的其他驻外机关颁发。

第十九条　中华人民共和国出境通行证，是入出中国国（边）境的通行证件，由省、自治区、直辖市公安厅（局）及其授权的公安机关签发。这种证件在有效期内一次或者多次入出境有效。一次有效的，在出境时由边防检查站收缴。

第二十条　中华人民共和国护照和其他出境入境证件的持有人，如因情况变化，护照、证件上的记载事项需要变更或者加注时，应当分别向市、县公安局出入境管理部门或者中国驻外国的外交代表机关、领事机关或者外交部授权的其他驻外机关提申请，提交变更、加注事项的证明或者说明材料。

第二十一条　中国公民持有的中华人民共和国护照和其他出境入境证件因即将期满或者签证页用完不能再延长有效期限，或者被损坏不能继续使用的，可以申请换发，同时交回原持有的护照、证件；要求保留原护照的，可以与新护照合订使用。护照、出境入境证件遗失的，应当报告中国主管机关，在登报声明或者挂失声明后申请补发。换发和补发护照、出境入境证件，在国外，由中国驻外国的外交代表机关、领事机关或者外交部授权的其他驻外机关办理；在国内，由省、自治区、直辖市公安厅（局）及授权的公安机关出入境管理部门办理。

第二十二条　中华人民共和国护照和其他出境入境证件的持有人有下列情形之一的，其护照、出境入境证件予以吊销或者宣布作废：

（一）持证人因非法进入前往国或者非法居留被送回国内的；

（二）公民持护照、证件招摇撞骗的；

（三）从事危害国家安全、荣誉和利益的活动的。

护照和其他出境入境证件的吊销和宣布作废，由原发证机关或者其上级机关作出。

第六章　处罚

第二十三条　持用伪造、涂改等无效证件或者冒用他人证件出境、入境的，除收缴证件外，处以警告或者5日以下拘留；情节严重、构成犯罪的，依照《全国人民代表大会常务委员会关于严惩组织、运送他人偷越国（边）境犯罪的补充规定》的有关条款的规定追究刑事责任。

第二十四条　伪造、涂改、转让、买卖出境入境证件的，处10日以下拘留；情节严重、构成犯罪的,依照《中华人民共和国刑法》和《全国人民代表大会常务委员会关于严惩组织、运送他人偷越国(边)境犯罪的补充规定》的有关条款的规定追究刑事责任。

第二十五条 编造情况,提供假证明,或者以行贿等手段,获取出境入境证件,情节较轻的,处以警告或者5日以下拘留;情节严重、构成犯罪的,依照《中华人民共和国刑法》和《全国人民代表大会常务委员会关于严惩组织、运送他人偷越国(边)境犯罪的补充规定》的有关条款的规定追究刑事责任。

第二十六条 公安机关的工作人员在执行《中华人民共和国出境入境管理法》和本实施细则时,如有利用职权索取、收受贿赂或者有其他违法失职行为,情节轻微的,由主管部门酌情予以行政处分;情节严重、构成犯罪的,依照《中华人民共和国刑法》和《全国人民代表大会常务委员会关于严惩组织、运送他人偷越国(边)境犯罪的补充规定》的有关条款的规定追究刑事责任。

第七章 附则

第二十七条 中国公民因公务出境和中国海员因执行任务出境管理办法,另行制定。

第二十八条 本实施细则自发布之日起施行。

中华人民共和国出境入境边防检查条例

第一章 总则

第一条 为维护中华人民共和国的主权、安全和社会秩序,便利出境、入境的人员和交通运输工具的通行,制定本条例。

第二条 出境、入境边防检查工作由公安部主管。

第三条 中华人民共和国在对外开放的港口、航空港、车站和边境通道等口岸设立出境入境边防检查站(以下简称边防检查站)。

第四条 边防检查站为维护国家主权、安全和社会秩序,履行下列职责:
(一)对出境、入境的人员及其行李物品、交通运输工具及其载运的货物实施边防检查;
(二)按照国家有关规定对出境、入境的交通运输工具进行监护;
(三)对口岸的限定区域进行警戒,维护出境、入境秩序;
(四)执行主管机关赋予的和其他法律、行政法规规定的任务。

第五条 出境、入境的人员和交通运输工具,必须经对外开放的口岸或者主管机关特许的地点通行,接受边防检查、监护和管理。

出境、入境的人员,必须遵守中华人民共和国的法律、行政法规。

第六条 边防检查人员必须依法执行业务。

任何组织和个人不得妨碍边防检查人员依法执行公务。

第二章 人员的检查和管理

第七条 出境、入境的人员必须按照规定填写出境、入境登记卡,向边防检查站交验本人的有效护照或者其他出境、入境证件(以下简称出境、入境证件),经查验核准后,方可出境、入境。

第八条 出境、入境的人员有下列情形之一的,边防检查站有权阻止其出境、入境:

(一)未持出境、入境证件的;

(二)持用无效出境、入境证件的;

(三)持用他人出境、入境证件的;

(四)持用伪造或者涂改的出境、入境证件的;

(五)拒绝接受边防检查的;

(六)未在限定口岸通行的;

(七)国务院公安部门、国家安全部门通知不准出境、入境的;

(八)法律、行政法规规定不准出境、入境的。

出境、入境的人员有前款第(三)项、第(四)项或者中国公民有前款第(七)项、第(八)项所列情形之一的,边防检查站可以扣留或者收缴其出境、入境证件。

第九条 对交通运输工具的随行服务员工出境、入境的边防检查、管理,适用本条例的规定。但是,中华人民共和国与有关国家或者地区订有协议的,按照协议办理。

第十条 抵达中华人民共和国口岸的船舶的外国籍船员及其随行家属和香港、澳门、台湾船员及其随行家属,要求在港口城市登陆、住宿的,应当由船长或者其代理人向边防检查站申请办理登陆、住宿手续。

经批准登陆、住宿的船员及其随行家属,必须按照规定的时间返回船舶。登陆后有违法行为、尚未构成犯罪的,责令立即返回船舶,并不得再次登陆。

从事国际航行船舶上的中国船员,凭本人的出境、入境证件登陆、住宿。

第十一条 申请登陆的人员有本条例第八条所列情形之一的,边防检查站有权拒绝其登陆。

第十二条 以下外国船舶的人员,必须向边防检查人员交验出境、入境证件或者其他规定的证件,经许可后,方可上船、下船。口岸检查、检验单位的人员需要登船执行公务的,应当着制服并出示证件。

第十三条 中华人民共和国与毗邻国家(地区)接壤地区的双方公务人员、边境居民临时出境、入境的边防检查,双方订有协议的,按照协议执行;没有协议的,适用本条例的规定。

毗邻国家的边境居民按照协议临时入境的,限于在协议规定范围内活动;需要到协议规定范围以外活动的,应当事先办理入境手续。

第十四条 边防检查站认为必要时,可以对出境、入境的人员进行人身检查。人身检查应当由两名与受检查人同性别的边防检查人员进行。

第十五条 出境、入境的人员有下列情形之一的,边防检查站有权限制其活动范围,进行调查或者移送有关机关处理:

(一)有持用他人出境、入境证件嫌疑的;

(二)有持用伪造或者涂改的出境、入境证件嫌疑的;

(三)国务院公安部门、国家安全部门和省、自治区、直辖市公安机关、国家安全机关通知

有犯罪嫌疑的;

(四)有危害国家安全、利益和社会秩序嫌疑的。

第三章 交通运输工具的检查和监护

第十六条 出境、入境的交通运输工具离、抵口岸时,必须接受边防检查。对交通运输工具的入境检查,在最先抵达的口岸进行。出境检查,在最后离开的口岸进行。在特殊情况下,经主管机关批准,对交通运输工具的入境、出境检查,也可以在特许的地点进行。

第十七条 交通运输工具的负责人或者有关交通运输部门,应当事先将出境、入境的船舶、航空器、火车离、抵口岸的时间,停留地点和载运人员、货物情况,向有关的边防检查站报告。

交通运输工具抵达口岸时,船长、机长或者其代理人必须向边防检查站申报员工和旅客的名单;列车长及其他交通运输工具的负责人必须申报员工和旅客的人数。

第十八条 对交通运输工具实施边防检查时,其负责人或者代理人应当到场协助边防检查人员进行检查。

第十九条 出境、入境的交通运输工具在中国境内必须按照规定的路线、航线行驶。外国船舶未经许可不得在非对外开放的港口停靠。

出境的交通运输工具自出境检查后到出境前,入境的交通运输工具自入境后到入境检查前,未经边防检查站许可,不得上下人员、装卸物品。

第二十条 中国船舶需要搭靠外国船舶的,应当由船长或者其代理人向边防检查站申请办理搭靠手续;未办理手续的,不得擅自搭靠。

第二十一条 边防检查站对处于下列情形之一的出境、入境交通运输工具,有权进行监护:

(一)离、抵口岸的火车、外国船舶和中国客船在出境检查后到出境前、入境后到入境检查前和检查期间;

(二)火车及其他机动车辆在国(边)界线距边防检查站较远的区域内行驶期间;

(三)外国船舶在中国内河航行期间;

(四)边防检查站认为有必要进行监护的其他情形。

第二十二条 对随交通运输工具执行监护职务的边防检查人员,交通运输工具的负责人应当提供必要的办公、生活条件。

被监护的交通运输工具和上下该交通运输工具的人员应当服从监护人员的检查。

第二十三条 未实行监护措施的交通运输工具,其负责人应当自行管理,保证该交通运输工具和员工遵守本条例的规定。

第二十四条 发现出境、入境的交通运输工具载运不准出境、入境人员,偷越国(边)境人员及未持有效出境、入境证件的人员的,交通运输工具负责人应当负责将其遣返,并承担由此发生的一切费用。

第二十五条 出境、入境的交通运输工具有下列情形之一的,边防检查站有权推迟或者阻止其出境、入境:

（一）离、抵口岸时，未经边防检查站同意，擅自出境、入境的；
（二）拒绝接受边防检查、监护的；
（三）被认为载有危害国家安全、利益和社会秩序的人员或者物品的；
（四）被认为载有非法出境、入境人员的；
（五）拒不执行边防检查站依法作出的处罚或者处理决定的；
（六）未经批准擅自改变出境、入境口岸的。

边防检查站在前款所列情形消失后，对有关交通运输工具应当立即放行。

第二十六条 出境、入境的船舶、航空器，由于不可预见的紧急情况或者不可抗拒的原因，驶入对外开放口岸以外地区的，必须立即向附近的边防检查站或者当地公安机关报告并接受检查和监护；在驶入原因消失后，必须立即按照通知的时间和路线离去。

第四章 行李物品、货物的检查

第二十七条 边防检查站根据维护国家安全和社会秩序的需要，可以对出境、入境人员携带的行李物品和交通运输工具载运的货物进行重点检查。

第二十八条 出境、入境的人员和交通运输工具不得携带、载运法律、行政法规规定的危害国家安全和社会秩序的违禁物品；携带、载运违禁物品的，边防检查站应当扣留违禁物品，对携带人、载运违禁物品的交通运输工具负责人依照有关法律、行政法规的规定处理。

第二十九条 任何人不得非法携带属于国家秘密的文件、资料和其他物品出境；非法携带属于国家秘密的文件、资料和其他物品的，边防检查站应当予以收缴，对携带人依照有关法律、行政法规规定处理。

第三十条 出境、入境的人员携带或者托运枪支、弹药，必须遵守有关法律、行政法规的规定，向边防检查站办理携带或者托运手续；未经许可，不得携带、托运枪支、弹药出境、入境。

第五章 处罚

第三十一条 对违反本条例规定的处罚，由边防检查站执行。

第三十二条 出境、入境的人员有下列情形之一的，处以500元以上2000元以下的罚款或者依照有关法律、行政法规的规定处以拘留：
（一）未持出境、入境证件的；
（二）持用无效出境、入境证件的；
（三）持用他人出境、入境证件的；
（四）持用伪造或者涂改的出境、入境证件的。

第三十三条 协助他人非法出境、入境，情节轻微尚不构成犯罪的，处以2000元以上10 000元以下的罚款；有非法所得的，没收非法所得。

第三十四条 未经批准携带或者托运枪支、弹药出境、入境的，没收其枪支、弹药，并处以1000元以上5000元以下的罚款。

第三十五条 有下列情形之一的，处以警告或者500元以下罚款：
（一）未经批准进入口岸的限定区域或者进入后不服从管理、扰乱口岸管理秩序的；

(二)侮辱边防检查人员的;

(三)未经批准或者未按照规定登陆、住宿的。

第三十六条 出境、入境的交通运输工具载运不准出境、入境人员,偷越国(边)境人员及未持有效出境、入境证件的人员出境、入境的,对其负责人按每载运1人处以5000元以上10 000元以下的罚款。

第三十七条 交通运输工具有下列情形之一的,对其负责人处以10 000元以上30 000元以下的罚款:

(一)离、抵口岸时,未经边防检查站同意,擅自出境、入境的;

(二)未按照规定向边防检查站申报员工、旅客和货物情况的,或者拒绝协助检查的;

(三)交通运输工具有入境后到入境检查前、出境检查后到出境前,未经边防检查站许可,上下人员,装卸物品的。

第三十八条 交通运输工具有下列情形之一的,对其负责人给予警告并处500元以上5000元以下的罚款:

(一)出境、入境的交通运输工具在中国境内不按照规定的路线行驶的;

(二)外国船舶未经许可停靠在非对外开放港口的;

(三)中国船舶未经批准擅自搭靠外国籍船舶的。

第三十九条 出境、入境的船舶、航空器,由于不可预见的紧急情况或者不可抗拒的原因,驶入对外开放口岸以外地区,没有正当理由不向附近边防检查站或者当地公安机关报告的;或者在驶入原因消失后,没有按照通知的时间和路线离去的,对其负责人处以10 000元以下的罚款。

第四十条 边防检查站执行罚没款处罚,应当向被处罚人出具收据。罚没款应当按照规定上缴国库。

第四十一条 出境、入境的人员违反本条例的规定,构成犯罪的,依法追究刑事责任。

第四十二条 被处罚人对边防检查站作出的处罚决定不服的,可以自接到处罚决定书之日起15日内,向边防检查站所在地的县级公安机关申请复议;有关县级公安机关应当自接到复议申请书之日起15日内作出复议决定;被处罚人对复议决定不服的,可以自接到复议决定书之日起15日内,向人民法院提起诉讼。

第六章 附则

第四十三条 对享有外交特权与豁免权的外国人入境、出境的边防检查,法律有特殊规定的,从其规定。

第四十四条 外国对中华人民共和国公民和交通运输工具入境、过境、出境的检查和管理有特别规定的,边防检查站可以根据主管机关的决定采取相应的措施。

第四十五条 对往返香港、澳门、台湾的中华人民共和国公民和交通运输工具的边防检查,适用本条例的规定;法律、行政法规有专门规定的,从其规定。

第四十六条 本条例下列用语的含义:

"出境、入境的人员",是指一切离开、进入或者通过中华人民共和国(边)境的中国籍、外

国籍和无国籍人;

"出境、入境的交通运输工具",是指一切离开、进入或者通过中华人民共和国(边)境的船舶、航空器、火车和机动车辆、非机动车辆以及驮畜;

"员工",是指出境、入境的船舶、航空器、火车和机动车辆的负责人、驾驶员、服务员和其他工作人员。

第四十七条 本条例自1995年9月1日起施行。1952年7月29日中央人民政府政务院批准实施的《出入国境治安检查暂行条例》和1965年4月30日国务院发布的《边防检查条例》同时废止。

《中国公民出境旅游突发事件应急预案》简本

1 总则

1.1 编制目的

建立健全国家处置中国公民出境旅游突发事件应急机制,规范出境旅游突发事件应急工作,维护国家利益,保障中国游客的生命财产安全及其合法权益。

1.2 编制依据

《中国公民出国旅游管理办法》等国家有关法律法规;《国家突发公共事件总体应急预案》和《国家涉外突发事件应急预案》以及《旅游突发公共事件应急预案》等有关部门应急预案。

1.3 适用范围

本预案适用于中国公民出境旅游过程中生命财产受到损害或严重威胁的重大和较大突发事件的应急处置工作。

1.4 工作原则

本预案遵循《国家突发公共事件总体应急预案》和《国家涉外突发事件应急预案》明确的基本原则。同时,结合旅游应急救助工作实际,坚持如下原则:

(1)以人为本,救助第一。以保障出境旅游的中国公民生命财产安全为准则,履行政府公共服务职能,尽力提供事前、事中和事后的必要应急救助。

(2)迅速反应,减少损失。事件发生后做到在第一时间、第一现场实施救助和报告。根据需要,迅速动员和协调国内外应急救援力量,力争在最短的时间内将危害和损失降到最低程度。

(3)依法规范,协调配合。遵守国家法律法规和国际条约,参照事发国(地区)法律法规的相关规定。各部门要认真履行职责,主动配合协调,保证信息畅通,确保应急措施到位。

(4)顾全大局,服从指挥。各相关部门和涉事单位要认真贯彻党中央、国务院有关处置突发事件的要求,认真履行职责,树立大局意识,服从应急指挥机构的统一领导,保证完成各项处置工作。

2 组织指挥体系和职责

中国公民出境旅游突发事件发生后,根据需要启动不同级别的应急响应机制。处理重大和较大突发事件,启用以下组织指挥系统。

2.1 部际联席会议

中国公民出境旅游重大和较大突发事件发生后,根据需要启动境外中国公民和机构安全保护工作部际联席会议,统一组织、协调、指挥应急处置工作。

2.2 应急领导小组

中国公民出境旅游重大和较大突发事件发生后,启动外交部和国家旅游局成立的应急领导小组,负责统一组织、协调、指挥应急处置工作。必要时,国务院其他有关部门和相关省级人民政府参与组织协调。

2.3 部门职责

外交部和国家旅游局按照各自职责,负责指导和协调现场救助、收集和发布有关信息、履行报告制度、组织和协调善后处理等应急工作。各有关部门和地方积极参与,提供相应的支持和保障。

3 预警机制

3.1 预警机制建立

建立和完善中国公民出境旅游安全预警信息收集、评估和发布制度。

3.2 预警信息收集

国家有关部门要加强相关信息的收集和分析,及时掌握和通报有关情况。

3.3 预警信息分级

提示——提示中国公民前往某国(地区)旅游应注意的事项。

劝告——劝告中国公民不要前往某国(地区)旅游。

警告——警告中国公民一定时期内在任何情况下都不要前往某国(地区)旅游。

3.4 预警信息评估

组织开展对预警建议的评估,并履行报批程序。

3.5 预警信息发布

经授权,国家旅游局或其他部门向社会发布旅游预警信息。

4 应急响应

根据事发地点、性质、规模和影响,中国公民出境旅游突发事件分为特别重大(Ⅰ级)、重大(Ⅱ级)、较大(Ⅲ级)和一般(Ⅳ级)四级响应。

4.1 Ⅰ级响应

由国务院成立涉外突发事件应急总指挥部处置。

4.2 Ⅱ级响应

根据需要启动部际联席会议或由外交部和国家旅游局成立应急领导小组,负责统一组织、协调、指挥应急处置工作。

4.3 Ⅲ级响应

参照Ⅱ级响应。

4.4 Ⅳ级响应

启动国家旅游局《旅游突发公共事件应急预案》处置。

5 Ⅱ级和Ⅲ级响应处置程序

5.1 先期处置

（1）事发后，当事人立即向事发地有关部门报警求助，并组织必要的自救。同时，迅速向我驻当地外交机构和国内组团单位报告。

（2）我驻外外交机构接到事发报告后，采取必要措施，努力控制事态，并迅速将事发情况向外交部和国家旅游局报告。

5.2 处置措施

（1）我境外有关部门协助开展医疗急救、财产保护、安置安抚和游客转移等工作。对救助及善后处理提出建议，随时向国内报告。

（2）旅游机构及时了解核实涉事旅游团队及游客情况，及时准确向有关部门提供信息。

（3）迅速通知涉事保险机构及国际救援机构提供紧急救援。督促国内组团单位履行合同承诺，采取措施保证及时救助。

（4）组织协调国内组团单位负责人和当事游客家属尽快赴事发国（地区）参与和协助处理有关事宜。根据需要，派遣有关部门和地方政府组成的工作组。

（5）与事发国（地区）有关部门交涉，寻求必要的合作与支持。

（6）组织协调有关部门和地方政府协助做好应急处置相关工作。

5.3 后期处置

（1）做好旅游团队回国后的善后工作。

（2）提交事件处理报告。

6 信息报告和发布

6.1 信息报告

事发后，当事人在第一时间向我驻外和国内有关部门报告。接报部门在2小时内应向上级部门报告，同时通报有关单位和地区。应急处置过程中，及时续报有关情况。

6.2 信息发布

根据需要，外交部和国家旅游局设立热线电话；在政府网站及时发布有关信息；通过提供新闻稿、组织报道、接受记者采访、举行新闻发布会等形式发布信息。

7 应急保障和培训演练

7.1 相关保障

各有关部门和地方政府按照职责分工和突发事件处置需要，及时做好应对突发事件的各种保障工作。

7.2 培训演练

旅游机构要组织中国公民出境旅游的安全保护和保险意识的教育,开展对部门、企业和从业人员的应急业务培训和演练。要面向广大游客做好出境前的安全教育,加强安全防范意识,提供有关境外目的国(地区)的驻外外交机构和电话、旅游救援电话、报警电话等应急救援信息。

8 附则

8.1 解释与修订

本预案由外交部和国家旅游局负责解释,根据形势发展,及时修订。

8.2 发布与实施

本预案自发布之日起实施。

国际机票中的各国城市三字代码

三字代码	城市名称	所属国家名称
AAE	安纳巴 ANNABA	阿尔及利亚 ALGERIA
ABD	阿巴达 ABADAN	伊朗 IRAN
ABJ	阿比让 ABIDJAN	科特迪瓦 GOTEDLVOIR
ABZ	阿伯丁 ABERDEEN	英国 UNITED KINGDOM
ACC	阿克拉 ACCEA	加纳 GHANA
ADA	阿达那 ADANA	土耳其 TURKEY
ADD	亚的斯亚贝巴 ADDLS ABABA	埃塞俄比亚 ETHIOPIA
ADE	亚丁 ADEN	也门 YEMEN
ADL	阿德莱德 ADELAIDE	澳大利亚 AUSTRALIA
AGP	马拉加 MALAGA	西班牙 SPAIN
AHO	安齐奥 ALGHERO	意大利 ITALY
AKL	奥克兰 AUCKLAND	新西兰 NEW ZEALAND
ALC	阿利坎特 ALICANTE	西班牙 SPAIN

续表

三字代码	城市名称	所属国家名称
ALG	阿尔及尔 ALGIERS	阿尔及利亚 ALGERIA
ALL	阿尔伯格 ALLBORG	丹麦 DENMARK
AMM	阿曼 AMMAN	约旦 JORDAN
AMS	阿姆斯特丹 AMSTERDAM	荷兰 NETHERLAND
ANF	安托法加斯塔 ANTOFAGASTA	智利 CHILE
ANK	安卡拉 ANKARA	土耳其 TURKEY
AOI	安科纳 ANCONA	意大利 ITALY
ARR	奥胡斯 AARHUS	丹麦 DENMARK
ASM	阿斯马拉 ASMARA	厄立特里亚 ERITREA
ASU	亚松森 ASUNCION	巴拉圭 PRAGAUAY
ATH	雅典 ATHENS	希腊 GREECE
ATL	亚特兰大 ATLANTA	美国 UNITED STATES
ANR	安特卫普 ANTWERP	比利时 BELGIUM
BAH	巴林机场 BAHRAINI	巴林 BAHRAIAN
BAK	巴库 BAKU	阿塞拜疆 AZERBAIAN
BAQ	巴兰基亚 BRRANQUILLA	哥伦比亚 COLOMBIA
BCN	巴塞罗那 BARCELONA	西班牙 SPAIN
BDA	百慕大机场 BERMUDA	百慕大 BERMUDA
BDS	布林迪西 BRINDISI	意大利 ITALY
BEG	贝尔格莱德 BELGRADE	南斯拉夫 YUGOSLAVIA
BEN	班加西 BENGHAZI	利比亚 LIBYAN ARABJM
BER	柏林 BERLIN	德国 GERMANY
BFN	布隆方丹 BLOEMFONTEIN	贝尔法斯特 BELFAST
BFS	南非 SOUTH AFRICA	英国 UNITED KINGDOM
BGF	班吉 BANGUI	中非 CENTRAL

续表

三字代码	城市名称	所属国家名称
BGO	伯根 BERGEN	挪威 NORWAY
BGW	巴格达 BAGHDAD	伊拉克 IRAQ
BHX	伯明翰 BIRMINGHAM	英国 UNITED KINGDOM
BNO	毕尔巴鄂 BILBAO	西班牙 SPAIN
BJL	班珠尔 BASJUL	冈比亚 GAMBIA
BJM	布琼布拉 BUJUMBURA	布隆迪 BURUNDI
BKK	曼谷 BANGKOK	泰国 THAILAND
BKO	巴马科 BAMAKO	马里 MALI
BLL	比伦德 BILLUNA	丹麦 DENMARK
BLQ	博洛尼亚 BOLOGNA	意大利 ITALY
BLR	班加罗尔 BANGALORE	印度 INDIA
BLZ	布兰太尔 BLANTYRE	马拉维 MALAWI
BNE	布里斯班 BRISBANE	澳大利亚 AUSTRALIA
BOD	波尔多 BORDEAUX	法国 FRANCE
BOG	波哥大 BOGOTA	哥伦比亚 COLOMBIA
BOM	孟买 BOMBAI	印度 INDIA
BOS	波士顿 BOSTON	美国 UNITED STATES
BRE	不来梅 BREMEN	德国 GERMANY
BRI	巴里 BARI	意大利 ITALY
BRN	伯尔尼 BERNE	瑞士 SWITZERLAND
BRS	布里斯托尔 BRISTOL	英国 UNITED KINGDOM
BRU	布鲁塞尔 BRUSSEELS	比利时 BELGIUM
BSB	巴西利亚 BRASILIA	巴西 BRAZIL
BSL	贝伦 BALEM	巴西 BRAZIL

续表

三字代码	城市名称	所属国家名称
BUD	布达佩斯 BUDAEST	匈牙利 HUNGARY
BUE	布宜诺斯艾利斯 BUENOS AIRES	阿根廷 ARGENTINA
BUH	布加勒斯特 BUCHAREST	罗马尼亚 ROMANIA
BWI	巴尔的摩 BALTIMORE	美国 UNITED STATES
BWN	斯里巴加湾市 BANDAR SERIB	文莱 BRUNEI
BZV	布拉柴维尔 BRAZZAVILLE	刚果 CONGO
CAG	卡里亚里 CAGLIARI	意大利 ITALY
CAI	开罗 CAIRO	埃及 EGYPT
CAS	卡萨布兰卡 CASABLANCA	摩洛哥 MOROCCO
CCP	康赛普西恩 CONCEPCION	智利 CHILE
CCS	加拉加斯 CARACAS	委内瑞拉 VENEZUELA
CCU	卡利卡特 CALCUTTA	印度 INDIA
CGN	卡隆 COLOGNE	德国 GERMANY
CHC	克莱斯特彻奇 CHRISTCHURCH	新西兰 NEW ZEALAND
CHI	芝加哥 CHICAGO	美国 UNITED STATES
CJS	华雷斯 CIUDAD JUAREZ	墨西哥 MEXICO
CKY	科那克里 CONAKRY	几内亚 GUINEA
CLE	克里夫兰 CLEVELAND	美国 UNITED STATES
CLO	卡利 CALI	哥伦比亚 COLOMBIA
CMB	科伦坡 CMB	斯里兰卡 SRILANKA
CMH	哥伦布 COLUMBUS	美国 UNITED STATES
COO	科托努 COTONOU	贝宁 BENIN
CHP	哥本哈根 COPENHAGEN	丹麦 DENMARK
CPT	开普敦 CAPETOWN	南非 SOUTH AFRICA

续表

三字代码	城市名称	所属国家名称
CTA	卡塔尼亚 CATANIA	意大利 ITALY
CUL	库利亚坎 CULIACAN	墨西哥 MEXICO
CUN	坎昆 CANAUN	墨西哥 MEXICO
CUR	库拉索岛 CURACAO	荷兰 NETHERLAND
CVG	辛辛那提 CINCINNATI	美国 UNITED STATES
CWB	库里蒂巴 CURITIBA	巴西 BRAZIL
CWL	加的夫 CARDIFF	英国 UNITED KINGDOM
CZL	君斯坦丁 CONASTANTINE	阿尔及利亚 ALGERIA
CZM	卡苏美尔 COZUMEL	墨西哥 MEXICO
DAC	达卡 DHAKA	孟加拉 BANGLADESH
DAM	大马士革 DAMASCUS	叙利亚 SYRIANARAB REP
DAR	达累斯萨拉姆 DAR ES SALAAM	坦桑尼亚 TANZANIA
DAY	代顿 DAYTON	美国 UNITED STATES
DEL	新德里 NEW DELHI	印度 INDIA
DEN	丹佛 DENVER	美国 UNITED STATES
DFW	达拉斯 DALLAS/FTW	美国 UNITED STATES
DGO	杜兰戈 DURANGO	墨西哥 MEXICO
DHA	达兰 DHAHRAN	沙特阿拉伯 SAUDI ARABIA
DKR	达喀尔 DAKAR	塞内加尔 SENEGAL
DLA	杜阿拉 DOUALA	喀麦隆 CAMEROON
DOH	多哈 DOHA	卡塔尔 QATAR
DRS	德累斯顿 DRESDEN	德国 GERMANY
DRW	达尔文 DARWIN	澳大利亚 AUSTRALIA
DTT	底特律 DETROIT	美国 UNITED STATES

续表

三字代码	城市名称	所属国家名称
DUB	都柏林 DUBLIN	爱尔兰 IRELAND
DUR	德班 DURBAN	南非 SOUTH AFRICA
DUS	杜塞尔多夫 DUSSELDORF	德国 GERMANY
DXB	迪拜 DUBAI	阿联酋 UNITARAB EMIRATES
EBB	恩德培 ENTEBBE	乌干达 UGANDA
EDI	爱丁堡 EDINBURGH	英国 UNITED KINGDOM
EIN	埃因霍温 EINDHOVEN	荷兰 NETHERLAND
ELS	东伦敦 EASTLONDON	南非 SOUTH AFRICA
EVN	埃里温 YEREVAN	亚美尼亚 ARMENIA
GBE	哈博罗内 GABORONE	博茨瓦纳 BOTSWANA
GCI	根西岛 GUERNSEY	英国 UNITED KINGDOM
GDL	瓜达拉哈拉 GUSDALAJARA	墨西哥 MEXICO
GIB	直布罗陀 GIBRALTAR	直布罗陀 GIBRALTAR
GLA	哥拉斯格 GLASGOW	英国 UNITED KINGDOM
GOA	热那亚 GENOA	意大利 ITALY
GOJ	下诺夫哥罗德 NIZHNIY NOVGO	俄罗斯 RUSSIA
GOT	哥德堡 GOTHENBURG	瑞典 SWEDEN
GRZ	格拉兹 GRAZ	奥地利 AUSTRIA
GVA	日内瓦 GENEVA	瑞士 SWITZERLAND
GYE	瓜尔基尔 GUAYAQUIL	厄瓜多尔 ECUADOR
HAJ	汉诺威 HANOVER	德国 GERMANY
HAN	河内 HANOI NOIBAI	越南 VIET NAM
HAM	汉堡 HAMBURG	德国 GERMANY
HDD	海得拉巴 HYDERABAD	巴基斯坦 PAKISTAN

续表

三字代码	城市名称	所属国家名称
HEL	赫尔辛基 HELSINKI	芬兰 FINLAND
HFD	哈佛 HARTFO	美国 UNITED STATES
HIJ	广岛 HIROSHMA	日本 JAPAN
HKG	香港 HONGKONG	中国 CHINA
HMO	埃莫西约 HERMOSI	墨西哥 MEXICO
HNL	火奴鲁鲁 HONOLULU	美国 UNITED STATES
HOD	荷台达 HODEIDAH	也门 YEMEN
HOU	休斯敦 HOUSTON	美国 UNITED STATES
HRE	哈拉雷 HARARE	津巴布韦 ZIMBABWE
IEV	基辅 KIEV	乌克兰 UKRAINE
INN	因斯布鲁克 INNSBRUCK	奥地利 AUSTRIA
IOM	马恩岛 ISLEOFMAN	英国 UNITED KINGDOM
IQT	伊基托斯 IQUITOS	秘鲁 PERU
ISB	伊斯兰堡 ISTAMABAD	巴基斯坦 PAKISTAN
IST	伊斯坦布尔 ISTANBUL	土耳其 TURKEY
IZM	伊兹密尔 IZMIR	土耳其 TURKEY
JED	吉达 JEDDAH	沙特阿拉伯 SAUDI ARABIA
JER	泽西 JERSEY	英国 UNITED KINGDOM
JIB	吉布提 DJIBOUTI	吉布提 DJIBOUTI
JKG	延雪平 JONKOPING	瑞典 SWEDEN
JKT	雅加达(CGK)JAKARTA	印度尼西亚 INDONESIA
JNB	约翰内斯堡 JOHANNESBURG	南非 SOUTH AFRICA
JRO	乞力马扎罗 KILIMANJARO	坦桑尼亚 TANZANIA
KAN	卡诺 KANO	尼日利亚 NIGERIA

续表

三字代码	城市名称	所属国家名称
KBL	喀布尔 KABUL	阿富汗 AFGHANISTAN
KGD	彼得格勒 KALININGRAD	俄罗斯 RUSSIA
KGL	基加里 KIGALI	卢旺达 RWANDA
KHI	卡拉奇 KARACHI	巴基斯坦 PAKISTAN
KIM	金伯利 KIMBERLEY	南非 SOUTH AFRICA
KIW	基特韦 KITWE	赞比亚 ZAMBIA
KLU	克拉根福 KLAGENFURT	奥地利 AUSTRIA
KRK	克拉克夫 KRAKOW	波兰 POLAND
KRS	克里斯蒂安桑 KRISTIANSAND	挪威 NORWAY
KRT	喀土木 KHARTOUM	苏丹 SUNDAN
KTM	加德满都 KATHMANDU	尼泊尔 NEPAL
KUF	萨马拉 SAMARA	俄罗斯 RUSSIA
KUL	吉隆坡 KUALALUMPUR	马来西亚 MALAYWIA
KWI	科威特 KUWAIT	科威特 KUWAIT
LAD	罗安达 LUANDA	安哥拉 ANGORA
LAX	洛杉矶 LOSANGEL	美国 UNITED STATES
LBA	利兹 LEEDS	英国 UNITED KINGDOM
LBV	利伯维尔 LIBREVILLE	加蓬 GABON
LCA	拉纳卡 LARNACA	塞浦路斯 CYPRUS
LEJ	莱比锡 LEIPZIG	德国 GERMANY
LFW	洛美 LOME	多哥 TOGO
LHE	拉合尔 LAHORE	巴基斯坦 PAKISTAN
LIL	里尔 LILLE	法国 FRANCE
LIM	利马 LIMA	秘鲁 PERU

续表

三字代码	城市名称	所属国家名称
LIS	里斯本 LISBON	葡萄牙 PORTUGAL
LJU	卢布尔亚那 LJUBLJANA	斯洛文尼亚 SLOVENIA
LLW	利隆圭 LILONGWE	马拉维 MALAWI
LNZ	林茨 LINZ	奥地利 AUSTRIA
LON	伦敦(LHR) LONDON	英国 UNITED KINGDOM
LOS	拉各斯 LAGOS	尼日利亚 NIGERIA
LPA	大加那利岛 GRANCANARIA	西班牙 SPAIN
LPB	拉巴斯 LAPAZ	玻利维亚 BOLIVIA
LPL	利物浦 LIVERPOOL	英国 UNITED KINGDOM
LUN	卢萨卡 LUSAKA	赞比亚 ZAMBIA
LUX	卢森堡 LUXEMBORG	卢森堡 LUXEMBOURG
LVI	利文斯顿 LIVINGSTONE	赞比亚 ZAMBIA
LYP	费萨拉巴德 FAISALABAD	巴基斯坦 PAKISTAN
LYS	里昂 LYON	法国 FRANCE
MAA	马德拉斯 MADRAS	印度 INDIA
MAD	马德里 MADRID	西班牙 SPAIN
MAN	曼彻斯特 MANCHESTER	英国 UNITED KINGDOM
MAO	玛瑙斯 MANAUS	巴西 BRAZIL
MAR	马拉基波 MARACAIBO	委内瑞拉 VENEZUELA
MBA	蒙巴萨 MOMBASA	肯尼亚 KENYA
MCT	马斯喀特 MUSCAT	阿曼 OMAN
MDE	麦德林 MEDELLIN	哥伦比亚 COLOMBIA
MEL	墨尔本 MELBOURNE	澳大利亚 AUSTRALIA

续表

三字代码	城市名称	所属国家名称
MES	棉兰 MEDAN	印度尼西亚 INDONESIA
MEX	墨西哥 MEXICO CITY	墨西哥 MEXICO
MFM	澳门 MACAU	中国 CHINA
MGQ	摩加迪沙 MOGADISHU	索马里 SOMALIA
MIA	迈阿密 MIAMI	美国 UNITED STATES
MID	梅里达 MERIDA	墨西哥 MEXICO
MIL	米兰 MILAN	意大利 ITALY
MKC	堪萨斯城 KANSAS CITY	美国 UNITED STATES
MKE	米尔沃基 MILWAUKEE	美国 UNITED STATES
MLA	马耳他 MALTA	马耳他 MALTA
MLH	米卢斯 MULHOUSE	法国 FRANCE
MLW	蒙罗维亚 MONROVIA	利比里亚 LIBERIA
MMA	马尔默 MALMO	瑞典 SWEDEN
MME	蒂赛德 TEESSIDE	英国 UNITED KINGDOM
MNL	马尼拉 MANILA	菲律宾 PHILIPPINES
MOW	莫斯科 MOSCOW	俄罗斯 RUSSIA
MPM	马普托 MAPUTO	莫桑比克 MOZAMIQUE
MRS	马赛 MARSEILLE	法国 FRANCE
MRU	毛里求斯 MAURITIUS	毛里求斯 MAURITIUS
MSP	明尼阿波利 MINNEAPOLIS	美国 UNITED STATES
MSQ	明斯克 MINSK	白俄罗斯 BELORUSSIA
MXP	马巴萨 MALPENSA	意大利 ITALY
MTY	蒙特雷 MONTERREY	墨西哥 MEXICO

续表

三字代码	城市名称	所属国家名称
MUC	慕尼黑 MUNICH	德国 GERMANY
MUX	木尔坦 MULTAN	巴基斯坦 PAKISTAN
MVD	蒙得维拉得 MONTECIDEO	乌拉圭 URUGUAY
MZT	马萨特兰 MAZATLAN	墨西哥 MEXICO
NAP	那不勒斯 NAPLES	意大利 ITALY
NAS	拿骚 NASSAU	巴哈马 BAHAMAS
NBO	内罗毕 NAIROBI	肯尼亚 KENYA
NCE	尼斯 NICE	法国 FRANCE
NCL	纽卡斯尔 NEWCASTLE	英国 UNITED KINGDOM
NDJ	恩贾梅纳 NDJAMENA	乍得 CHAD
NGO	名古屋 NAGOYA	日本 JAPAN
NGS	长崎 NSGASAKI	日本 JAPAN
NIC	尼克西亚 NICOSIA	塞浦路斯 CYPRUS
NIM	尼亚美 NIAMEY	尼日尔 NIGER
NKC	努瓦克肖特 NOUAKCHOTT	毛里塔尼亚 MAURITANIA
NLA	恩多拉 NDOLA	赞比亚 ZAMBIA
NOU	努美阿 NOUMEA	新喀里多尼亚(法)NEW CALEDONIA
NRK	尼雪平 NORRKOPING	瑞典 SWEDEN
NTE	南特 NANTES	法国 FRANCE
NUE	纽伦堡 NUREMBERG	德国 GERMANY
NWI	诺里奇 NORWICH	英国 UNITED KINGDOM
NYC	纽约 NEW YOR(JFK)	美国 UNITED STATES
OAX	瓦哈卡 OAXACA	墨西哥 MEXICO

续表

三字代码	城市名称	所属国家名称
ODS	敖德萨 ODESSA	乌克兰 UKRAINE
OKA	冲绳岛 OKINAWA	日本 JAPAN
OPO	波尔图 PORTO	葡萄牙 PORTUGAL
ORK	科克 CORK	爱尔兰 IRELAND
ORN	奥兰 ORAN	阿尔及利亚 ALGERIA
OSA	大阪 OSAKA(KIX)	日本 JAPAN
OSL	奥斯陆 OSLO	挪威 NORWAY
OUA	瓦加杜古 OUAGADOUGOU	布基纳法索 BURKINA
OVD	阿加图里亚斯 ASTURIAS	西班牙 SPAIN
OXB	比绍 BISSAU	几内亚比绍 GUINEABISSAU
PAR	巴黎 PARIS(EWR/CDG)	法国 FRANCE
PDX	波特兰 PORTLAND	美国 UNITED STATES
PEK	雷克雅未克 PEYKJAVIK	冰岛 ICELAND
PEN	槟城 PENANG	马来西亚 MALAYSIA
PER	珀斯 PERTH	澳大利亚 AUSTRALIA
PEW	白沙瓦 PESHAWAR	巴基斯坦 PAKISTAN
PHL	费城 PHILADELPH	美国 UNITED STATES
PHX	凤凰城 PHOENICX	美国 UNITED STATES
PIT	匹兹堡 PITTSBURGH	美国 UNITED STATES
PLM	巨港 PALEMBANG	印度尼西亚 INDONESIA
PLZ	伊丽莎白港 PTELIZABETH	南非 SOUTH AFRICA
PMI	帕尔玛 PALMAMALLORO	西班牙 SPAIN
PMO	巴勒莫 PALERMO	意大利 ITALY

续表

三字代码	城市名称	所属国家名称
PNH	金边 PHNOM PENH	柬埔寨 CAMBODIA
PNL	潘泰莱亚岛 PANTELLERIA	意大利 ITALY
PNR	黑角 POINTENOIRE	刚果 CONGO
POA	阿雷格里港 PTOALEGERE	巴西 BRAZIL
PPT	帕皮提 PAPEETE	波利尼西亚（法）FRENCH POL YNES
PRG	布拉格 PRAGUE	捷克 THEREPUBLIEOF C
PSA	比萨 PISA	意大利 ITALY
PSR	佩斯卡拉 PESCARA	意大利 ITALY
PTY	巴拿马 PANAMA CITY	巴拿马 PANAMA
PUS	釜山 PUSHAN	韩国 KOREAREP
PVR	巴亚尔塔港 PUERTO VAALLART	墨西哥 MEXICO
RBA	拉巴特 RABAT	摩洛哥 MOROCCO
REG	雷焦卡拉布里亚 REGGIO CALABRIA	意大利 ITALY
RGN	仰光 YANGON	缅甸 MYANMAR
RIO	里约热内卢 RJANEIRO	巴西 BRAZIL
RIX	里加 RIGA	拉脱维亚 LATVIA
RMI	里米尼 RIMINI	意大利 ITALY
ROM	罗马 ROME	意大利 ITALY
RUH	利亚德 RIYADH	沙特阿拉伯 SAUDI ARABIA
RUN	圣丹尼斯 STDENIS	留尼旺 REUNION
SAH	萨那 SANAA	也门 YEMEN
SAN	圣地亚哥 SAN DIEGO	智利 CHILE
SAO	圣保罗 SAO PAULO	巴西 BRAZIL

续表

三字代码	城市名称	所属国家名称
SCL	圣迭戈 SANTIAGO	美国 UNITED STATES
SCN	萨尔布吕肯 SAARBRUCKEN	德国 GERMANY
SEA	西雅图 SEATTLE	美国 UNITED STATES
SEL	首尔 SEOUL	韩国 KOREAREP
SEZ	马埃岛 MAHE IS	塞舌尔 SEYCHELLES
SFO	旧金山 SAN FRANCISCO	美国 UNITED STATES
SGN	胡志明 HO CHI MINH	越南 VIEINAM
SHJ	沙迦 SHARJAH	阿联酋 UNIT ARAB EMIRA
SIN	新加坡 SINGPORE	新加坡 SINGPORE
SJD	得尔卡沃 SAN JOSE CABO	墨西哥 MEXICO
SJJ	萨拉热窝 SARAJEVO	波斯尼亚和黑塞哥维那 BOSHIA AND HERIE GOVINA
SJU	圣胡安 SAN JUAN	波多黎各 PUERIO RICO
SKG	塞萨罗尼基 THESSALONIKI	希腊 GREECE
SKP	斯科普里 SKOPJE	马其顿 THEREPUBLIEOF C
SNN	香农 SHANNON	爱尔兰 IRELAND
SOF	索菲亚 SOFIA	保加利亚 BULGARIA
SON	圣埃斯皮里图岛 ESPIRTU SANTO	瓦努阿图 VANUAIU
SPK	札幌 SAPPORO	日本 JAPAN
SSG	马拉博 MALABO	几内亚 EQ GUINEA
STL	圣路易斯 STLOUIS	美国 UNITED STATES
STO	斯德哥尔摩 STOCKHOLM	瑞典 SWEDEN
STR	斯图加特 STUTTGART	德国 GERMANY

续表

三字代码	城市名称	所属国家名称
SVG	斯塔万格 STAVAVGER	挪威 NORWAY
SVQ	塞维利亚 SEVILLA	西班牙 SPAIN
SXB	斯特拉斯堡 STRASBOURG	法国 FRANCE
SYD	悉尼 SYDNEY	澳大利亚 AUSTRALIA
SZG	萨尔茨堡 SALZBURG	澳大利亚 AUSTRALIA
TAI	塔伊兹 TAIZ	也门 YEMEN
TAM	坦皮科 TAMPICO	墨西哥 MEXICO
TBS	第比利斯 TBILISI	格鲁吉亚 GEORGIA
TCI	特内里费 TENERIFE	西班牙 SPAIN
THR	德黑兰 TEHRAN	伊朗 IRAN
TIA	地拉那 TIRANA	阿尔马尼亚 ALBANIA
TIJ	蒂华纳 TIJUANA	墨西哥 MEXICO
TIP	的黎波里 TRIPOLI	利比亚 LIBYAN ARABJM
TKU	图尔库 TURKU	芬兰 FINLAND
TLL	塔林 TALLINN	爱沙尼亚 ESIONIA
TLS	图卢兹 TOULOUSE	法国 FRANCE
TLV	特拉维夫 TEL AVTV YAFO	以色列 ISRAEL
TMP	坦佩雷 TAMPERE	芬兰 FINLAND
TNG	丹吉尔 TANGIER	摩洛哥 MOROCCO
TNR	塔那那利佛 ANTANARIVO	马达加斯加 MADAGASCR
TPE	台北 TAIPEI	中国 CHINA
TPS	特拉帕尼 TRAPANI	意大利 ITALY

续表

三字代码	城市名称	所属国家名称
TRN	都灵 TURIN	意大利 ITALY
TRS	的里雅斯特 TRIESTE	意大利 ITALY
TUN	突尼斯 TUNIS	突尼斯 TUNISIA
TYL	塔拉拉 TALARA	秘鲁 PERU
TYO	东京 TOKYO(NRT)	日本 JAPAN
UET	奎达 QUETTA	巴基斯坦 PAKISTAN
UIO	基多 QUITO	厄瓜多尔 ECUADOR
ULN	乌兰巴托 ULAN BATOR	蒙古 MONGOLIA
WAS	华盛顿 WASHINGTON	美国 UNITED STATES
WAW	华沙 WARSAW	波兰 POLAND
WDH	温得和克 WINDHOEK	纳米比亚 NAMIBIA
WLG	惠灵顿 WELLINGTON	新西兰 NEW ZEALAND
YAO	雅温德 YAOUNDE	喀麦隆 CAMEROON
YEA	埃德蒙顿 EDMONTON	喀麦隆 CAMEROON
YHZ	哈利法克斯 HALIFAX	加拿大 CANADA
YMQ	蒙特利尔 MONTREAL	加拿大 CANADA
YOW	渥太华 OTTAWA	加拿大 CANADA
YTO	多伦多 TORONTO	加拿大 CANADA
YVA	莫罗尼 MORONII	科摩罗 COMOROS
YVR	温哥华 VANCOUVER	加拿大 CANADA
YWG	温尼伯 WINNIPEG	加拿大 CANADA

续表

三字代码	城市名称	所属国家名称
YYC	卡尔加里 CALGARY	加拿大 CANADA
YYT	圣约翰斯 ST JOHNS	加拿大 CANADA
ZAG	萨格勒布 ZAGREB	克罗地亚 CROATIA
ZAZ	萨拉戈萨 ZARAGOZA	西班牙 SPAIN
ZNZ	桑给巴尔 ZANZIBAR	坦桑尼亚 TANZANIA
ZRH	苏黎世 ZURICH	瑞士 SWITZERLAND